先住民族の社会学　第2巻

現代アイヌの生活と地域住民

札幌市・むかわ町・新ひだか町・伊達市・白糠町を対象にして

小内 透 編著

東信堂

はじめに

『先住民族の社会学』（全2巻）は日本と北欧の先住民族の現状と課題を検討した実証研究の成果をまとめたものである。第1巻が北欧の先住民族・サーミ、第2巻が日本の先住民族・アイヌを対象にしている。

世界の先住民族は、それぞれの国の近代化の過程で、同化と抑圧の対象となった。言語や名前を奪われたり、強制的な移住を経験させられたりした。虐殺の対象になった民族もある。しかし、1970年代以降、国際的に先住民族の復権に向けた取り組みが進められた。1982年には国際連合の経済社会理事会が国際連合先住民作業部会を立ち上げ、翌年には先住民の代表が参加するようになった。さらに、国連は1995年以降20年間に、2次にわたって「世界の先住民の国際の10年」（第1次：1995〜2004年、第2次：2005〜2014年）を設定し、先住民族の復権を推進した。その間に、長い議論の末、2007年9月、国連総会において「先住民族の権利に関する国際連合宣言」が、賛成多数により採択されている。わが国も宣言の採択にあたり賛成票を投じている。宣言採択の翌年、2008年6月には、わが国の衆参両院において「アイヌ民族を先住民族とすることを求める決議」が全会一致で可決された。国連は宣言が成立し第2次「世界の先住民の国際の10年」が終わってからも、世界各国で宣言を実質的なものとするための取り組みを求めてきた。日本を含め、現在でもその状況に変わりはない。

本書の編者が所属する北海道大学でも、2007年にアイヌ・先住民研究センターが開設され、様々な専門分野の研究者が共同で研究・教育にあたるようになった。その目的は、「多文化が共存する社会において、とくにアイヌ・先住民に関する総合的・学際的研究に基づき、それらの互恵的共生に向けた提言を行うとともに、多様な文化の発展と地域社会の振興に寄与して」（センターHPより）いくことにある。アイヌ・先住民研究センターは、開設以来いくつかの研究プロジェクトを立ち上げ、そのひとつとして、社会調査プロジェクトが位置づけられている。編者はアイヌ・先住民研究センター創設時から

兼務教員となり、社会調査プロジェクトに従事している。

この社会調査プロジェクトは、第1期(2008〜2011年度)と第2期(2012〜2015年度)に分かれており、第1期、第2期とも本書の編者が責任者を兼ねている。第1期の社会調査プロジェクトでは、北海道ウタリ協会(のちに北海道アイヌ協会に改称)の協力のもと、本書執筆のメンバーの多くが関与して、2008年に全道の5,000人を超えるアイヌの人々を対象にした配布留め置き方式による北海道アイヌ民族生活実態調査を行った。その結果の一部は、国連の関係機関でも紹介された。さらに、翌2009年に大都市としての札幌市および農山漁村としてのむかわ町を選定し、そこに住むアイヌの人々へのインタビュー調査を行った。第2期には2014年に札幌市およびむかわ町の地域住民を対象にしてアイヌ文化やアイヌ政策の評価に関する郵送調査を行っている。これらの一連の調査結果は、4冊のアイヌ・先住民研究センター報告書として公表されている。

また、第2期には、アイヌ民族の復権をめぐる議論の基礎資料を得るため、アイヌ民族の現状と課題、比較対象として北欧の先住民族、サーミの現状と課題に関する4年間の社会学的な実証研究のプロジェクトを立ち上げ、日本学術振興会科学研究費補助金(基盤研究A)(研究課題「先住民族の労働・生活・意識の変容と政策課題に関する実証的研究」、研究代表者・小内透、課題番号24243055)をもとに2012〜2015年度に先住民族多住地域調査を実施した。そこでは、一方で、アイヌの人々が多く居住する北海道の新ひだか町、伊達市、白糠町における調査研究を実施すると同時に、他方で、ノルウェー、スウェーデン、フィンランドのサーミに関する調査研究を行った。アイヌ調査の結果は、それぞれの地域ごとに北海道大学大学院教育学研究院教育社会学研究室の『調査と社会理論』研究報告書30、31、33、サーミ調査の結果は同報告書29、32、34として公表している。アイヌとサーミを対象にした先住民族多住地域調査は北海道大学アイヌ・先住民研究センターの社会調査プロジェクトとしても位置づけられている。

サーミ調査に関しては、アイヌ・先住民研究センターの社会調査プロジェクトのメンバーでもある野崎剛毅が代表となった2011〜2014年度の日本学術振興会科学研究費補助金(基盤研究B)(研究課題「先住民族の教育実態とその

保障に関する実証的研究」、研究代表者・野崎剛毅、課題番号 23330247) に基づく
スウェーデン・サーミの調査研究も有機的に関連した形で進められた。その
成果は、先述の『調査と社会理論』研究報告書の他に、野崎剛毅編著の報告
書(『スウェーデン・サーミの生活と意識』) としても公表されている。

　今回、アイヌとサーミの人々を対象にした一連の調査研究を改めて整理し
た形で、『先住民族の社会学』(全2巻) として公刊することにした。多くの報
告書があるものの、全体を見通した著作が必要であると考えたからである。
ノルウェー、スウェーデン、フィンランドのサーミを対象にした『北欧サー
ミの復権と現状』を第1巻とし、新ひだか町、伊達市、白糠町と札幌市、む
かわ町のアイヌの人々と地域住民を対象にした『現代アイヌの生活と地域住
民』を第2巻とした。第1巻では序章で先住民族の全般的動向や理論的な課
題を明らかにしており、その流れを背景とした上で、第2巻でアイヌの人々
の現状を捉えようとしている。同じ先住民族でも、サーミとアイヌでは復権
のあり方が大きく異なっていることがわかる。

　本書のもとになった調査研究では、本当に多くの方々にお世話になった。
サーミ調査研究に関して、ノルウェー調査では、サーミ議会、基礎学校、サー
ミ高校、サーミ・ユニバーシティ・カレッジ、サーミ博物館、サーミ劇場、
フィンマルク土地管理公社、各種サーミ・メディアの皆様に調査の協力を得
た。稲見麻琴さん、ローランド・ポール・ステインさん、マイケルセン・ポー
ル・マーティンさんには通訳、鵜沢加奈子さんには各機関との連絡をとって
頂いた。スウェーデン調査では、サーミ議会事務局、サーミ学校、サーミ教
育センター、サーミ教育事務所、サーミテレビ・ラジオの皆様に調査の協力
を得た。三根子・フォン・オイラーさん、田中ティノさん、石濱実侑さんに
は通訳・翻訳をして頂いた。フィンランド調査では、サーミ議会、サヨス(サー
ミ関連諸機関の集合施設)、サーミ語教材課、サーミ青年協議会、イナリ小中
学校、サーミ教育専門学校、サーミ博物館、イナリ言語の巣、サーミラジオ・
テレビ、都市サーミ協会、スコルトサーミ文化財団、スコルト言語の巣の皆
様に調査の協力を得た。喜納政和さんと匝瑳佐知子さんには通訳、山川亜古
さんには調査票の翻訳、北海道大学ヘルシンキオフィスのテロ・サロマさん
には各機関との連絡を取って頂いた。

アイヌ調査研究に関しては、郵送アンケート調査・インタビュー調査で各地のアイヌの人々や地域住民の方々に協力して頂いた。調査の準備および実施にあたっては、北海道アイヌ協会元事務局長・佐藤幸雄氏、北海道アイヌ協会前事務局長・竹内渉氏、同新ひだか支部事務局長・羽沢進氏、事務局員・笹原拓也氏、伊達市アイヌ生活相談員・山崎よし子氏、白糠町生活相談員・大谷明氏にお世話になった。また、調査メンバーとして、本報告書執筆者以外に、財団法人・アイヌ文化振興・研究推進機構職員（当時）の上田しのぶさん、北海道大学アイヌ・先住民研究センター職員の長田直美（当時）さん、日比野美保さん、神子島紀恵さんおよび北海道大学大学院教育学院の院生、同教育学部の学生などの協力を得た。

本調査研究を支えて頂いた皆様に、この場を借りてお礼を申し上げる。本書がアイヌおよびサーミの人々の復権に貢献できれば、望外の喜びである。

最後になったが、出版事情の厳しい中、本書の出版を快くお引き受け下さった東信堂・下田勝司社長に心よりお礼を申し上げる。

　　　2018 年 1 月

編　者

目　次　先住民族の社会学 ② 現代アイヌの生活と地域住民

はじめに　　i

第1部　本書の課題とアイヌ政策 ……………………………………… 3

序　章　アイヌの人々の生活・意識と歴史的背景 …小内　透　5

第1節　アイヌ民族の歴史と近年の動向　5

第2節　アイヌ研究と本書の課題　13

第3節　調査対象と調査方法　18

第1章　地域におけるアイヌの歴史と自治体の

アイヌ政策…………………………………… 新藤　慶　26

はじめに　26

第1節　国・道のアイヌ政策における財政的な基盤　26

第2節　札幌市のアイヌ政策の展開と特質　30

第3節　むかわ町のアイヌ政策の展開と特質　34

第4節　新ひだか町におけるアイヌ政策の展開と特質　36

第5節　伊達市におけるアイヌ政策の展開と特質　40

第6節　白糠町におけるアイヌ政策の展開と特質　42

おわりに　45

第2部　アイヌの人々の生活の歩みと意識 ………………………49

第2章　アイヌの家族形成と展開…………… 品川ひろみ　51

はじめに　51

第1節　アイヌ家族の暮らし　52

第2節　家族の形成　56

第3節　婚姻と民族性　59

第4節　アイヌ家族における和人　64

第5節　次世代への継承　74

おわりに　79

第3章　アイヌ民族の教育問題と階層形成過程…　野崎剛毅　82

はじめに　82

第1節　対象者の概要　84

第2節　階層形成の経路　90

第3節　なぜ進学しなかったのか　96

第4節　職業と「アイヌ労働市場」　101

第5節　考　察　110

第4章　アイヌ文化の実践と内容……………　上山浩次郎　114

はじめに　114

第1節　アイヌ文化実践の歴史的変遷　115

第2節　アイヌ文化振興法期(1997年〜現在)におけるアイヌ文化実践　122

おわりに　130

第5章　現代アイヌのエスニック・アイデンティティ
……………………………………………………　新藤　こずえ　133

はじめに　133

第1節　エスニック・アイデンティティの概要　135

第2節　エスニック・アイデンティティのパターン──分析枠組　139

第3節　エスニック・アイデンティティの3類型──インタビュー調査から　140

第4節　エスニック・アイデンティティの未来　153

おわりに　161

目 次　vii

第6章　アイヌの人々のメディア環境と情報発信の

現段階……………………………………… 小内純子　164

はじめに　164

第1節　アイヌ民族とメディアの関わり　165

第2節　アイヌの人々のメディア接触の現状　178

第3節　マス・メディアの報道姿勢とアイヌ民族の情報発信　183

おわりに　187

第3部　地域住民とアイヌの人々との関わり ……………………… 193

第7章　現代におけるアイヌ差別…………… 佐々木千夏　195

はじめに　195

第1節　民族差別──どれほどのアイヌの人々が被差別経験を有するか　196

第2節　民族差別──どのようなエピソードが語られているか　199

第3節　民族内差別──アイヌ社会の内部ではどういう差異化が見られるか　210

第4節　まとめと考察　219

第8章　和人住民から見たアイヌの人々との交流… 小野寺理佳　224

──「学校」「職場」「日常生活」「結婚」の場面に注目して ──

はじめに　224

第1節　交流状況の全体像　224

第2節　学校での交流　226

第3節　職場での交流　229

第4節　日常生活における交流　234

第5節　アイヌの人々との結婚　239

第6節　交流への構えは変わるか　242

おわりに　245

viii

第9章 和人住民のアイヌ文化の知識と体験… 上山浩次郎 249

はじめに 249

第1節 先行研究 250

第2節 アイヌ文化の知識と体験とその地域的特色 251

第3節 アイヌ文化の知識と体験・情報源の規定要因 256

第4節 今後におけるアイヌ文化への関わり 266

おわりに 268

第10章 地域住民のアイヌ政策に対する意識… 濱田国佑 272

第1節 問題の所在 272

第2節 先行研究 274

第3節 調査対象地域の概要 276

第4節 各地域における政策支持の状況 277

第5節 アイヌ政策に対する支持の規定要因 285

第6節 まとめと結論 291

第4部 結 論 …………………………………………………… 295

終 章 アイヌの人々をめぐる現状と課題…… 小内 透 297

第1節 アイヌの人々の生活・意識とその背景 297

第2節 アイヌ政策に対する評価と和人との交流 302

おわりに 305

参考文献 307

事項索引 317

人名索引 319

執筆者紹介 320

先住民族の社会学　第 2 巻

現代アイヌの生活と地域住民
──札幌市・むかわ町・新ひだか町・伊達市・白糠町を対象にして──

第1部

本書の課題とアイヌ政策

序　章

アイヌの人々の生活・意識と歴史的背景

小内　透

第1節　アイヌ民族の歴史と近年の動向

　従来、日本政府はアイヌ民族[1]が先住民族であることを認めてこなかった。しかし、2008（平成20）年、「アイヌ民族を先住民族とすることを求める決議」が国会の衆参両院で全会一致により採択された。同日、内閣官房長官は、同決議に対応して「アイヌ政策をさらに推進し、総合的な施策の確立」をめざすとする談話を発表した。これを機に様々な形で日本政府によりアイヌ政策が推進されるようになった。わが国におけるアイヌ政策が、新しい段階に入ったといってよい。本書の問題意識を説明する前提として、改めてアイヌ民族の歴史を振り返り、近年のアイヌ民族をめぐる動向とその背景について検討することから始める。

第1項　古代からのアイヌ民族

　アイヌ民族の起源については、1960年代までコーカソイド説が有力であった。しかし、形質人類学や遺伝学の進展により、現在では、本州に広く分布した縄文時代人がアイヌ民族に最も類縁関係のある集団であることが定説になっている（石田 2006: 11）。しかし、アイヌ独自の文化が成立するのはずっと後のことである。

　北海道では、縄文時代の後に弥生時代がなく、続縄文時代（紀元前3世紀頃から7世紀）となり、擦文時代（7・8世紀頃～12・13世紀）が続いた。同時に、続縄文文化や擦文文化とは異なるオホーツク文化（3世紀～13世紀）がオホーツク海沿岸や北海道北岸、樺太、南千島の沿岸部に存在していた。アイヌ

文化・社会の成立時期については、不明な点が多いものの、現在の考古学的知見では、擦文文化につらなるという見解が定説になっている（榎森 2007: 16）。

アイヌ民族は、すでに擦文文化の時代に日本社会との交易を行っていた。当時のアイヌ民族の生業は河川・海での漁労・海獣狩猟と山野での狩猟であり、副次的に畑作も行っていた。12 〜 13 世紀には、アイヌ社会は北方では北海道（当時は夷島と呼称）からサハリンへ進出しモンゴル・元軍と戦い、南方では海を渡って東北地方の北部へと新たな進出を遂げていた。13 世紀後半から 14 世紀になると、擦文文化が急激な変容を遂げ、英雄ユーカㇻのテーマで描かれ、一般に理解されている特徴を持ったアイヌ文化やアイヌ社会が成立することになった（榎森 2007: 96）。

第2項　中世・近世のアイヌ民族

14 世紀頃から本州より夷島（北海道）南部に移住する者が現れ始めた。1454（享徳 3）年には、それまでアイヌとの交易を担っていた津軽の安東氏が南部氏に追われ武田信広らとともに夷島へ逃げ渡った。その後、多数の和人が移住し、現在の函館から上ノ国に至る渡島半島南部に、道南十二館と呼ばれる渡党領主の館が形成された。彼らは、アイヌとの交易や漁場への進出を通して成長した。

渡島半島南部に進出した和人に対して、1457（長禄元）年、アイヌの首長コシャマインが蜂起し（コシャマインの戦い）、道南十二館のうち、10 館を攻め落とした。しかし、花沢館の館主である蠣崎氏の武将、武田信広がこの戦いを制圧し、蠣崎家を相続したと伝えられている。蠣崎家は勢力を伸張し、1593（文禄 2）年、蠣崎慶広が豊臣秀吉から朱印状を与えられ、蝦夷島の支配権を公認されることになった。その後、松前に改姓した慶広は、1604（慶長 9）年には徳川家康から黒印状によりアイヌとの独占的な交易権を認められた。

松前藩は、渡島半島南部の地域を和人が居住する和人地とし、それ以外を蝦夷地とした。蝦夷地はアイヌが生活する地域で、松前藩の許可なく和人が出入りすることを禁止した。松前藩は、同時に、米のとれる土地がほとんど

なかったため、家臣に対してアイヌとの交易権を与える商場（場所）知行制を
とった。松前藩が交易権を独占したことにより、家臣たちはアイヌにとって
不利な交易を行うようになった。そのため、アイヌ側は和人製品を得るため
に、より多くの干鮭、熊皮などの確保が必要となった。それが背景となって、
沙流地方と静内地方のアイヌの漁狩猟権をめぐる争いが生じ、松前藩に対す
るアイヌの一斉蜂起、シャクシャインの戦い（1669（寛文9）年）につながった。
しかし、この戦いも、アイヌ側の敗北に終わり、松前藩の支配が強まった。

　交易権を与えられた家臣は次第に近江商人などに交易を代行させるように
なり、18世紀初頭には場所請負制が一般化した。場所請負人となった商人は、
アイヌを交易相手とするだけでなく、労働力としても使用した。交易は不平
等で、労働環境も過酷であった。1789（寛政元）年のクナシリ・メナシの戦
いは、こうした状況に不満を持った国後島とその対岸のアイヌたちの蜂起で
あった。この蜂起も松前藩により鎮圧された。

　この頃、ロシアが北千島まで南進しており、クナシリ・メナシの戦いの3
年後にはロシア使節ラクスマンが通商を求めて根室に来航した。ロシアから
の脅威にそなえ、幕府は1799（寛政11）年東蝦夷地（松前からみて東、知床岬
までのおおよそ北海道の南半分）を天領とし、請負人の不正を排除するため場
所を直営化した。1807（文化4）年には、和人地も西蝦夷地[2]も天領となったが、
西蝦夷地は資金的な事情から場所請負制を維持した。1812（文化9）年には、
東蝦夷地でも経費節減などの理由から場所請負制が復活させられた。この時
期、幕府は蝦夷地が日本固有の領土であることを示すため、穀食の奨励、日
本語の使用、和服の着用など、アイヌ民族の同化策を展開した。

　しかし、1821（文政4）年には、ナポレオン戦争の影響からロシアとの緊張
状態が緩和されたため、幕府は蝦夷地を松前藩に返還した。この頃から、蝦
夷地への和人の移住が増加し、アイヌの生活・文化の破壊が顕著となった。

　その後、再びロシアからの圧力が強まり、1855（安政元）年に、日露和親
条約が締結された。同条約により、千島列島の得撫水道以南が日本の領土、
樺太は雑居の地となり、箱館が開港されることになった。これにともない、
幕府は木古内、乙部以北を再び直轄とし、諸藩に警備を命じた。

第3項　近代のアイヌ民族

　明治維新後、1869（明治2）年に開拓使が設置され、場所請負制が廃止された。しかし、漁業の担い手が育っていなかったため、1876（明治9）年までは、場所請負人を漁場持と名のらせ漁業に従事させた。蝦夷地を北海道および樺太と改称し、日本の領土とした。アイヌ民族が狩猟、漁労、採集に利用していた土地が無主地とされ、北海道開拓が始まった。

　1872（明治5）年に制定された「北海道土地売貸規則」と「北海道地所規則」では、北海道の土地は官用地やそれまでに民間が使用中の土地を除いて、すべて民間の希望者に売り払うこととされた。アイヌ民族であってもこの規定は適用されたが、申請に必要な戸籍がなく、近代的な土地所有の観念がなかったり、文字が読める者が少数だったりしたため、土地の所有権を取得したアイヌはほとんどいなかった（アイヌ政策のあり方に関する有識者懇談会 2009: 12）[3]。1877（明治10）年の「北海道地券発行条例」では、アイヌの人々の居住地は官有地に編入され権利が保留された。アイヌの人々に土地の所有権を与えても、近代的な土地所有の観念がなく、和人に詐取されるおそれがあったためとされている。さらに、1886（明治19）年の「北海道土地払下規則」、1897（明治30）年の「北海道国有未開地処分法」などにより、北海道における和人の土地所有が拡大していった。多くの土地が入植者によって開墾され、取得された。北海道開拓の過程で、樺太から対雁への移住を始めとして、アイヌの人々に対する強制移住が様々な場所で行われた。

　北海道開拓とともに、アイヌ民族に対する本格的な同化政策も展開された。1871（明治4）年には、戸籍法の制定にともない、アイヌを「平民」に編入した。同時に、アイヌの開墾者に家屋・農具を与え、男子の耳環（イヤリング）や女子の入れ墨など独自の風習を禁じ、日本語の使用を強制した。1876（明治9）年、アイヌの「創氏改名」が布達され、アイヌの仕掛け弓猟が禁止された。1878（明治11）年に、札幌郡内諸川での鮭漁を全面禁止し、1883（明治16）年には、札幌県が十勝川上流の鮭漁を禁止した。さらに、1889（明治22）年、アイヌの食料分として許されていた鹿猟も禁止された。

　その結果、アイヌ民族は疲弊し、アイヌ語も衰退した。アイヌの窮状を前にして、民族の保護をめざした「北海道旧土人保護法」が、1899（明治32）年

に制定された。同法により、アイヌの人々に、それぞれ 1 万 5000 坪 (5 町歩) 以内の土地が給与地として無償下付された。しかし、それも同化主義を基本としたものであり、アイヌ政策の根本的な転換をもたらすものではなかった。給与地の下付は、「農業に従事する者又は従事せんと欲する者には」(北海道旧土人保護法・第 1 条) との条件がついており、狩猟や漁労を基本にしたそれまでの生業とは異なる農業振興を前提にしたものであった。また、旧土人保護法に基づいて設立された旧土人学校では、日本語を学ぶためにアイヌ語の使用が禁止された。

　このような状況のもとで、アイヌ民族のなかには、和人との結婚を通じて自ら進んでアイヌの血を薄めようとした者も少なくない。それほど、アイヌ民族に対する差別や抑圧は強固なものだった。

　しかし、アイヌ民族は、ただ手をこまねいていたわけではなかった。アイヌ民族の運動組織が、いくつか誕生するようになった。1922 (大正 11) 年に、伏根弘三 (アイヌ名、ホテネ) を中心にアイヌの青年たちが帯広で「十勝旭明社」、1926 (昭和元) 年に、旭川で部落解放運動の影響を受けた「解平社」が結成された。1930 (昭和 5) 年には、バチェラー系のキリスト教関係者や十勝の旭明社などが中心となり、北海道旧土人保護法の改正を目指して、道庁の肝いりのもと、「北海道アイヌ協会」が結成された。これらの組織による運動は、1934 (昭和 9) 年の旭川市旧土人保護地処分法制定、1937 (昭和 12) 年の北海道旧土人保護法改正などの成果を勝ち取った[4]。だが、アイヌの民族運動は、それ以上発展することはなかった。

第 4 項　現代のアイヌ民族をめぐる動向

　第二次世界大戦が終わると、それ以降 70 年あまりの間に、アイヌ政策やアイヌ民族の状況は大きく変化した。その流れは、アイヌ政策の観点から「民族政策停滞期」(1945 (昭和 20) 〜 1960 (昭和 35) 年)、「福祉対策展開期」(前期：1961 (昭和 36) 〜 1973 (昭和 48) 年、後期：1974 (昭和 49) 〜 1996 (平成 8) 年)、「民族文化振興期」(1997 (平成 9) 〜 2007 (平成 19) 年)、「先住民族復権期」(2008 (平成 20) 年〜) に整理できる。

　この時期区分に従って、戦後の動向を概観すると、まず「民族政策停滞期」

の 1946 (昭和 21) 年に、社団法人「北海道アイヌ協会」が新たに設立されている。同協会は、北海道旧土人保護法による給与地を農地改革の対象から除外するよう試みている。下付された土地を和人に小作地として貸していたアイヌの人々が少なくなかったからである。しかし、その試みは成功に至らず、アイヌ協会はその後長期の休眠状態に陥った。一方、国のアイヌ政策も 1946 年、1947 (昭和 22) 年に北海道旧土人保護法の改正があったのみでめぼしいものはなかった。この時期を「民族政策停滞期」とする所以である。

このような状況は、1961 年から始まった国と道による不良環境地区対策がきっかけで変化することになった。同対策は全国的な政策で、同和地区や都市のスラム地区の住宅や生活環境の改善を目指したものであった。北海道では、アイヌ部落や炭鉱地区が対象となった。この段階で、「福祉対策展開期」に入ったといえる。

なお、不良環境地区対策を策定するにあたり、前年の 1960 年に北海道民生部が不良環境地区の調査を実施したのがきっかけで、同年アイヌ協会が再建された。翌 1961 年には、アイヌという言葉が差別につながるという意見も強く、「北海道ウタリ協会」に改称されている。

さらに、1974 年度から、国や道のアイヌ対策として、新たに教育、住宅、就労など多方面の支援を行う「北海道ウタリ福祉対策」が開始され、不良環境地区対策事業はそのなかに組み込まれた。「福祉対策展開期」が新たな段階＝後期に入ったと見なせる。それ以後、2001 (平成 13) 年度まで 4 次にわたる「北海道ウタリ福祉対策」が実施され、2002 (平成 14) 年度からは「アイヌの人たちの生活向上に関する推進方策」が「北海道ウタリ福祉対策」を引き継ぐ形になった。2016 (平成 28) 年度から第 3 次「アイヌの人たちの生活向上に関する推進方策」が始まっている。

この間、国際的に先住民族の権利の見直しが進んだ。その影響もあり、1981 (昭和 56) 年から国連の人権監視機関の 1 つである自由権規約人権委員会でアイヌ民族に関する報告と審査が開始された。翌 1982 (昭和 57) 年には、コーボ報告に基づいて、国際連合先住民作業部会 (WGIP) が立ち上げられ、先住民族の復権に向けた議論が始まった。1992 (平成 4) 年には、国連本部で「世界の先住民の国際年」が開催され、国際的に先住民族の権利が見直さ

れる時代になった。その開幕式典で北海道ウタリ協会理事長（当時）の野村義一が日本の先住民族として記念演説を行っている。その年、自由権規約人権委員会の第3回審査で、政府が初めてアイヌを日本におけるマイノリティ（少数民族）であると認めた（大竹 2010: 143）。

1994（平成6）年には萱野茂がアイヌ初の参議院議員となり、1997年には100年近く存続した北海道旧土人保護法が廃止された。同年、新たに「アイヌ文化の振興並びにアイヌの伝統等に関する知識の普及及び啓発に関する法律」（略称、アイヌ文化振興法）が制定され、これ以降「民族文化振興期」に入った。

1997年の自由権規約人権委員会第4回審査では、日本政府はアイヌ文化振興法の説明を行ったが、委員たちはその積極性を評価したものの、アイヌ政策は未だ不十分だとした。そして最終所見として、アイヌの人々に対する言語や高等教育に関する差別、および先住民族としてのアイヌ民族の土地に関する権利を認めないことに懸念を表明した（大竹 2010: 145）。

さらに、国連の別の人権監視機関である人種差別撤廃委員会でも、2001年にアイヌ民族に関する報告と審査が行われ、アイヌを先住民族と認めることの重要性が示唆され、第1回審査でILO第169号条約の批准が推奨されるとともに、アイヌに対する差別が根強く残っていることが指摘された（大竹 2010: 150）。

第5項　アイヌ政策の新たな展開

2007年9月13日、「先住民族の権利に関する国際連合宣言」が国連総会において採択された。日本政府も採決にあたり賛成票を投じた。これを受け、冒頭で示したように、翌2008年6月6日に、「アイヌ民族を先住民族とすることを求める決議」が国会の衆参両院で全会一致により採択された。これを機に様々な形で日本政府によりアイヌ政策が推進されるようになり、時代が「先住民族復権期」へ移行したといえる。

まず、2008年7月、内閣官房長官により「アイヌ政策のあり方に関する有識者懇談会」が開催され、2009（平成21）年7月にアイヌ民族1名を含めた8名の委員により「アイヌ政策のあり方に関する有識者懇談会報告書」が提出された。これを受け、同年8月にアイヌ民族に対する新たな政策を総

合的に推進するために「アイヌ総合政策室」が内閣官房に新設され、同年12月には内閣官房長官を座長とする「アイヌ政策推進会議」が設置された。「アイヌ政策推進会議」はアイヌ民族4名、北海道知事、札幌市長を含めた14名から構成され、「アイヌ総合政策室」が事務局になっている。同会議では、北海道外のアイヌの人々に対する政策を立案・実施すること、2020（平成32）年までに「民族共生の象徴となる空間」（イオル）を白老町に建設すること、アイヌ民族やアイヌ文化について国民の啓発活動を進めることなどが提言され、関連した施策が実行に移されている。

　以上のように、アイヌ民族に対する政府の捉え方が変化した背景には、アイヌ民族自身の運動とともに、先住民族の復権を促す国際的な動向がある。「先住民族の権利に関する国際連合宣言」に反対票を投じたアメリカ合衆国、カナダ、オーストラリア、ニュージーランドが、後に同宣言を承認したこともあり（小内編著2018）、先住民族の復権を巡る動きはさらに強くなると予測される。この動きに対して、日本の政府がいかなる対応をするのか、この点に注目が集まることになる。

　その際、政府が実施するアイヌ政策が、アイヌ諸個人の必要や要求を反映したものになっているのかを検討する必要がある。国際的な動向への対応として実施したとしても、肝心のアイヌ民族自身の要望とかけ離れた施策になるとすれば意味がない。その際、可能な限り、アイヌ民族に属する個々人の要望とその背後にある生活実態や意識を明確にすることが重要である。なぜなら、アイヌ民族といっても、多様な人々から構成されているからである。同時に、アイヌの人々だけでなく、広く国民が理解できる政策になっている必要もある。アイヌの人々以外が新たなアイヌ政策の意義を理解できなければ、政策に対してだけでなく、アイヌの人々に対しても批判の目が向けられるようになってしまう[5]。

　これらの点をふまえると、政府が実施（しようと）するアイヌ政策の妥当性と課題をアイヌと和人（アイヌ以外の日本人）の双方の立場から検討することが重要な課題となる。

第2節　アイヌ研究と本書の課題

第1項　アイヌ研究の課題

このような課題に応えようとすると、なによりもまず、現在のアイヌの人々の生活や意識を明らかにすることが必要となる。しかし、従来のアイヌ研究を振り返ってみると、歴史学、考古学、人類学、民族学、言語学などの分野で数多くの研究がなされている（菊地 2002）ものの、そのほとんどが過去の問題に関するものに限定されていた。

アイヌの社会や文化に関する研究の多くは、伝統的な社会や文化を対象とした歴史研究であった。しかも従来の歴史研究が対象とした時代は前近代が中心であり、アイヌの人々の同化政策が進められた近代以降の歴史に関する研究はそれほど多くない。

アイヌ民族が「日本の国民」と明確に位置づけられたのは近代になってからであり、アイヌ民族を「旧土人」と称してあからさまな差別を行ってきたのも近現代の日本社会である。そのため、アイヌ史研究者の榎森進は、アイヌ民族の歴史を探求する上で近現代史の研究が現在最も重要な課題になるとしている（榎森 2010: 53）。また、第二次世界大戦以後、とくに 1940 年代後半から 1960 年代までの歴史こそ未検討であるとの指摘もある（東村 2006: 12）。

民族学・文化人類学の分野で行われてきたアイヌ研究の場合も、基本的な事情は変わらない。古くから民族学研究の中心的な関心は、アイヌに固有の伝統的な社会や文化に関するものに向けられた。江戸時代からの差別や収奪、明治期以降の同化政策や和人との混血などにより、アイヌ民族の伝統的な社会や文化は崩れつつあった。そのため、今から約 60 年前の 1951（昭和 26）年に行われた民族学者・人類学者を中心とする「沙流アイヌの共同調査」でも、当時のアイヌの現状よりも、「急速にその固有の姿を喪失しつつある」アイヌ民族の伝統的な親族組織、地縁集団、祖霊祭祀、祭礼などのあり方を古老などからの聞き取りを通じて明らかにすることに力点がおかれた（石田ほか 1952）[6]。

民族学者・文化人類学者の馬場優子は、すでに 40 年以上前、「従来の、

無数と言っても良いほどのアイヌに関する諸研究は、アイヌの社会と文化に関する限り、その対象はすべてアイヌの伝統的文化の諸側面の研究あるいはその歴史的復元であると言っても過言ではなかろう」(馬場 1972: 215) と述べていた。その 24 年後の 1996 年に、伊藤泰信は馬場のこの言葉を引用した上で、状況はさほど変わっていないとし、「アイヌの現在」に焦点を合わせた研究を進める必要性を主張した (伊藤 1996)。しかし、その後においても、民族学や文化人類学の分野で行われたアイヌの現状に関する研究は、少数にとどまっている[7]。

　以上のように、アイヌの歴史や文化に関する研究が数多くあるにもかかわらず、アイヌの人々の現実の社会や文化、とりわけ生活や意識の実態を明らかにしようとする研究はきわめて少なかった。これらのテーマは、本来であれば、社会学の分野で取り扱うものである。しかし、アイヌの人々の現実を対象にした社会学的研究も少ない。1997 年のアイヌ文化振興法制定の前後に行われた、松本和良らによる生活や意識の現状に関する一連の研究が存在する程度であった (松本・大黒編著 1998; 松本 1998, 1999, 2001; 松本・江川編 2001)。

　このような研究状況のなかで、現代におけるアイヌの人々が営む日々の生活の実態、そこに潜む様々な課題に関しては、むしろ、行政の側が把握しようと努めてきたのが現実である。北海道民生部が 1960 年に行った「北海道旧土人集落地区の概況調査」と北海道日高支庁が 1962 (昭和 37) 年に行った「日高地方におけるアイヌ系住民の生活実態調査」が、その嚆矢である。

　前者は 1941 (昭和 16) 年以来 20 年ぶりに行われた戦後初の調査で、20 世帯以上・人口 100 人以上の全道 51 の「旧土人集落」を対象にしたものであり、その他の地区については 1941 年の実態調査から概数を推測している (北海道民生部 1960a)。この調査は、1961 年から始められた 5 か年計画の北海道不良環境地区対策 (北海道民生部 1960b) の基礎資料とするために実施されたものである (東村 2006: 296)。

　後者も、「いわゆるアイヌ系住民の生活実態を社会福祉の面からとらえ、今後における各種施策の基礎資料とすること」を目的としていた (北海道日高支庁 1965: 16)。北海道民生部の調査よりもはるかに詳細な内容で、調査の

結果、経済的貧困、「スラム」化した居住家屋、修学環境の欠陥、地域社会の差別と偏見などが明らかにされた。1965（昭和 40）年に出された報告書には、当時の「スラムの住家」の写真も掲載されており、困窮したアイヌの人々の生活がリアルに描かれている（北海道日高支庁 1965: 12-5）[8]。

さらに、北海道は 1972（昭和 47）年に第 1 次北海道ウタリ生活実態調査を全道的に実施し、その後、ほぼ 7 年ごとにウタリ生活実態調査（2006（平成 18）年からアイヌ生活実態調査と名称を変更）を行った。一連の調査の目的は、すでに述べた 4 次にわたる「北海道ウタリ福祉対策」や 3 次にわたる「アイヌの人たちの生活向上に関する推進方策」を展開する上で必要な基礎資料を得ることにあった（北海道民生部 1973, 1979, 1986; 北海道生活福祉部 1994; 北海道環境生活部 2000, 2007, 2014）。だが、これらの調査結果は、研究者にとっても重要な基礎的データとなっている。アイヌの人々の生活実態の全体像を把握することは難しいからであり、これらのデータの再分析を通じて、独自の研究課題にアプローチする研究者もいる（松本 2001; 菊地 2002; 渡會 2007）。

ちなみに、一連の調査では、1986（昭和 61）年に 70 市町村で 24,381 人、7,168 世帯と最も多くのアイヌの人々が把握され、それ以降毎回の調査で減少している。2013（平成 25）年に実施された最新の『平成 25 年アイヌ生活実態調査報告書』によれば、北海道に住むアイヌの人口は、66 の市町村に 16,786 人（6,880 世帯）で、1972 年の 39 市町村、18,298 人（4,558 世帯）を下回り、過去最低になっている（北海道環境生活部 2014）[9]。

調査で用いられたアイヌの定義は、「地域社会でアイヌの血を受け継いでいると思われる人、また、婚姻・養子縁組等によりそれらの方と同一の生計を営んでいる人」であり、各市町村が把握することができた人口である。ただし、「アイヌの血を受け継いでいると思われる方であっても、アイヌであることを否定している場合は調査の対象とはしていない」（北海道環境生活部 2014）。そのため、一方で、アイヌの血筋でない者も含まれ、他方で、各市町村で把握できないアイヌの人々は含まれておらず、アイヌの人々の正確な数は不明である。

その上、個人や世帯に対する調査は、「平成 25 年調査」では、自らがアイヌ民族であると表明した人が属する 300 世帯とその世帯で生活をともにす

16　序　章　アイヌの人々の生活・意識と歴史的背景

る 15 歳以上の 586 人を対象としたにすぎない。この方式は 7 回の調査において
ほぼ同一であり、北海道アイヌ協会を始め、関係者からは対象者が少なすぎて実態
を十分に反映しきれていないとの指摘が出されている。

第 2 項　本書の課題と視点

　このような状況の下で、2007 年に創設された北海道大学アイヌ・先住民研究セン
ターの社会調査プロジェクト（北海道アイヌ民族生活実態調査プロジェクト）を中
心に、改めて本格的にアイヌ民族に関する社会学的研究が開始されるようになった。
北海道大学アイヌ・先住民研究センターの社会調査プロジェクトは、第 1 期：2008
～ 2011（平成 23）年度と第 2 期：2012（平成 24）～ 2015（平成 27）年度に分か
れており、第 1 期、第 2 期とも本書の編者が責任者を兼ねている。第 1 期の社会調査
プロジェクトでは、北海道ウタリ協会（のちに北海道アイヌ協会に改称）の協力のも
と、本書執筆のメンバーの多くが関与して、2008 年に全道のアイヌの人々を対象に
した北海道アイヌ民族生活実態調査、2009 年に札幌市およびむかわ町のアイヌの人々
を対象にしたインタビュー調査を行い、第 2 期には 2014（平成 26）年に札幌市およ
びむかわ町の地域住民を対象にした郵送調査を行っている。これらの一連の調査結果
はいくつかの報告書として公表されている（小内編著 2010, 2012, 2014a, 2015b）。

　さらに、これらの延長線上で、アイヌ民族の復権の動きがアイヌの人々の生活や意
識、またアイヌの人々をとりまく社会的な状況をどのように変化させているのかを明
らかにするために[10]、日本学術振興会科学研究費補助金をもとに 2012 ～ 2015 年度
に先住民族多住地域調査を実施した。2012 年に新ひだか町、2013 年に伊達市、2014
年に白糠町を対象にした実態調査を行い、報告書を公表している（小内編著 2013,
2014b, 2015a, 2016）。

　これらの一連の調査研究を行うにあたって、以下のような視点が重視された。第 1
に、アイヌ自身の生活の実態と意識を解明することである。これは、現在あるいは将
来の政府のアイヌ政策がアイヌ諸個人の必要や要求を反映しているかどうかを検討す
る際に重要になる。政策的に見落としているものがないかどうか、あるいはアイヌの
人々の生活や意識からかけ離れたものがな

いかどうかが問われることになる。

　第2に、アイヌの人々の生活の歩みにも注目した。アイヌの人々の生活の現状や意識は、これまでの生活の歩みによって作り上げられ、規定されるからである。その場合、彼らの生活の歩みは、時代によって大きく異なっていることにも留意しなければならない。生きた時代によって、アイヌ政策やアイヌ差別のありよう自体変化しており、それが生活の歩みに刻印されているためである。

　第3に、アイヌ民族や政府の政策に関する和人の評価を明らかにすることである。政府のアイヌ政策の妥当性は、和人の評価にも依存する。アイヌ民族だけでなく、和人も納得するものでなければ、政策は効果的なものとならず、むしろ新たな反発や差別のもとになりかねない。和人の評価が国際的な動向からかけ離れている場合には、そうした現状を打開すること自体が政策課題として浮上する。

　第4に、和人とアイヌ民族との日常的な関係を把握することである。アイヌ政策に対する評価は、政策の内容自体によって左右されると同時に、和人とアイヌの人々の日常的な交流や接触のあり方によって規定される。両者の日常的な関係が互いに対する見方を形成する基盤となり、それが政策への評価に影響を与える。とくに、和人とアイヌの人々が接する機会の多い地域の実情を捉えることが重要な意味を持つといえる。

　社会調査プロジェクトでは、アイヌの人々に関する調査研究と同時に、北欧の先住民族サーミについての調査研究も実施した。同じ先住民族として同化や抑圧を被った歴史をもち、復権の道を歩んでいるサーミとの比較を通じて、アイヌ民族の課題が浮き彫りになると考えたからである。しかし、サーミの現状は、アイヌ民族とは比べものにならないほど、復権が進んだ状態になっていた。サーミ議会、サーミ・メディア、サーミ教育を始めとする諸機関、諸機構が成立し、サーミ社会のいわば機構的システムが成立していた。そのなかで、サーミの労働―生活世界も独自な形で展開されていた。そのため、本シリーズの第1巻では、機構的システムと労働―生活世界の両側面からサーミ社会の現状を分析した (小内編著 2018)。これに対し、アイヌ民族の場合、北海道アイヌ協会があるものの、サーミ社会の諸機構に匹敵するもの

は存在していない。この点をふまえ、アイヌの人々を対象とした調査研究では、彼らの労働―生活世界を中心に現状分析を行うこととした。

第3節　調査対象と調査方法

　本書では、アイヌの人々の生活や意識の現状と課題を明らかにするために、3地域を対象にした先住民族多住地域調査の結果に、北海道アイヌ・先住民研究センターの社会調査プロジェクトによる調査結果の一部を加え、新ひだか町、伊達市、白糠町、札幌市、むかわ町の5つの地域を対象に、地域比較の視点も加味して、これまでの調査研究をまとめた。

　本書で扱うデータは、5つの地域を対象にした調査研究によって得られたものである（**表0－1**）。これらのうち、札幌市とむかわ町は、2008年のアンケート（配布留置調査）方式による北海道アイヌ民族生活実態調査の結果（有効回答数5,703）、両地域の有効回答数が多かったため、都市と農山漁村のアイヌの人々の生活実態を比較する上で最適と判断し調査対象地とした。ちなみに、札幌市のアンケート調査の有効回答数は507で都市的地域において最も多く、むかわ町の有効回答数643は農山漁村地域のなかで最多であった。

　新ひだか町、伊達市、白糠町は、アイヌの人々が多く居住するという点で共通している。同時に、アイヌの人々の居住地としてそれぞれ異なる特徴を持っており、この点を考慮し調査地として選定した。選定にあたっては、調査の実施可能性も含め、北海道アイヌ協会事務局の意見も参考にした（**図0－1**）。

　新ひだか町はシャクシャインの戦いがあったことで知られ、第二次世界大戦後北海道アイヌ協会の再結成大会（1946年）の場にもなった地域で、1959（昭和34）年に始まったシャクシャイン祭り（後にシャクシャイン法要祭）（年1回）が現在でも続いている。白老町・平取町・札幌市とともにイオル再生事業の対象地にもなっており、アイヌ文化が色濃く残る地域の1つといってよい。これに対し、伊達市は蝦夷三官寺の1つ、有珠善光寺がある有珠地区にアイヌの人々が集住している地域である。有珠地区のアイヌの人々はかなり以前から和人と「平和的」な関係であり（大黒 1998b: 165）、早くから和人との同化が進んでいるといわれる。伊達市の場合、現在では、アイヌの人々の居

第1部　本書の課題とアイヌ政策　19

表 0-1　各種調査の結果

北海道アイヌ民族生活実態調査（第1期：2008 ～ 2011 年度・第2期：2012 ～ 2015 年度）

■ 2008 年北海道アイヌ民族生活実態調査（配布調査）結果
　世帯調査：配布数 =3,438　有効回収数 =2,903　有効回収率 =84.4%
　個人調査：配布数 =7,306　有効回収数 =5,703　有効回収率 =78.1%
■ 2009 年北海道アイヌ民族生活実態調査（インタビュー調査）結果
　札幌調査：対象者数 =51
　むかわ調査：対象者数 =61
■ 2014 年北海道アイヌ民族生活実態調査（住民配布調査）結果
　札幌調査：配布数 =1,200　有効回収数 =579　有効回収率 =48.3%
　むかわ調査：配布数 =1,200　有効回収数 =540　有効回収率 =45.0%

先住民族多住地域調査（2012 ～ 2014 年度）

■ 2012 年先住民族多住地域調査（新ひだか）結果（配布・インタビュー）
　アイヌ調査：対象者数 =57
　住民調査：配布数 =1,229　有効回収数 =529　有効回収率 =43.0%
■ 2013 年先住民族多住地域調査（伊達）結果（配布・インタビュー）
　アイヌ調査：対象者数 =47
　住民調査：配布数 =1,269　有効回収数 =592　有効回収率 =46.7%
■ 2014 年先住民族多住地域調査（白糠）結果（配布・インタビュー）
　アイヌ調査：対象者数 =48
　住民調査：配布数 =1,083　有効回収数 =430　有効回収率 =39.7%

注）詳しくは、各種報告書を参照のこと。

住地は有珠地区にほぼ限られており、この点に着目して調査地の1つとした。白糠町は、ふるさと祭り（1979（昭和 54）年～）、ししゃも祭り（1980（昭和 55）年～）、フンペ祭り（1996（平成 8）年～）というアイヌの人々による三大祭りが長年続いており、町自体がアイヌ文化を「まちづくり」の核の1つにすえている自治体である。また、白糠町は今回の対象地のなかで唯一道東に位置する地域であり、これらの点をふまえて、調査対象地の1つとして選定した[11]。

　5つの地域を対象にした調査は、それぞれアイヌの人々に対するインタビュー調査、地域住民に対する郵送調査およびインタビュー調査から構成されている。

　アイヌの人々に対する調査に関しては、20 歳から 80 歳の人々のうち、

図 0-1　調査対象地

10歳きざみで各世代ごとに10人（男性5人・女性5人）ずつインタビューを行う計画を立てた。その際、20〜30代を青年層、40〜50代を壮年層、60歳以上を老年層と位置づけている。**図０−２**のように、青年層はほぼ1970（昭和45）〜1990（平成2）年生まれで第1次ウタリ福祉対策以降の「福祉対策展開期」後期（1974〜1996年）、1997年のアイヌ文化振興法以降の「民族文化振興期」（1997〜2007年）、そして2008年の「アイヌ民族を先住民族とすることを求める決議」以降の「先住民族復権期」を経験している。壮年層はほぼ1950（昭和25）〜1970年生まれで戦後直後からの「民族政策停滞期」と「福祉対策展開期」前期も体験している。さらに、老年層はほぼ1930〜1950年生まれにあたり、半数が戦前の体験を持っている。そのため、各年

第1部　本書の課題とアイヌ政策　21

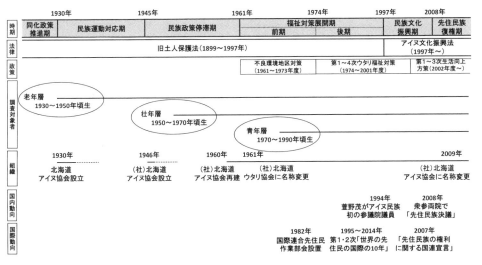

図0-2　アイヌ民族をめぐる動向と調査対象世代

齢層はアイヌをめぐる社会環境とその変化の違いがライフヒストリーに刻印された3つの世代として把握できる。

　ただし、計画とは異なり、結果的には、表０−１、**表０−２**のように、各地域とも世代、性別にばらつきが出ている。調査の実施にあたっては、各地域の生活館、アイヌ協会事務所、集会所、役場などを会場にし、われわれ調査者には対象者の氏名、住所がわからないように配慮した。許可を得られた場合に限って、インタビューの内容をICレコーダーに録音した。

　なお、当時の北海道アイヌ（ウタリ）協会の会員資格に準拠し[12]、対象とした人々のなかには、アイヌの和人配偶者、和人養子[13]も含めている。同協会の規約では、アイヌの血筋がなくてもアイヌの血筋を持つ者の配偶者になっている者やアイヌの血筋を持つ者に育てられた一代限りの養子であれば会員資格を持てることになっていた。この考え方は、2014年4月に北海道アイヌ協会が公益社団法人に移行した後にも、協会の団体会員となった各地域のアイヌ協会に基本的に引き継がれている[14]。また、すでに述べたように、北海道がほぼ7年に1度実施している『アイヌ（ウタリ）生活実態調査』でも、アイヌの定義としてほぼ同様なものが用いられている。

22 序 章 アイヌの人々の生活・意識と歴史的背景

表 0-2 アイヌ調査対象者（（ ）内は和人、[ ]内は血筋不明の内数）

1．新ひだか町 単位：人

	男性	女性	合計
青年層	4	5	9
壮年層	12 (1)	15 (2)	27 (3)
老年層	11 (1)	10 (1)	21 (2)
合計	27 (2)	30 (3)	57 (5)

注）1. アイヌ以外の配偶者（和人配偶者およ
び和人と朝鮮人の混血）4人、和人養
子1人を含む。
2. 住民インタビュー調査で対象となった
アイヌ3人を含む。

2．伊達市 単位：人

	男性	女性	合計
青年層	4	5	9
壮年層	4 (1)	16 (4)	20 (5)
老年層	7 (1)	11 (3)	18 (4)
合計	15 (2)	32 (7)	47 (9)

注）和人配偶者9人を含む。

3．白糠町 単位：人

	男性	女性	合計
青年層	6 (1)	10 (2)	16 (3)
壮年層	5	7 (2)	12 (2)
老年層	4 (3) [1]	16 (2)	20 (5) [1]
合計	15 (4) [1]	33 (6)	48 (10) [1]

注）1. 和人配偶者9人、和人養子1人を含む。
2. 住民インタビュー調査で対象となった
アイヌ1人を含む。

4．札幌市 単位：人

	男性	女性	合計
青年層	10	2	12
壮年層	7	12 (1)	19 (1)
老年層	8 (1)	12 (3)	20 (4)
合計	25 (1)	26 (4)	51 (5)

注）和人配偶者5人を含む。

5．むかわ町 単位：人

	男性	女性	合計
青年層	7	10 (3)	17 (3)
壮年層	10 (2)	13 (4) [1]	23 (6) [1]
老年層	14	7 (2)	21 (2)
合計	31 (2)	30 (9) [1]	61 (11) [1]

注）和人配偶者10人、和人養子1人を含む。

6．合計 単位：人

	男性	女性	合計
青年層	31 (1)	32 (5)	63 (6)
壮年層	38 (4)	63 (13) [1]	101 (17) [1]
老年層	44 (6) [1]	56 (11)	100 (17) [1]
合計	113 (11) [1]	151 (29) [1]	264 (40) [2]

第1部　本書の課題とアイヌ政策　23

表 0-3　住民調査データ

単位：人

	計	男	女
新ひだか町	524	250	274
伊達市	587	269	318
白糠町	421	196	225
札幌市	576	224	352
むかわ町	530	259	271
計	2,638	1,198	1,440

注) 年齢ないし性別不明を除く（新ひだか町5人、伊達市
　5人、白糠町9人、札幌市3人、むかわ町10人）。

　一方、地域住民に対する郵送調査は、各地域の選挙管理委員会の許可を得て有権者名簿抄本から系統抽出法を基本とする形で対象者を選定した。有効回答数は**表0−3**のとおりである。回答者のうち、協力して頂ける方に、インタビュー調査も実施した。インタビュー調査は、自宅を始めとして対象者から指定された場所で行った。インタビューの際、アイヌ民族に属することが判明した場合、調査用紙を変更し、アイヌの人々に対するインタビュー調査として実施した。ただし、札幌市とむかわ町の場合、郵送調査しか実施していない。

　本書は第1部として、序章に続いて、第1章で対象となった自治体のアイヌの歴史とアイヌ政策の特徴を把握した上で、それ以降3部構成をとっている。第2部がアイヌの人々の生活の歩みと意識、第3部が地域住民とアイヌの人々との関わりの分析となる。第2部では、アイヌの家族と階層の形成過程（第2章、第3章）を明らかにした上で、アイヌ文化の実践、エスニック・アイデンティティの諸相（第4章、第5章）、さらにエスニック・メディアの現状（第6章）を分析した。第3部では、アイヌの人々に対する差別（第7章）、アイヌの人々との交流や接触（第8章）、和人のアイヌ文化に関する知識と体験（第9章）の分析の後に、わが国のアイヌ政策に対する評価（第10章）を明らかにした。最後に第4部・結論、終章として、本書のまとめを行っている。

注

1　本書では原則として民族としての集団性を念頭におく場合に「アイヌ民族」
　　と表現し、「アイヌ民族」に属する個人や集団性を念頭におかない場合に「アイ

24 序 章 アイヌの人々の生活・意識と歴史的背景

ヌの人々」という表記を用いる。なお、これは「先住民族」と「先住民」の区別に準じている（小内編著（2018）の序章、注1、参照）。

2 樺太島は1809（文化6）年に北蝦夷地とされ、西蝦夷地から分離された。

3 榎森進は「北海道土地売貸規則」と「北海道地所規則」について「問題は、その『私有』の対象は、あくまでも和人であり、アイヌは対象外とされたことである」（榎森 2007: 394）としている。しかし、法令上アイヌが対象外になったわけではなく、720戸のアイヌが1戸あたり310坪の土地に関して私有権条項の適用を受けている（小川 1997: 49-50）。

4 第二次世界大戦以前のアイヌ民族運動については、小川（1997）の第6章および金倉（2006）の第2章も参照されたい。

5 実際、新たなアイヌ政策の展開にともなって、アイヌ民族の復権に対するバックラッシュの動きも現れている。2014年の金子快之札幌市議（当時）の「アイヌ民族なんて、いまはもういない」発言や的場光昭の「アイヌ民族否定論」の著作（的場 2009, 2012, 2014）が代表的なものである。なお、これらの動きに対して、反論を試みているものとして岡和田／ウィンチェスター編（2015）がある。

6 この調査では、アイヌの人々の血液型、指紋、姿勢等の身体諸形質に関する形質人類学的データの採取も行われ、その結果も報告されている（石田ほか 1952）。
　　また、北海道大学医学部の児玉作左衛門に代表されるように、形質人類学の研究の一環として墓地を掘り返し、「アイヌ人骨」が収集されることもあった。当時、マスコミ等では、「アイヌ人骨」を用いた児玉の研究は高く評価されていた（植木 2007; 東村 2013）ものの、研究倫理上の問題が軽視されていたことは否定できない。近年、アイヌの遺族からの人骨の返還訴訟に対応し、北大医学部の人骨の返還が行われるようになっている。返還されない人骨は、他機関に収蔵されている人骨も含め、2020年までに白老町に建設される「民族共生の象徴となる空間」（イオル）内の慰霊施設に収められることが検討されている。

7 このような状況には、1972年に札幌で開催された日本人類学会でアイヌ研究のシンポジウムが開催された際、アイヌ民族の活動家が和人が行うアイヌ研究の問題性を指摘し会場を占拠したことや1977（昭和52）年に北大経済学部林善茂教授の講義に対してアイヌ差別を含んだものであると抗議し教室を占拠したことなどが少なからぬ影響を与えた。これらの事件がアイヌ研究に対する「研究者の恐怖」を感じさせ、アイヌ研究を低調なものにしたといえる（新井 2014: 230-1）。

8 これらの調査の結果が各種施策に活かされたのかどうかは甚だ疑問だとする意見もある（渡會 2007: 74）。しかし、政策立案の基礎としてアイヌの人々の現状を把握しようとしたことは積極的に評価してもよい。

9 アイヌの人々は北海道以外にも居住している。しかし、2010（平成22）〜2011年にかけて実施された「北海道外アイヌの生活実態調査」では241世帯、318名が調査対象者として確定されたのみであり、そのうち調査に回答したのは、153世帯、210名であった（アイヌ政策推進会議「北海道外アイヌの生活実態調査」作業部会 2011）。ちなみに、これ以前に実施された道外のアイヌ民

族に対する本格的な実態調査としては、1974 年と 1988（昭和 63）年に実施された東京都によるものがあるだけである（東京都企画調整局調査部編 1975; 東京都企画審議室調査部 1989）。1988 年の調査結果によれば、東京在住のアイヌ推計人口は 2,700 人とされている。

10　本研究プロジェクトは北海道大学アイヌ・先住民研究センターの第 2 期社会調査プロジェクトとしても位置づけられている。

11　5 つの対象地のうち、新ひだか町、伊達市、白糠町や各地域におけるアイヌの人々の歴史および現状に関しては、「調査地の概要」として、それぞれの報告書の序章に示している（小内透 2013, 2014b, 2015）。また、札幌市とむかわ町に関しては、小内編著（2012）の序章で「調査地の概要」としてふれている。詳しくは、各報告書を参照されたい。

12　北海道アイヌ協会は 2014 年 4 月 1 日から公益社団法人に組織替えされた。これにともない、かつては同協会の支部として位置づけられていた各地域の組織が独立した協会になり、それらの協会が北海道アイヌ協会の団体会員（第 1 類正会員）となる形に変更されている。それとは別に個人会員（第 2 類正会員）も認められているものの、各地域のアイヌ協会が個人会員を持つのが基本の形になっている。

13　和人養子は少なくとも明治 20 年代以降、多く見られたとし、混血化（生物学的同化）を 1 つの動機としていたとする考え方がある（馬場 1972）。養子となった和人は、アイヌの子として育てられ、アイヌの異性と結婚することになるからである。だが、この考え方とは異なり、アイヌの人たちの間では、もともと、相互扶助的な思想に基づいた民族内での養子の慣行があり、その延長線上で、明治以降の北海道開拓により入植した和人の困窮を背景として育てられなくなった子ども（捨て子を含む）や和人男性との間にできた私生児を養子として受け入れたとの見方を示す者もいる（葭田 1996）。この見解によると、混血化を動機として和人の養子が行われたのではなく、和人の養子を通じて、結果的に混血化が進んだという理解になる。ただ、いずれにせよ、和人養子が広汎に存在したことは事実である。

14　世界の先住民族のなかでは、個人認定に関して、大きく分けて血筋を重視する立場と言語を重視する立場がある。しかし、いずれの場合においても、複雑な問題を抱えている。血筋を重視するとしても、混血が進む中で、どの程度の血筋であれば先住民族の構成員になれるのか、また非先住民の配偶者や養子をどのように扱うのかという問題がある。血筋を引いていなくても先住民族のメンバーとして認められるケースは少なくない。言語を重視するとしても、同化政策等により言語が奪われた人々がいる場合、本人が言語を使用できなければ先住民族と認めないとすると大きな問題が生じる。そのため、本人が言語を使えなくても、親や祖父母が日常生活のなかで使っていれば、先住民族のメンバーとして認められている。なお、先住民族としての個人認定の問題について詳しくは、先住民族自体の定義の問題を含めて、小内編著（2018）の序章を参照のこと。

第1章

地域におけるアイヌの歴史と自治体のアイヌ政策

新藤 慶

はじめに

本章では、自治体のアイヌ政策や財政状況を確認し、その特質を把握することを目的とする。

アイヌの人々と和人の人々との交流を考えた場合、本書で参照する機構的システムと労働－生活世界という分析枠組みにも見られるように、システムレベルと生活レベルの２つの位相を想定することが必要となる。互いのイメージを形成する場合、まずは実際の労働や生活場面での交流がその大きな基盤となることは疑いがない。しかし、それだけでなく、直接的な交流がなかったとしても、政策や行政などのシステムレベルでの互いの扱われ方が、それぞれのイメージの形成に大きな影響力を持つと考えられる。

そこで本章では、本書で対象としている５つの調査対象地域のアイヌ政策の展開を概観し、その特質を把握することにつなげていきたい。

第1節　国・道のアイヌ政策における財政的な基盤

第1項　国のアイヌ政策予算

各自治体のアイヌ政策を見る前に、それらの基盤の形成に大きく関わる国や道のアイヌ政策における財政的な基盤を確認したい。国や道からのアイヌ政策に関する補助金が、自治体のアイヌ政策を左右することとなるからである。

国のアイヌ政策の予算総額[1]を見ると、1985（昭和60）年度で12億4300

万円となっている。これが、徐々に増額され、2001 年度には 17 億 3500 万円となる。その後は、2007 年度には 11 億 9700 万円、2014 年度には 9 億 4900 万円と大幅に減少した。その後は再び増加に転じ、2015 年度には 13 億 3400 万円、2016 年度には 13 億 7200 万円となり、2017（平成 29）年度は、一気に 27 億 9900 万円と前年比 2.11 倍となった。つまり、2001 年度までは増加し、2014 年度に向かって減少、その後再び増加という増減を示している。

　この「増加→減少→増加」のうち、「減少」のプロセスについては、アイヌ生活向上の予算の削減が関わっている。吉田邦彦は、国のアイヌ政策を大きく「アイヌ生活向上施策」と「アイヌ文化振興法関連」の 2 つに分けている（吉田 2012）。これにならって整理すると、「アイヌ生活向上施策」は、2007 年度に 8 億 4800 万円が計上されて以降、ほぼ一貫して減額されている。2017 年度では、4 億 4300 万円となっている。

　一方、「減少」から再び「増加」に転じる局面は、1997 年のアイヌ文化振興法制定により、1998（平成 10）年度から計上された「アイヌ文化振興法関連」の予算の増加と、これを後押しする 2008 年の国会における「アイヌ民族を先住民族とすることを求める決議」の採択が影響していると考えられる。1998 年度に 5 億 5000 万円でスタートした「アイヌ文化振興法関連」の予算は、1999（平成 11）年度に 7 億 2000 万円となった。2001 年度には 3 億 6100 万円へと減少したが、2007 年度に 3 億 4900 万円、その後、3 〜 4 億円台を推移し、2014 年度に 4 億 1400 万円となった。しかし、2015 年度には一気に 8 億 1400 万円、2016 年度には 8 億 8300 万円、そして、2017 年度には、23 億 2600 万円へと大幅に増額されている。このことから、アイヌ政策予算全体の増額は、「アイヌ文化振興法関連」予算の増額を反映していることがわかる。2017 年度予算を詳細に見ると、「博物館の整備及び運営準備」が 13 億 3200 万円、「公園の整備」が 5 億 500 万円となっている。2020 年に白老町に開館予定の国立アイヌ民族博物館関連予算が大きい。

　このように、予算面からいえば、国のアイヌ政策は「生活向上」から「文化振興」へと移り変わってきていることがわかる。「生活向上」は、アイヌ民族の個人が対象になりがちである。これに対し、「文化振興」は、伝統文化の

28　第1章　地域におけるアイヌの歴史と自治体のアイヌ政策

継承というアイヌ民族の集団を対象とした側面だけでなく、アイヌ民族以外の人々に対するアイヌ文化の普及・啓発という側面も有する。その点で、国のアイヌ政策は、「アイヌ民族諸個人」を対象としたものから、「アイヌ民族とアイヌ民族以外の人々の双方」を対象としたものへと力点が移り変わってきていることがうかがえる。

第2項　北海道のアイヌ政策予算

続いて、北海道のアイヌ政策予算を見てみたい。2005（平成17）年度から2016年度までの「予算の概要」に記載されていたアイヌ政策関連予算を**表1－1**にまとめた。

このような道のアイヌ政策予算の状況を見ると、第1に、道のアイヌ政策

表1-1　北海道のアイヌ政策の予算額

年度	2005	2006	2007	2008	2009	2010	2011	2012	2013	2014	2015	2016
1．生活館整備等事業費【環境生活部】												
	36,894	34,991	19,087	17,179	17,148	16,422	12,031	14,830	13,427	12,582		
	(40.8)	(26.3)	(17.8)	(26.3)	(26.1)	(20.0)	(16.1)	(19.3)	(18.3)	(17.9)		
2．高等学校等進学奨励費【環境生活部】												
	45,699	42,659	37,467	36,986	36,986	28,720	28,631	27,632	26,371	23,172		19,579
	(50.5)	(32.0)	(35.0)	(56.5)	(56.4)	(35.0)	(38.3)	(36.0)	(35.8)	(33.0)		(34.4)
3．就職奨励事業費補助金【環境生活部】												
	185	172	150	135	135	120	105	105	95	105		
	(0.2)	(0.1)	(0.1)	(0.2)	(0.2)	(0.1)	(0.1)	(0.1)	(0.1)	(0.1)		
4．アイヌ文化振興・研究推進事業費補助金（イオル再生事業）【環境生活部】												
		3,235	5,023	6,983	7,403	32,414	30,721	31,150	31,381	32,112		31,778
		(2.4)	(4.7)	(10.7)	(11.3)	(39.5)	(41.1)	(40.6)	(42.7)	(45.7)		(55.9)
5．アイヌ文化保存対策費【教育庁】												
	6,813	5,458	4,226	4,147	3,964	3,950	3,297	2,679	2,288	2,266		1,499
	(7.5)	(4.1)	(3.9)	(6.3)	(6.0)	(4.8)	(4.4)	(3.5)	(3.1)	(3.2)		(2.6)
合計												
	90,469	133,109	107,064	65,430	65,636	82,076	74,785	76,699	73,562	70,237	103,187	56,861

注）1．単位は万円。（　）内は、当該年度の予算額合計に対する割合。
　　2．予算額は、北海道の「予算の概要」各年度版（http://www.pref.hokkaido.lg.jp/sm/zsi/new_yosan.htm, 2016年11月4日取得）の当初予算を使用。ただし、2015年度については、政策ごとではなく、「アイヌ施策関連対策費」の合計額のみ記載されている。また、合計欄は、各年度の「各部施策の概要」に記載されている政策の予算を合計したものである。ここには主要な予算のみ掲げており、特定の年度だけの予算は載せていないため、5項目の合計と「合計」欄の数字が異なる場合がある。さらにわれわれが把握できていない政策・予算が存在する可能性もある。

の中心の1つに「2．高等学校等進学奨励費」があることがわかる。これは、1975（昭和 50）年度にスタートしたもので、「北海道に居住するアイヌの子弟の進学を奨励するため、経済的な理由により高等学校、高等専門学校、専修学校、各種学校への就学が困難な方に対して必要な資金を援助」[2]するものである。北海道の事業であるが、国が全体の 1/2 以内で補助金を出している。利用条件は、「道内に居住するアイヌの子弟」で、高等学校等に在学し、「経済的な理由により就学が困難」だということである。利用条件の「アイヌの子弟」であることを証明する手段としては、アイヌ協会の会員であることが利用されることが大半である。そのため、この「高等学校等進学奨励費」を利用するためにアイヌ協会に加盟するアイヌの人々は少なくない。しかし、予算額は 2005 年度の 4 億 5699 万円から 2016 年度の 1 億 9579 万円へと大きく減っている。

　第2に、「1．生活館整備等事業費」も大きな割合を占めている。生活館とは、「集会場、生活上の相談、生業の指導、授産事業、技術指導、託児事業、健康診断その他診療業務、図書室の設置等の多目的な活用を提供する場所」(札幌市教育委員会編 2002: 735-6) である。アイヌ民族の集住地域に建設される地域施設であるが、「今日では事業としてのアイヌという文脈は薄まり、広く地域住民の生活と福祉の向上に資するコミュニティ施設のひとつとして位置付けられている」(森 2012: 32) との捉え方もある。ただし、この政策についても、2005 年度には約 3 億 7000 万円が計上されていたが、2014 年度には約 1 億 2500 万円へとおよそ 1/3 まで減額されている。

　第3に、代わって予算面では大幅な伸びを示しているのが、「4．アイヌ文化振興・研究推進事業費補助金(イオル再生事業)」である。イオル (伝統的生活空間) 再生事業は、1996 年 4 月の「ウタリ対策のあり方に関する有識者懇談会」での報告書に、「イオル (伝統的生活空間) の再生」があげられたことに端を発する。2000 (平成 12) 年度には、国土交通省北海道局、文化庁、北海道、アイヌ文化振興・研究推進機構、当時の北海道ウタリ協会の間で「アイヌ文化振興等施策推進会議」が設置され、2005 年には「アイヌの伝統的生活空間の再生に関する基本構想」がまとめられた。これを受け、2006 年度からは、白老町、平取町を先行地域として、イオル再生事業が始められた。アイヌ民

30　第1章　地域におけるアイヌの歴史と自治体のアイヌ政策

族が伝統的に生活してきた空間の植物の栽培や、アイヌ文化を広く市民に伝える体験交流、イオル再生をめぐるネットワークの形成や文化の伝承者育成、また国有林内での事業の実施に関わる規制の緩和などの面で取り組みが進められている。

　このように、教育資金や生活館整備など、アイヌ民族の個人や集団を主な対象とした政策の予算は減少傾向である。一方、イオル再生事業などは、アイヌの伝統的生活空間の再生を主目的としつつ、アイヌ文化を広く市民に伝える側面も持つという点で、アイヌ民族とアイヌ民族以外の人々の双方を対象とした政策といえる。このようなアイヌ政策が、予算面では中心となってきている。この点で、「生活向上」から「文化振興」へ、あるいは「アイヌ民族諸個人」から「アイヌ民族とアイヌ民族以外の双方」を対象へという国のアイヌ政策の動向は、道のアイヌ政策にも通じていることがうかがえる。

第2節　札幌市のアイヌ政策の展開と特質

第1項　アイヌ多住地域としての札幌市の概要

　続いて、本研究で対象とした5つの市町のアイヌ政策の展開と特質を見ていく。まず、アイヌ多住地域としての札幌市の概要を確認する[3]。現在の札幌市域は、かつての西蝦夷地のイシカリ十三場所のうち5か所の範囲に相当する。この地域には、近代以前から多くのアイヌの人々が暮らしていた。しかし、1800年代に激減した。その理由としては、豊平川の流れが変わって、アイヌの人々の食生活における中心を担っていた鮭が激減したこと、また場所を経営する事業者が1つにまとまるなかで、アイヌの人々の居住地を何度も変更したことがあげられる（札幌市教育委員会編 1989, 1991）。

　明治に入ってからの行政の記録を見ると、1869年の時点では、札幌に住んでいたアイヌの人々は5戸13人にすぎない。1900（明治33）年になっても、134戸351人にとどまっていた。ここで記録されるアイヌの人々は、対雁に強制移住させられた樺太アイヌの人たちが多くを占めている。アイヌの人口がわずかしか記録されなかったことについては、新しく来住したアイヌの人たちがいたとしても、給与地を下付されない場合には、アイヌとして認識

されなかったことも関係している。

　ところが、第二次世界大戦後、とくに高度経済成長期以降、北海道の人口が札幌に集中するのと同じように、北海道の各地からアイヌの人々が札幌に移動するようになった。1971 (昭和 46) 年には、札幌市を含む石狩地区に居住するアイヌの人々によって、北海道ウタリ協会石狩支部が結成された。これが、翌 1972 年には札幌支部となった。北海道アイヌ協会の資料によると、2013 年の時点で、札幌支部 (札幌アイヌ協会) の会員数は 209 人となっている (北海道アイヌ協会 2013)。

第2項　札幌市のアイヌ政策の展開

　札幌市のアイヌ政策は、「福祉対策展開期」後期の初めにあたる 1977 年に実施された、札幌市ウタリ住宅新築資金等貸付要項制定に始まる。これは、アイヌ民族が住宅や土地の購入などを行う場合に低利で融資を受けられるというもので、住宅新築の場合は貸付上限額が 760 万円、償還期間は 25 年、住宅改修の場合は貸付上限が 480 万円、償還期間が 15 年、宅地取得の場合は貸付上限が 590 万円、償還期間が 25 年で、いずれも年利 2% である[4]。市町村に対して国と道が補助を行っているものであり、国の「アイヌ住宅資金等貸付事業制度要綱」(1975 年 11 月 4 日付建設省住整発第 34 号建設省住宅局長通知) 及び道の「アイヌ住宅改良促進事業実施要項」(2010 年 4 月 1 日施行) に根拠を持つ[5]。そのため、アイヌ民族向けの住宅新築資金等貸付を行っている市町村では、すべて補助金の上限は同額となっている[6]。財源は、国費が 1/8、道費が 1/8 で、残りの 3/4 を市が負担している (札幌市市民まちづくり局市民生活部アイヌ施策課 2009・8)。

　この住宅新築資金等の貸付から始まった札幌市のアイヌ政策は、国内外の先住民族の権利向上の動きや、これらを受けたアイヌ民族による運動の展開によって促されている。その後、「先住民族復権期」には、先住民族の権利に関する国際連合宣言や国会でのアイヌ民族が先住民族であることを求める決議を受けて、2009 年 7 月に札幌市アイヌ施策推進計画検討委員会がおかれ、アイヌ政策の計画策定が行われた。ここで策定された計画の実施や発展を図るために常設のフォーラムの設置が求められており、これに符合するよ

32　第1章　地域におけるアイヌの歴史と自治体のアイヌ政策

うな形で 2013 年 3 月にアイヌ施策推進委員会が設置されることで、アイヌ政策が展開されている。

第3項　札幌市のアイヌ政策予算

　現在の札幌市におけるアイヌ政策関連予算は、**表1-2**のとおりである。2013 年度と 2016 年度からうかがえることを確認すると、次のようになる。

　第1に、予算規模は、おおむね年間1億円台の前半となっている。2016 年度は約1億 5000 万円となっており、アイヌ政策に関わる予算がやや増加する状況が見られる。

　第2に、最も大きな予算規模を示しているのは、「施策目標2：伝統文化の保存・継承・振興」の「推進施策（2）：伝統文化活動の推進」にある「①札幌市アイヌ文化交流センターの運営」である。札幌市アイヌ文化交流センター（サッポロピリカコタン）は、2003（平成 15）年に札幌市南区に開設されたもので、「北の大地に先住し独特の文化を育んできたアイヌ民族の生活や歴史、文化などを楽しみながら学び、理解を深めていただくことを目的として」[7]いる。また、札幌市では白石区に 1978（昭和 53）年、生活館が設置されているが、建物の老朽化により、生活館の機能をこのアイヌ文化交流センターが担うことにもなった（札幌市 2010）。利用者数は、2011 年度に 46,810 人、2015 年度には 47,681 人と、かなりの利用実績がある[8]。

　第3に、毎年かなりの予算規模を占めているのが、「施策目標3：生活関連施策の推進」の「推進施策（2）：生活環境等の整備」にある「①住宅新築資金等の貸付」である。これには、毎年 4050 万円が計上されている。制度発足以来 2011 年度までに 189 名に対し、約 17 億 8400 万円を貸し付けている。しかし、2012 年度以降は利用実績がない。

　全体として指摘できるのは、アイヌ民族を対象とした「施策目標3：生活関連施策の推進」の部分は、ほとんど予算規模が変化せず[9]、アイヌ民族以外の人々も対象とした政策で予算が少しずつ増えているということである。その増えている「施策目標1：市民理解の促進」や「施策目標2：伝統文化の保存・継承・振興」、あるいは「その他」の取り組みは、国や道のアイヌ政策とは別に、札幌市が独自に予算化したアイヌ政策である。その意味では、札

第1部　本書の課題とアイヌ政策　33

表1-2　札幌市のアイヌ政策（アイヌ施策課所管事業）と予算額

政策名	2013 年度	2016 年度
施策目標１：市民理解の促進		
推進施策（１）：伝統文化の啓発活動		
①アイヌ民族に関する人権啓発と歴史・文化の紹介	2,097 (1.8%)	
②インカルシペ・アイヌ民族文化祭の実施助成	939 (0.8%)	939[±0] (0.6%)
③アイヌ文化体験講座の実施	550 (0.5%)	1,569[+55] (1.1%)
④アイヌ文化交流センターイベントの実施	560 (0.5%)	672[+17] (0.5%)
⑤小中高校生団体体験プログラムの実施	1,568 (1.3%)	5,740[+2,756](3.8%)
⑥アイヌアートモニュメントの設置検討・継続設置	3,090 (2.6%)	324[±0] (0.2%)
⑦公共空間を利用した情報発信	460 (0.4%)	1,034[+574] (0.7%)
⑧（社）北海道アイヌ協会札幌支部への補助	1,200 (1.0%)	1,200[±0] (0.8%)
⑨アイヌ文化を感じられる空間の整備		5,500[±0] (3.7%)
⑩市民参加によるアイヌアートモニュメントの製作（2016年度新規）		1,200［新規］(0.8%)
推進施策（２）：教育等による市民理解の促進		
①市新任課長研修の実施		126[-50] (0.1%)
②市新採用職員研修の実施		
③市転任職員研修の実施		
④出前講座の実施（2014年度新規）		
施策目標２：伝統文化の保存・継承・振興		
推進施策（１）：アイヌ民族の歴史を尊重する施策の推進		
推進施策（２）：伝統文化活動の推進		
①札幌市アイヌ文化交流センターの運営	46,398(38.8%)	52,258[+5,305] (35.0%)
②イオル事業運営に対する協力	7,177(6.0%)	5,100[-220] (3.4%)
③札幌市アイヌ文化交流センター屋外展示物（ポロチセ）の改修	8,000(6.7%)	
施策目標３：生活関連施策の推進		
推進施策（１）：産業振興等の推進		
①民芸品展示販売スペースの設置	700 (0.6%)	
②工芸品の振興検討事業		
推進施策（２）：生活環境等の整備		
①住宅新築資金等の貸付	40,500(33.9%)	40,500[±0](27.1%)
②アイヌ生活相談員の配置	4,844 (4.1%)	5,982[+154] (4.0%)
③アイヌ民族の児童・生徒に対する学習支援	500 (0.4%)	279[-212] (0.2%)
④共同利用館の改修（2016年度新規）		16,500［新規］(11.1%)
その他		9,462[+4,295](6.3%)
①国のアイヌ政策推進会議への参加		
②札幌市アイヌ施策推進委員会の運営	1,000 (0.8%)	805[-195] (0.5%)
合計	119,583	149,190

注）1．単位は千円。右端の（　）内は、当該年度における割合。
　　2．政策名は、2010年に策定された札幌市アイヌ施策推進計画による。
　　3．それぞれの数字は、札幌市アイヌ施策推進委員会の会議資料より作成。
　　4．2016年度の［　］内は前年度比。

34 第1章 地域におけるアイヌの歴史と自治体のアイヌ政策

幌市独自のアイヌ政策が拡充されてきていると受けとめられる。

第3節 むかわ町のアイヌ政策の展開と特質

第1項 アイヌ民族多住地域としてのむかわ町の概要

　次に、むかわ町のアイヌ政策の展開と特質を見ていきたい[10]。むかわ町は、2006 (平成 18) 年に、鵡川町と穂別町が合併して誕生した。むかわ町には、古くから多くのアイヌコタンが存在したが、江戸時代の場所請負制のころから和人の流入が始まり、場所請負人による横暴・収奪によってアイヌの人々は生活不安と困窮を余儀なくされた。さらに、明治に入り場所請負制は廃止 (1869 年) されたが、1899 (明治 32) 年の北海道旧土人保護法下で、それまでアイヌの人々が体験したことのなかった農業を生業とさせるために給与地が下付されたり、日本語・日本文化の習得を主眼とした旧土人学校にアイヌの子どもたちを就学させる取り組みが進められたりした。

　第二次世界大戦後、1946 (昭和 21) 年には北海道アイヌ協会の鵡川支部が結成され、1975 (昭和 50) 年には北海道ウタリ協会の穂別支部が結成された。2006 年の鵡川町・穂別町の合併により、両支部も合併し、むかわ支部となった。同支部は北海道アイヌ協会の公益法人化 (2014 年) により、むかわアイヌ協会に組織替えされた。2016 年時点での会員は 150 人である。

第2項 むかわ町のアイヌ政策の展開

　旧鵡川町のアイヌ政策は、1960 年代から進められた。1963 (昭和 38) 年に町内で最初の生活館が開設され、1981 (昭和 56) 年までに 4 館が運営された。現在では、その数は 12 館まで増えている。

　住宅新築資金等の貸付事業は、1977 年度に開始された。この年、新築 5 件、家屋改修 2 件の計 7 件に対し、合計 2570 万円が貸し付けられている。初期にはこの制度も活用されており、1988 年度までの利用状況を見ると、少ない年で 5 件、多い年で 9 件の利用があり、貸付額も 2250 万円～3820 万円となっている。また、アイヌ民族の生活全般について相談に応じる生活相談員が、1979 (昭和 54) 年から 1 名配置されている (以上、鵡川町史編集委員

会 (1991: 705-10))。さらに、「大型生活館」として「ム・ペッ館」が開設され、ここにむかわアイヌ協会の事務局もおかれている。

　むかわ町のアイヌ政策担当部署は現在、健康福祉課・町民生活課・教育委員会の3か所となっている。健康福祉課は、むかわアイヌ協会の運営や住宅資金の貸付などを担当し、町民生活課はアイヌ文化の伝承、ム・ペッ館の管理運営、生活相談員の配置などを担当している。教育委員会は、アイヌ協会などが行うアイヌ文化の祭典などを担当している。この他、日常的な相談業務などは、旧穂別町の支所でも行われている。

第3項　むかわ町のアイヌ政策予算

　むかわ町におけるアイヌ政策の予算額は、**表1－3**のとおりである。ここからわかることとして、以下の諸点があげられる。

　第1に、予算額は総額で約4000万円弱となっている。また、第2に、最も大きな予算額となっているのは、「生活館の管理運営」で、2000万円前後である。これは、「生活相談員の配置経費や、生活館12か所 (中略) の管理経費」[11] と説明されている。生活相談員については、先述のように、旧鵡川町で1979年に1名が配置されたが、現在では、鵡川地区で2名、穂別地区

表1-3　むかわ町におけるアイヌ政策の予算額

	2012年度	2016年度
＜生活支援及び生活環境の整備＞		
○アイヌ住宅改良促進事業	15,900(41.7)	9,600(24.4)
○アイヌ協会むかわ支部支援	860(2.3)	860(2.2)
○生活館の管理運営	20,928(54.9)	16,030(40.8)
○穂別中央生活館改修		12,600(32.0)
＜アイヌ文化の振興＞		
○生活館活動推進事業	365(1.0)	230(0.6)
○鵡川アイヌ文化伝承保存会支援	70(0.2)	-
合計	38,123	39,230

注）1. 単位は千円。（　）内は、当該年度における割合。
　　2. 2012年度はむかわ町『広報むかわ5月号別冊　まちのしごと2012　平成24年度町長町政執行方針・平成24年度教育行政執行方針・平成24年度予算の概要』、2016年度は「平成28年度予算の概要」(http://www.town.mukawa.lg.jp/secure/5344/yosangaiyou.pdf, 2016年11月5日取得)より。

で1名の計3名が配置されている。以前は、町の職員OBが生活相談員を務めることもあったが、現在の生活相談員はすべてむかわアイヌ協会の会員である[12]。この生活相談員の人件費を含んでいるため、額が大きくなっている。また、生活館関連では、2016年度には穂別中央生活館の改修費用も1260万円計上されている。

第3に、生活館関連と並んで予算額が大きいのが、「アイヌ住宅改良促進事業」である。これは、1000万円前後の予算が組まれている。内容については、札幌市の箇所でもふれたとおり、アイヌ民族の人々による住宅の新築・改修・土地取得に関する貸付である。むかわ町では、「1～2年に1件あるかどうか」[13]という申請状況だが、2015年度には1件の申請があった。

これらをふまえると、むかわ町では、生活館や住宅資金といったように、基本的にアイヌ民族を対象とする事業が中心となっていることがわかる。もちろん、生活館はアイヌ民族に利用を限っているわけではなく、町民全体が利用できる施設だが、予算枠としてはアイヌ民族を対象とした政策の範疇に入る。一方、国や道、札幌市で見られたようなアイヌ民族以外の人々にアイヌ民族の文化や歴史を伝えるような取り組みは、鵡川アイヌ文化伝承保存会への支援などを通じたものに限られている。

第4節　新ひだか町におけるアイヌ政策の展開と特質

第1項　アイヌ民族多住地域としての新ひだか町の概要

新ひだか町は、2006年に、静内町と三石町が合併して誕生した[14]。静内町は、シャクシャインが蜂起した土地として知られ、三石町も含め、古くから多くのアイヌの人々が生活していた。

和人の本格的な入植は、1871（明治4）年の徳島藩淡路島城代家老・稲田家の旧家臣546人が元静内に上陸したことを嚆矢とする。その後、この地方が牧野に適していることが知られ、1872（明治5）年に北海道開拓使長官・黒田清隆により北海道産馬の改良を目的として、静内、新冠、沙流の3郡にわたる7万haの用地に新冠牧場が設けられた。1884（明治17）年、新冠牧場は宮内省の所管になり、1888（明治21）年、新冠御料牧場と改称された。

第1部　本書の課題とアイヌ政策　37

　新冠御料牧場には、正式に牧夫として雇われるアイヌの人たちもいた。その一方で、牧場の新冠側にあった姉去コタンに別のコタンからアイヌを移住させ、牧場の土地を貸与させた後、その土地を飼料用地にするために平取町上貫気別の未開地に強制的に移住させることも行われた。

　第二次世界大戦後、1946（昭和21）年、北海道アイヌ協会が社団法人として設立され、静内支部も結成された。設立総会の場となったのが、静内町の公会堂であった。静内は、シャクシャインゆかりの地であり、アイヌの人々にとって象徴的な地であることを物語っている。一方、三石支部はアイヌ協会がウタリ協会として再建された1960（昭和35）年に設立され、1962（昭和37）年には、ウタリ協会支部の日高連合会が結成されている。

　なお、2006年に静内町と三石町が合併したが、アイヌ協会の静内支部と三石支部は合併していない。ただし、静内支部は、新ひだか支部と名称変更している。それぞれの会員数は、2013年の時点で、新ひだか支部（新ひだかアイヌ協会）が153人、三石支部（三石アイヌ協会）が25人であった（北海道アイヌ協会2013）。

第2項　新ひだか町のアイヌ政策の展開と予算

　新ひだか町におけるアイヌ政策の始まりは、1960年代以降に進められた「不良環境地区対策事業」に基づく地域のインフラ整備や、生活館の建設からだとされる[15]。生活館は現在、町内で33館設置（うち2館は休止中）されている。

　新ひだか町合併後も、アイヌ協会は新ひだかアイヌ協会（静内地区）と三石アイヌ協会に分かれたままである。そのこともあり、町のアイヌ協会への関わりはやや複雑になっている。

　アイヌ協会の事務局員は、かつては町の職員が務めていた。しかし、新ひだかアイヌ協会については、現在の事務局員2名はいずれも町の職員ではない。ただし、事務局自体は、従来から引き続いて町役場（静内地区）の庁舎内にある。また、人件費は、町からアイヌ協会へ支出している補助金によって賄われている。一方、三石アイヌ協会の事務局員は町の職員が務めており、事務局も三石支所におかれている[16]。

38　第1章　地域におけるアイヌの歴史と自治体のアイヌ政策

表1-4　新ひだか町におけるアイヌ政策の予算額

	2011 年度	2012 年度	2013 年度	2014 年度	2015 年度	2016 年度
アイヌ福祉事業	1,232.7(96.2)	1,210.5(97.5)	1,412.1(55.0)	1,294.4(75.2)	1,458.1(51.5)	1,341(36.8)
イオル推進事業	48.5(3.8)	30.7(2.5)	1,154.8(45.0)	427.5(24.8)	368.8(13.0)	349.2(9.6)
アイヌ農林漁業対策事業					1,003.3(35.4)	1,075(29.5)
アイヌ住宅改修資金貸付事業						495.4(13.6)
アイヌ民族資料館運営事業						387.8(10.6)
合計	1,281.2	1,241.2	2,566.9	1,721.9	2,830.2	1,690.2

注) 1．単位は万円。（　）内は当該年度予算に対する割合。
　　2．資料は『広報新ひだか』の「予算概要」各年度版。2016 年度については、『第 1 次新ひだ
　　　か町総合計画実施計画（平成 28 年度～29 年度）』（http://www.shinhidaka-hokkaido.jp/hotnews/
　　　files/00000100/00000153/keikakuH28~H29.pdf, 2016 年 11 月 5 日取得）より。政策は、内容
　　　から判断して、筆者がカテゴライズした。
　　3．2016 年度については、「アイヌ福祉事業」の内訳として、「生活相談員・指導員配置事業」に
　　　495.4 万円、「シャクシャイン記念館運営事業」に 214.9 万円、「イオル推進事業」の内訳として、「ア
　　　イヌ文化伝承活動補助金」として 25.8 万円が計上されている。

　このアイヌ協会への補助金を含め、新ひだか町におけるアイヌ政策を予算
面から見たものが**表1-4**である。

　第1に、最も大きなものは「アイヌ福祉事業」である。この「アイヌ福祉事業」
は、具体的には、「①北海道アイヌ協会負担金」、「②シャクシャイン記念館
運営費補助金」、「③北海道アイヌ協会三石支部運営補助金」、「④北海道アイ
ヌ協会新ひだか支部運営補助～人件費2名、事務所経費等の補助」と示され
ている[17]。いずれの年度も、1200～1400万円台の予算が計上されている。

　また、新ひだか町内には、1978（昭和53）年に開設されたシャクシャイン
記念館と、1982（昭和57）年に開設されたアイヌ民族資料館の2種類のアイ
ヌ民族関連の資料館がある。このうち、後者は町立であるため、運営費や人
件費は町費によって負担されている。一方、シャクシャイン記念館は、アイ
ヌ民族の人々を中心に有志によって設立されたものであるため、町独自の補
助金が支出される形になっている。

　第2に、予算面で次に注目されるのは、「イオル推進事業」である。白老
町、平取町の先行実施に続き、札幌市での取り組みがスタートした後、新ひ
だか町でも2013年度から取り組みが始まった。これは、2010年4月の町

長選で再選された町長が、所信表明のなかで「我が国の貴重な伝統文化であるアイヌ文化については、関係機関との連携の下、その保存と伝承に努めるとともに、地域イオルの実現に向けた取り組みなど、アイヌ施策の総合的な推進に努めてまいります」[18]とイオル推進を中心としたアイヌ政策への取り組みを明らかにしたことと関連している。これを受け、2013年度には前年度から2ケタの増額となり1000万円を超える予算がつけられた。現在では、300万円台まで予算は引き下げられているが、「①静内民族文化保存会運営補助金」、「②伝承活動等奨励補助金」、「③イオル再生事業～イオル再生事業にかかる各種伝承活動などの実施」といった内容となっている[19]。具体的には、静内地方のアイヌ文化の保存・検証・発展、アイヌの人々の生活向上、アイヌ民族・文化の調査研究、イオルビジネスなどを柱として取り組んでおり、主にシャクシャイン記念館の周辺でイナキビ、ギョウジャニンニクを栽培するなど、アイヌ民族が利用していた植栽の再生などに取り組んでいる。

　また第3に、2015・2016年度しか予算額がわからないが、「アイヌ農林漁業対策事業」も、1000万円を超える予算となっている。これは、「アイヌ農林漁家の皆さんの所得及び生活水準の向上を目的として、……必要な共同利用施設や機械等の整備を支援」[20]するものである。事業実施地区に、アイヌ農林漁家が原則3戸以上居住し、事業による受益戸数のなかにアイヌ農林漁家が3戸以上含まれることが要件となっている。具体的には、草地整備、かんがい排水、機械や栽培管理施設、養殖施設などの購入・設置などに利用できる。事業全体の2/3までを国費から、1/20までを道費から補助として受けることができる。これらのインフラ整備は、アイヌの人々以外にも恩恵をもたらす。その点では、アイヌ民族多住地域では、アイヌ政策を通じて地域振興につながった側面も見出される。

　さらに、2016年度しか数字があげられていないが、生活相談員の配置事業と、住宅改修資金貸付事業に、それぞれ495.4万円が計上されている。生活相談員は、新ひだか町で1名であり、町の臨時職員という位置づけである。現在担当している方は、アイヌ民族ではない。また、住宅改修資金貸付については、他の市町と同様、利用はほとんど進んでいない。最近では、2007年度に1件の利用があった[21]。

40　第1章　地域におけるアイヌの歴史と自治体のアイヌ政策

このように、新ひだか町では、基本的にはアイヌ民族を対象とした事業が中心で、とくにアイヌ協会関係の補助金が非常に多くなっている。しかし、シャクシャイン記念館、アイヌ民族資料館、イオル再生事業など、アイヌ民族だけでなく、アイヌ民族以外の人々も対象とした政策も取り組まれている。シャクシャイン記念館やアイヌ民族資料館への支出は、新ひだか町独自のものと位置づけられる。

第5節　伊達市におけるアイヌ政策の展開と特質

第1項　アイヌ民族多住地域としての伊達市の概要

伊達市は[22]、気候が温暖で海産物の天然の宝庫である噴火湾に面しているため、とくに有珠地区には、古くからアイヌの人々が住んでいた。1669（寛文9）年のシャクシャインの戦いには、有珠のアイヌの人々も参加していたとの記録がある。

幕府は、ロシアの南進とキリスト教の影響を恐れ、北海道が日本固有の領土であることを示すために、穀食の奨励、日本語の使用、和服の着用など、アイヌの人々に対する同化策にも力を入れた。1804（文化元）年、徳川家斉が、民心の安定、アイヌの教化を目的に、有珠にあった浄土宗の善光寺を、等澍院（様似町）、国泰寺（厚岸町）とともに蝦夷三官寺として指定したのもその一環である。

1869（明治2）年、仙台藩亘理伊達家の当主・伊達邦成が、明治政府より有珠郡支配を命じられ、翌1870（明治3）年から亘理伊達の家臣団が集団移住を開始した。第1回の移住団の家ができるまでの間、有珠地区の住居や小屋に泊めてもらうなど、移住団はアイヌの人々から心づくしを受けた。一方、移住団では、アイヌの人々に対して、つねに礼節を重んじること、騙したり、彼らの馬を無断で使用したりしないこと、住宅にみだりに立ち入ってはいけないことなどの規則をつくり、家臣らも忠実にそれを守った。そのため争いは一切なく、アイヌの人々も、親切に天候や土地の状態、山菜などの食べ物を教えたほか、つねに開拓を手助けしたとされる。

一方、明治政府の同化政策が進むと、アイヌの伝統的な狩猟や漁労の方法

が制限され、食料の確保も困難になった。その結果、アイヌの人々の生活は困窮化し、アイヌ語やアイヌ文化は衰退した。

当時、困窮したアイヌの人々にキリスト教を広めようと布教活動を行ったのが、ジョン・バチェラーである。バチェラーは、1896（明治29）年に伊達で最初の説教を行い、有珠聖公会堂を建立した。有珠地区の有力なアイヌの酋長の娘・向井八重子が、1906（明治39）年にバチェラー夫妻の養女となった。八重子の弟・向井山雄も聖公会神学院を卒業した後、牧師として活動し、1946（昭和21）年に北海道アイヌ協会が再建された際には、初代理事長に選ばれている。

同じく1946年に、北海道アイヌ協会伊達支部が結成された。その後、伊達では不良環境地区対策の一環として、1962（昭和37）年に有珠生活館、1965（昭和40）年に黄金生活館、1966（昭和41）年に稀府生活館が建設された。このうち、黄金生活館と稀府生活館は、利用者が減少したため、2009（平成21）年に廃止された。

北海道アイヌ協会伊達支部の活動としては、1991（平成3）年に善光寺自然公園内に「アイヌ記念碑」を建立し、1995（平成7）年に約30年ぶりにカムイノミ・イチャルパを行っていることが目につく。また、2000（平成12）年から、北海道ウタリ協会の支部活動強化事業として「地域学習室」の取り組みが始められた（佐久間2006; 新藤慶2014）。2013年の伊達支部（伊達アイヌ協会）の会員数は、64人である（北海道アイヌ協会2013）。

第2項　伊達市のアイヌ政策の展開と予算

伊達市のアイヌ政策は、次の5つがある[23]。第1に、生活館の維持管理である。生活館は、伊達市の場合、有珠地区に1館おかれている。ここに、生活相談員を1名配置している。生活相談員は、市の職員という位置づけで、毎週1回水曜日に生活館で勤務し、残りの曜日は市庁舎の福祉課庶務係で勤務している。生活館の運営に関しても、いくらかの補助は行われている。

第2に、生活館活動の推進である。ここでは、アイヌ語の講習会などが開催されている。

第3に、アイヌ住宅貸付事業である。ただし、他市町と同様、利用者は減

42　第1章　地域におけるアイヌの歴史と自治体のアイヌ政策

表1-5　伊達市におけるアイヌ政策の予算額

	2014 年度	2016 年度
・アイヌ農林漁業対策事業補助金	19,979	23,920(99.5)
・北海道アイヌ協会伊達支部（伊達アイヌ協会）補助金		81(0.3)
・アイヌ民族文化祭負担金		30(0.1)
・アイヌ住宅貸付金償還事務経費		15(0.1)
・北海道アイヌ振興対策事業推進協議会負担金		4(0.0)
合計	19,979	24,050

注）単位は千円。（　）内は 2016 年度の合計予算額に占める割合。

少しており、2013 年の調査時点では、2009 年に改築で 1 件の利用実績が
あったのみである。新築の場合は 760 万円が上限額であるが、これが住宅
資金としては不十分で、市中銀行のローンの方が利用しやすいという面もあ
り、制度の改善を求める声がアイヌの人々からも出されている。

　第4に、北海道アイヌ協会伊達支部（現在は伊達アイヌ協会）に対する補助金
がある。これは、1976（昭和51）年度以降、現在まで継続されている。**表1
－5**から、2016 年度の補助金額を見ると 8 万 1000 円となっている。

　第5に、アイヌ民族文化祭への補助金がある。これは、北海道アイヌ協会
が開催する文化祭への補助金であり、毎年 3 万円が計上されている。

　一方、事業の貸付については、とくにアイヌ民族を対象としたものはない
が、漁業政策として行われているものがあるだろうとのことであった。表1
－5にもあるように、アイヌ農林漁業対策事業補助金は、金額がわかってい
るものだけでも 2000 万円前後となっている。伊達市では、有珠地区で漁業
に従事するアイヌ民族が多いため、この漁業振興がアイヌ政策の中心となっ
ているものと捉えられる。このように、伊達市のアイヌ政策は、生活館関連、
住宅貸付、農林漁業対策事業など、国のアイヌ政策との結びつきが強く、「生
活向上」中心となっている。

第6節　白糠町におけるアイヌ政策の展開と特質

第1項　アイヌ民族多住地域としての白糠町の概要

　白糠町や周辺の地域には、古くからアイヌの人々が住んでいた[24]。17 世

紀に入ると、松前藩の家臣などが商場（場所）知行制に基づいて、アイヌの人々との交易を進めるようになった。

一方、1792（寛政4）年のラクスマンの根室来航に示されるように、ロシアが南下し、勢力を拡大しようとしていた。このころ幕府は、当地の警護を屯田兵に任せることになり、1800（寛政12）年、原半左衛門と弟の新助が率いる八王子千人同心が蝦夷地にやってきた。当時の記録によれば、屯田兵たちは、現地のアイヌの人々と温かく親密な交流を持っていたようである。

1901（明治34）年には、陸軍第7師団の軍馬の育成・補充を目的として、陸軍軍馬補充部釧路支部が開庁した。陸軍省は、民間の2つの牧場を買収し、移転させる一方、アイヌの27戸が北海道旧土人保護法により下付された土地を強制的に交換させられた。アイヌの人々が交換された新たな土地は、分散した荒地であり、農業には不適な土地であった。そのため、アイヌの人々は、その後長くその土地を放置することになり、アイヌの人々のほとんどは、春から秋にかけて、漁場に拾い仕事を求める暮らしをせざるを得なかった。

第二次世界大戦後、和天別地区にあった陸軍軍馬補充部釧路支部の跡地が、復員・引揚のための緊急開拓入植の対象地となった。これを受けて、和天別地区は旧軍関係者の入植地帯となった。これに対し、白糠村の有志が、旧軍関係者の入地は特権的ではないかと問題にして、運動を展開した。この軍用地解放運動には、1942（昭和17）年以来村議の職に就いていたアイヌ民族の貫塩喜蔵も加わり、給与地を回復するためにもアイヌの入植を優先すべきとの主張を展開した。

漁業に関しては、もともとアイヌの人々が古くから海での漁を行っており、白糠場所時代には、場所請負人により漁業が営まれていた。北海道アイヌ協会でのヒアリングによれば、現在の白糠町の漁師の6～7割はアイヌの人々であろうとのことである[25]。

戦後まもなくの1946（昭和21）年に、北海道アイヌ協会白糠支部が結成され、白糠村議の貫塩喜蔵が、北海道アイヌ協会の理事の1人として選出された。この年、白糠町で最後のクマ送りが行われている。

その後の1962（昭和37）年、不良環境地区対策の一環として白糠生活館が建設された。また、1979（昭和54）年には、第1回ふるさと祭りが、アイヌ

44　第1章　地域におけるアイヌの歴史と自治体のアイヌ政策

の人たちを中心に開催された。さらに、1980（昭和55）年には、ししゃも祭りが開催されている。1996（平成8）年からはフンペ祭りが始まり、白糠支部（現在は白糠アイヌ協会）が主催する三大祭りとして、現在まで続いている。

　1984（昭和59）年には、北海道ウタリ協会白糠支部の婦人部から、白糠アイヌ文化保存会が誕生した。また、1990（平成2）年には、白糠ムックリ愛好会「シノッチャの会」が設立されている。1991（平成3）年からは、白糠支部がアイヌ語教室を始め、1992（平成4）年にはアイヌ文化の活動拠点として、ウレシパ・チセが完成している。

　このような町のアイヌ文化振興に対する姿勢をさらに強固なものにしたのは、2007（平成19）年の「しらぬかアイヌ文化年」の取り組みである。この年に白糠町で開催された北海道ウタリ協会主催の第20回アイヌ民族文化祭と、アイヌ文化振興・研究推進機構主催の第11回アイヌ語弁論大会をきっかけに、北海道ウタリ協会、アイヌ文化振興・研究推進機構と協力し、1年間にわたってアイヌ文化に関する各種の行事が展開された。これは、2005（平成17）年に周辺市町村との合併を断念した白糠町が、アイヌ文化を自立のための中心に据えようと決意したことを意味していた（竹ヶ原2008）。2013年の白糠支部（白糠アイヌ協会）の会員数は、25人である（北海道アイヌ協会2013）。

第2項　白糠町のアイヌ政策の展開と予算

　白糠町のアイヌ政策に関しては、2014年に行った白糠町福祉課と教育委員会社会教育課でのヒアリング調査をもとにすると、**表1－6**のように整理できる。

　最も大きな額を占めているのは、白糠アイヌ協会への補助金で、560万円となっている。次に、ポコロモシリチセ（ウレシパ・チセ）の指定管理の委託料が70万円となっている。ポコロモシリチセは、白糠町で開かれるアイヌ三大祭り（ふるさと祭り、フンペ祭り、ししゃも祭り）が開かれる会場で、アイヌ民族が用いていた民具の展示などもなされている施設である。また、アイヌ民族の祭祀だけでなく、コンサートなどにも活用されている。

　また、白糠アイヌ文化保存会への補助金も36万円となっている。白糠アイヌ文化保存会には、アイヌ文化出前講座の依頼も行っている。町内のすべ

第1部　本書の課題とアイヌ政策　45

表 1-6　白糠町におけるアイヌ政策の予算額（2014 年度）

白糠アイヌ協会への補助金	560 万円
ポコロモシリチセの指定管理の委託料	70 万円
白糠アイヌ文化保存会への補助金	36 万円
アイヌ文化出前講座	6 万円
台湾の先住民との交流（道の補正予算）	
東京都八王子市との交流（アイヌ文化振興・研究推進機構の予算）	
合計	672 万円

注）2014 年 6 月 26 日に行った白糠町福祉課・教育委員会社会教育課でのヒアリング調査、
　　ならびに 2015 年 2 月 23 日に行った白糠町教育委員会社会教育課でのヒアリング調査より。

ての小中学校で実施されているもので、アイヌ語や歌、踊り、ムックリ演奏、古式舞踊、料理などを子どもたちに教えるものである。1997（平成 9）年に始まった、総合的な学習の時間などを活用した「ふるさと教育」が母体になっている。白糠小学校では、この「ふるさと教育」でアイヌ文化学習に取り組んでいたが、これをしらぬかアイヌ文化年の実施をきっかけに、全小中学校で、年に 1 〜 3 回程度実施することになった。このための予算（材料費など）として 6 万円が計上されている。

　このほかに、道の補正予算を活用した台湾の先住民族との交流や、江戸時代に八王子千人同心が白糠の警備に入った縁から続いている東京都八王子市との交流で、子どもや市民にアイヌ文化を体験してもらう活動などが行われている。八王子市との交流では、アイヌ文化振興・研究推進機構からの補助金が活用されている。

　このように白糠町では、住宅資金等貸付やイオル再生事業など、国のアイヌ政策に直接結びつく取り組みは大きな位置づけを占めていないことがうかがえる。その代わりに、「しらぬかアイヌ文化年」の実施に象徴されるように、まちづくりと結びついたアイヌ文化振興を目的に、関連団体や教育面に予算があてられているという点に独自性が見られる。

おわりに

　最後に、本章で述べてきたことをいま一度振り返ってみたい。第 1 に、国・

46 第1章 地域におけるアイヌの歴史と自治体のアイヌ政策

道のアイヌ政策の展開を見ると、アイヌ民族の個別の生活向上を対象としたものから、アイヌ民族以外の人々に歴史や文化を伝えるものへと主軸が移ってきていることが明らかとなった。この点は、予算の推移を見ても明らかであり、「アイヌ生活向上施策」に関わるものは、データが確認される限りでは、一貫して減少していた。これに対し、「アイヌ文化振興法関連事業」については、増減を繰り返しており、現在は大幅な増加傾向にあった。

第2に、市町のアイヌ政策を見ると、ほとんどの地域で「生活向上」に一定の重きが置かれていた。そこでは、住宅資金や農林漁業振興、生活館の整備など、アイヌ民族のみ、あるいはアイヌ民族が多く居住する地域のみを対象とする政策に多くの予算が割り当てられていた。ここからは、「文化振興」中心の国や道と、「生活向上」に重点をおく市町という「役割分担」の関係も見られる。このことには、アイヌの人々の生活相談や支援に対応する窓口が、基本的には市町村レベルの行政機関となっていることが関係している。

ただし、第3に、「生活向上」にも重点をおきつつ、「文化振興」へと主軸を移したアイヌ政策をとる市町も見られた。札幌市では、生活関連施策についてはほぼ横ばいであるのに対し、市民理解や文化の保存・継承など文化振興関連事業では予算が増加していた。また、新ひだか町でも、生活向上に加え、イオル再生事業や、シャクシャイン記念館、アイヌ民族資料館の運営を支えるなど、独自の取り組みが見られた。さらに、白糠町では、「生活向上」はあまり重視されておらず、むしろ「文化振興」がアイヌ政策の中心となっていた。このように国や道のアイヌ政策よりさらに進んで「文化振興」に取り組んでいるところに、札幌市、新ひだか町、白糠町のアイヌ政策の独自性を見出すことができる。札幌市では圧倒的多数を占める和人住民への働きかけの必要性、新ひだか町ではシャクシャインのシンボル化や町長主導のイオル推進、白糠町ではまちづくりとアイヌ文化振興の接続など、アイヌ政策が市政・町政と強く結びついたことで、独自のアイヌ政策の実現につながったと捉えられる。

これらをふまえると、①国・道のアイヌ政策の中心は「生活向上」から「文化振興」へスライドしており、予算の増額も「文化振興」にあてられていること、②市町レベルでは、アイヌ政策と市政・町政が強く結びつくことで独自

のアイヌ政策が見られること、③アイヌ政策と市政・町政とがあまり関係しない場合、その地域のアイヌ政策は旧来の「生活向上」が中心となりやすいこと、が指摘できる。しかし、旧来の「生活向上」のイメージでアイヌ政策を捉えている和人が、アイヌ政策の予算が増額していると聞かされれば、アイヌ民族に特権が与えられているかのような認識を持つ可能性がある。そのことが、アイヌ民族に対するバックラッシュの動きにつながるおそれもある。しかし、そのようなバックラッシュは、アイヌ政策の実態を正確に反映しないものである。

　また、仮に「生活向上」中心であったとしても、「アイヌ民族（先住民族）問題の根底には、所有権侵奪・征服の問題がある」（吉田 2012: 6）との理解に立てば、アイヌ政策に「生活向上」の側面が含まれるのは当然だという考え方も存在しうる。断片的な知識をつないで、誤った認識に陥らないためにも、アイヌ政策の実態を正確に把握することが、アイヌと和人の共生を実現する上でも重要である。そのためにも、「生活向上」と「文化振興」の両面でアイヌ政策が十全に進められることが求められる。

注

1　吉田（2012: 16）、内閣官房アイヌ総合政策室「アイヌ政策の概要について」（各年度版）、『朝日新聞』の各記事（1986 年 11 月 15 日朝刊、1988 年 3 月 25 日朝刊、1995 年 3 月 21 日朝刊、1999 年 3 月 2 日夕刊、2000 年 12 月 20 日夕刊、2000 年 12 月 22 日朝刊、2006 年 4 月 13 日朝刊、2011 年 10 月 1 日朝刊、2012 年 1 月 27 日朝刊、2013 年 1 月 30 日朝刊）参照。

2　「北海道アイヌ子弟高等学校等進学奨励補助金制度について」（http://www.pref.hokkaido.lg.jp/ks/ass/koukou_fy28_1.pdf、2016 年 11 月 4 日取得）。

3　ここでは、小内透（2012）をもとにまとめている。

4　札幌市ウェブ・ページ（http://www.city.sapporo.jp/shimin/ainushisaku/shisaku/ainujyuutakukashitsuke.html、2016 年 11 月 5 日取得）。

5　「平成 27 年度アイヌ住宅改良促進事業費補助金交付要綱」（http://regional-policy.com/project_data/chousa/projectainu.pdf, 2016 年 11 月 5 日取得）より。なお、「北海道補助金等交付規則に定める申請書等の様式（環境生活部）」（1974 年 4 月 1 日告示第 807 号）の「環生第 65 号様式」として「補助金等（交付申請額算出清算）調書」があり、「この様式は、アイヌ住宅改良促進事業に要する経費に係る補助金の交付を申請し、又は当該補助金に関し実績報告をする場合に使用すること」とある。その点で、1974 年の時点で、道の側にもアイヌの人々

48　第1章　地域におけるアイヌの歴史と自治体のアイヌ政策

　向けの住宅資金貸付に関する用意はあったことがわかる。

6　償還期間は市町村によって異なるが、すべてを 25 年としているか、札幌市
　と同様に住宅改修のみ 15 年としているところが多いようである。

7　「サッポロピリカコタン」（http://www.city.sapporo.jp/shimin/pirka-kotan/shisetsu/
　index.html、2016 年 11 月 5 日取得）。

8　札幌市アイヌ施策推進会議の資料より。

9　表 1 － 2 にある 2016 年度新規事業の「共同利用館の改修」は、生活館とし
　て設置され、現在は共同利用館に位置づけが変更された白石区の施設の改修を
　行うものである。

10　ここでは、小内透（2012）をもとにまとめている。

11　むかわ町「平成 28 年度予算の概要」（http://www.town.mukawa.lg.jp/
　secure/5344/yosangaiyou.pdf、2017 年 3 月 13 日取得）。

12　2016 年 9 月 9 日に行ったむかわ町健康福祉課でのヒアリング調査より。

13　同上。

14　以降の記述は、小内透（2013）をもとにしている。

15　2016 年 9 月 7 日に行った新ひだか町福祉課でのヒアリング調査より。

16　同上。

17　新ひだか町「平成 28 年度　予算の概要」（http://www.shinhidaka-hokkaido.jp/
　hotnews/files/00000900/00000995/20160406181010.pdf、2016 年 11 月 5 日取得）より。

18　新ひだか町議会「平成 22 年 6 月（第 5 回）定例会【1 号】」（2010 年 6 月 22 日）。

19　新ひだか町「平成 28 年度　予算の概要」（http://www.shinhidaka-hokkaido.jp/
　hotnews/files/00000900/00000995/20160406181010.pdf、2016 年 11 月 5 日取得）より。

20　北海道農政部「アイヌ農林漁業対策事業の概要」（http://www.pref.hokkaido.
　lg.jp/ns/kei/sen/grp/H28ainugaiyou.pdf、2016 年 11 月 4 日取得）。

21　2016 年 9 月 7 日に行った新ひだか町福祉課でのヒアリング調査より。

22　以降の記述は、小内透（2014b）をもとにしている。

23　以下の記述は、2013 年 6 月 3 日に行った伊達市福祉部でのヒアリング調査
　による。

24　以降の記述は、小内透（2015）をもとにしている。

25　2014 年 4 月 9 日に行った北海道アイヌ協会でのヒアリング調査による。

第2部

アイヌの人々の生活の歩みと意識

第2章

アイヌの家族形成と展開

品川ひろみ

はじめに

　かつてのアイヌ社会における集落では、狩猟や漁労を生業とする夫婦とその子を中心とし、戸主の親、さらには使用人などの非親族の同居を含め数名の親族で生活しており、集落や1つの家の規模は、自然条件や社会構造の影響を受け地域によって異なっていた（遠藤 2004: 21-9）[1]。また、アイヌの人々は独自の精神性や文化を持っており、毎日の生活をアイヌ（人）とカムイ（神）との交流と考え、生活のなかには様々な儀式があった（田端 2015: 104-5）。

　しかし、歴史的な経緯のなかで、和人からの支配、さらには北海道の開発による地域環境の変化によって、アイヌ独自の生活や文化は次第に衰退していった。とくに 1869 年、蝦夷地が北海道と改称され、戸籍・風俗・呼称面が和人と同一のものとなり、北海道全体で和人化が進められたことの影響は大きい[2]。一部ではアイヌの文化や風習を残すための運動や、アイヌ自身が、ウポポ（座り歌）や踊りを伝承することを目的として保存会を結成した動きもある。しかし、この当時アイヌの伝統文化を伝承することは、和人ばかりでなく、同じアイヌ民族からも否定的に見られていたことがある（瀧澤 2015: 230-1）[3]。結果として、現代のアイヌの人々の生活は、文化も含め和人社会に同化しているように見える。

　本章では、現代アイヌの人々の生活を、家族という側面から捉えることを目的とする。かつて親族を中心とし、アイヌの儀式が生活のなかにあった人々の暮らしは、現在どのようなものなのだろうか。具体的には現代アイヌの人々がどのように家族を形成し、その過程のなかでアイヌであることがどのよう

52　第2章　アイヌの家族形成と展開

な影響をもたらしたのかについて、地域や性別という視点にも注目し明らか
にしていく。

第1節　アイヌ家族の暮らし

第1項　アイヌの血筋

　アイヌの定義は、北海道環境生活部がほぼ7年ごとに実施しているアイヌ
生活実態調査では、「地域社会でアイヌの血を受け継いでいると思われる人、
また、婚姻・養子縁組などによりそれらの方と同一の生計を営んでいる人」
であることが基本的な要件とされている。また、北海道アイヌ協会の定款に
よれば、会員の条件として、「アイヌの血を引く者、又はアイヌの血は引か
ないがアイヌの血を引く者の配偶者、若しくはアイヌ家庭で養育された一代
限りの者」が入会できることになっている。つまり、アイヌの血筋でなくても、
アイヌの配偶者かアイヌの養子であればアイヌといえる訳だが、そこでは誰
がアイヌの血を受け継いでいるのかということが重要である。

　インタビュー調査ではこのことを確認することから始めている。「あなた
の家族のなかでアイヌの血筋の方はどなたですか」と尋ねると、「わたし」、「配
偶者」、「養父母」という答えになる。実際にはそれらに加えて「亡くなった
配偶者」や「離婚した配偶者」という場合もある。これらは対象者が和人であ
り、配偶者が離別や死別であっても、同居する子どもがアイヌの血を受け継
いでいるためである。

　インタビューの対象者は264名であるが、そのうち自分自身がアイヌの
血筋であると答えた者は222名(84.1%)であり、和人であると答えた者は
40名(15.2%)である。残りの2名は不明であった(**表2-1**)。

　さて、アイヌであるかどうかは、本人を含めた家族の誰かが「アイヌの血
を受け継いでいる」というところが論点であり、血筋の濃さで決まるわけで
はない。つまり先祖の誰か1人がアイヌの血筋であればアイヌであるといえ
る。だが実際には父母や祖父母まですべてアイヌの血筋であるという場合と、
和人との婚姻が何代か続いた者の場合では、アイヌとしての意識や生活経験
に違いが生じる可能性がある。

第2部　アイヌの人々の生活の歩みと意識　53

表2-1　対象者の血筋

単位：人、％

	札幌		むかわ		新ひだか		伊達		白糠		合計	
	実数	構成比	実数	構成比	実数	構成比	実数	構成比	実数	構成比	実数	構成比
アイヌ	46	90.2	49	80.3	52	91.2	38	80.9	37	77.1	222	84.1
和人	5	9.8	11	18.0	5	8.8	9	19.1	10	20.8	40	15.2
不明	0	0.0	1	1.6	0	0.0	0	0.0	1	2.1	2	0.8
合計	51	100.0	61	100.0	57	100.0	47	100.0	48	100.0	264	100.0

表2-2　父母の血筋

単位：人、％

「純血」性	札幌		むかわ		新ひだか		伊達		白糠		合計	
	実数	構成比	実数	構成比	実数	構成比	実数	構成比	実数	構成比	実数	構成比
父母祖父母ともアイヌ	5	9.8	6	9.8	7	12.3	6	12.3	12	25.0	36	13.6
父母ともアイヌ	11	21.6	12	19.7	20	35.1	7	14.9	10	20.8	60	22.7
父のみアイヌ	14	27.5	11	18.0	10	17.5	11	23.4	2	4.2	48	18.2
母のみアイヌ	17	33.3	22	36.1	16	28.1	13	27.7	13	27.1	81	30.7
父母とも和人	4	7.8	10	16.4	3	5.3	9	19.7	9	18.8	35	13.3
その他・不明	0	0.0	0	0.0	1	1.8	1	2.1	2	4.2	4	1.5
計	51	100.0	61	100.0	57	100.0	47	100.0	48	100.0	264	100.0

　本対象者において、父母祖父母ともにアイヌである者は、全体の13.6％、父母ともアイヌである者は22.7％と3割強が両親ともにアイヌの血筋である（**表2-2**）。次に、両親のどちらか一方がアイヌである者は48.9％で、そのうち父親がアイヌの血筋は18.2％、母親がアイヌの血筋が30.7％となっている[4]。

第2項　血筋の濃さと地域性

　本調査では北海道内において、アイヌの人々に所縁のある5つの地域に居住する方々を対象としている。第1章でも見たように、これらの地域はそれぞれに特徴を持っており、アイヌの人々の現状も同じとはいえないだろう。そこで、地域別、男女別に血筋の濃さを表したものが**表2-3**である。その

54 第2章 アイヌの家族形成と展開

表2-3 男女別の血筋

単位：人、%

「純血」性		男性					女性				
		札幌	むかわ	新ひだか	伊達	白糠	札幌	むかわ	新ひだか	伊達	白糠
実数	父母祖父母ともアイヌ	1	4	2	3	2	4	1	3	3	6
	父母ともアイヌ	3	8	11	2	3	8	3	7	5	5
	父のみアイヌ	11	5	4	4	1	2	5	5	7	1
	母のみアイヌ	7	11	5	3	2	8	8	7	10	7
	父母とも和人	1	2	1	2	3	3	8	1	5	5
	不明・その他	0	0	1	1	1	0	0	1	0	0
	計	23	30	24	15	12	25	25	24	30	24
構成比	父母祖父母ともアイヌ	4.3	13.3	8.3	20.0	16.7	16.0	4.0	12.5	10.0	25.0
	父母ともアイヌ	13.0	26.7	45.8	13.3	25.0	32.0	12.0	29.2	16.7	20.8
	父のみアイヌ	47.8	16.7	16.7	26.7	8.3	8.0	20.0	20.8	23.3	4.2
	母のみアイヌ	30.4	36.7	20.8	20.0	16.7	32.0	32.0	29.2	33.3	29.2
	父母とも和人	4.3	6.7	4.2	13.3	25.0	12.0	32.0	4.2	16.7	20.8
	不明・その他	0.0	0.0	4.2	6.7	8.3	0.0	0.0	4.2	0.0	0.0
	計	100.0	100.0	100.0	100.0	100.0	100.0	100.0	100.0	100.0	100.0

表2-4 「純血」性・世代

単位：人、%

	札幌		むかわ		新ひだか		伊達		白糠	
	実数	構成比	実数	構成比	実数	構成比	実数	構成比	実数	構成比
3世代「純血」アイヌ	5	10.4	5	9.1	5	10.4	6	13.3	8	22.2
そのうち4世代「純血」アイヌ	4	8.3	2	3.6	5	10.4	3	6.7	3	8.3

　際、対象者のなかに、親と子やきょうだいである者が含まれていたため、その場合には最も若い年齢層の者1名を残して整理した。

　5地域における血筋の濃さについて見ると、「父母ともアイヌ」である者は、新ひだかの男性45.8％、女性29.2％、札幌の女性32.0％、むかわの男性26.7％、白糠の男性25.0％が平均を上回っている。さらに「父母祖父母ともアイヌ」である者も含めて全体を見ると、新ひだかと白糠が男女とも

に高い比率である。新ひだかは男性 54.1％、女性 41.7％と男性は半数を超え、女性も 40％を超える。白糠も男性 41.7％、女性 45.8％と男女ともに40％を超えている。それ以外の地域は男女で違いが見られ、札幌では女性が 48.0％と半数近いが、男性は 17.3％と全体を通して低い。むかわは、札幌とは対照的に男性が 40.0％と高いが、女性は 16.0％と低い。また伊達は男性が 33.3％、女性は 26.7％という結果である。他方で、それらの低い数字に着目して見ると、先の札幌の男性は「父のみアイヌ」、「母のみアイヌ」が合わせて 78.2％と高く、混血の度合いが進んでいると見ることができる。また、むかわの女性の場合には、「父母とも和人」という和人配偶者が32.0％と高くなっている。伊達の場合は、「父のみアイヌ」「母のみアイヌ」が男性で 46.7％、女性 56.6％に加え、「父母とも和人」である者が 13.3％、16.7％であることが影響している。

　また血筋の濃さという部分をさらに掘り下げてみたのが**表2−4**である。自分を含め、父親、母親、さらにその上の祖父母4人がすべてアイヌであるという3世代「純血」アイヌである者を見ると、白糠が 22.2％と最も高く、そのうち 8.3％は、曾祖父母まで和人の血筋が入っていない4世代「純血」アイヌ[5]である。他の地域を見ると、3世代「純血」アイヌの比率はどの地域も10％前後とそう違いはない。ただし、新ひだかは3世代「純血」アイヌである者のすべてが、その上の世代もすべてアイヌであることが確認されている。ちなみに4世代「純血」アイヌについては、インタビュー対象者が「すべてアイヌ」であることを確認できた場合のみであり、「その上はわからない」「聞いたことがない」という者は含めていない。

第3項　世帯の状況

　日本における世帯の状況は小規模化傾向にある。平成 26 年の国民生活基礎調査によれば、世帯構成のなかで最も多いのは「夫婦と未婚の子ども」で28.8％、「ひとり親と未婚の子ども」を加えると 35.9％となる。夫婦のみの世帯は 23.3％、単独世帯が 27.1％である。他方で3世代同居は 6.9％しかなく、世帯規模が小規模化していることがわかる。1世帯の平均人数は全国では 2.49 人、北海道における1世帯あたりの平均人数は 2.2 人である（平成

56　第2章　アイヌの家族形成と展開

表2-5　世帯規模比率

単位：人、%

世帯の人数	札幌		むかわ		新ひだか		伊達		白糠		合計	
	実数	構成比	実数	構成比	実数	構成比	実数	構成比	実数	構成比	実数	構成比
1人	11	20.0	2	3.5	11	20.8	7	17.1	3	8.6	34	14.5
2人	13	26.0	20	36.4	18	34.0	11	26.8	15	42.9	77	32.9
3人	9	18.0	12	21.8	8	15.1	8	19.5	8	22.9	45	19.2
4人	9	18.0	9	16.4	7	13.2	7	17.1	6	17.1	38	16.2
5人	5	10.0	5	9.1	4	7.5	2	4.9	2	5.7	18	7.7
6人以上	3	6.0	7	12.7	5	9.4	6	14.6	1	2.9	22	9.4
合計	50	100.0	55	100.0	53	100.0	41	100.0	35	100.0	234	100.0
総数／世帯平均人数	148	3.0	185	3.4	154	2.9	134	3.3	105	3.0	726	3.1

注）実数は世帯の数。

27年国勢調査）。

　アイヌの人々の世帯状況を世帯の人数で見てみよう[6]。世帯人数で最も多いのは2人（32.9％）であり、次いで3人（19.2％）、4人（16.2％）と続く。1人で生活している者は14.5％しかいない（**表2－5**）。一方で、5人世帯が7.7％、6人以上が9.4％と世帯人数が5人以上という家族が17.1％も見られる。1世帯当たりの平均人数も本調査では3.1人であり、北海道における平均2.2人よりも0.9人ほど多い。

　世帯人数の比率について地域の違いに目をやると、白糠では1人世帯が8.6％、2人世帯が42.9％、新ひだかでは1人世帯が20.8％、2人世帯が34.0％と、この2つの地域では、2人以下の世帯が約半数となっている。それとは逆に、むかわ、伊達では1世帯5人以上の世帯が20％程度となっている。それらの世帯のほとんどは3世代同居であった。

第2節　家族の形成

第1項　婚姻の状況

　現在の婚姻の状況を見ると（**表2－6**）、未婚者は14.4％のみで、6割近くの者が結婚している（58.7％）。また離別者も少なくなく（15.5％）、死別経験

第2部　アイヌの人々の生活の歩みと意識　57

表 2-6　地域・男女別婚姻状況

単位：人、％

		札幌		むかわ		新ひだか		伊達		白糠		合計	
		男性	女性	男性	女性	男性	女性	男性	女性	男性	女性	男性	女性
実数	未婚	7	3	3	4	5	3	6	0	3	4	24	14
	既婚	15	9	25	18	19	16	7	18	11	17	77	78
	離別	1	9	3	6	1	7	2	8	1	3	8	33
	死別	2	5	0	2	2	4	0	6	0	9	4	26
	合計	25	26	31	30	27	30	15	32	15	33	113	151
構成比	未婚	28.0	11.5	9.7	13.3	18.5	10.0	40.0	0.0	20.0	12.1	21.2	9.3
	既婚	60.0	34.6	80.6	60.0	70.4	53.3	46.7	56.3	73.3	51.5	68.1	51.7
	離別	4.0	34.6	9.7	20.0	3.7	23.3	13.3	25.0	6.7	9.1	7.1	21.9
	死別	8.0	19.2	0.0	6.7	7.4	13.3	0.0	18.8	0.0	27.3	3.5	17.2
	合計	100.0	100.0	100.0	100.0	100.0	100.0	100.0	100.0	100.0	100.0	100.0	100.0

者も見られる(11.4%)。ただし、男女別で見ると、これとは異なる特徴が見える。男性では女性と比較して既婚者が多く、未婚者も男性全体のなかで2割程度見られる。また、女性では離別が2割程度見られ(21.9%)、死別も男性と比較して多い(17.2%)。

第2項　アイヌの血筋と婚姻

　婚姻状況をアイヌの血筋であるか否かという視点で見てみる。アイヌの血筋を引く者が結婚している場合に、配偶者がアイヌであるか、和人であるかという質問について整理したのが**表2-7**である[7]。アイヌの人々のなかには、自分自身がアイヌであることを意識しないという考えの者も多く、その場合あえてアイヌか和人かについて気にしていない者や、配偶者がアイヌであるということを結婚後に知ったという例もある。

　アイヌの血筋を引く者の結婚相手が、同じようにアイヌの血筋であるか、和人かという点から見ると、圧倒的に和人と結婚している比率が高い。具体的な数字で見ると、平均で47.3%と、半数近くの者は配偶者が和人であった。男女別に見ると、男性47.8%、女性47.0%とほぼ同じ比率である。自分自身がアイヌであり、配偶者もアイヌである者は平均すると19.3%と2割程度である。男女別では男性17.7%、女性20.5%と女性の方がわずかに高い

58　第2章　アイヌの家族形成と展開

表 2-7　血筋別婚姻比率

単位：人、%

		札幌		むかわ		新ひだか		伊達		白糠		合計	
		男性	女性	男性	女性	男性	女性	男性	女性	男性	女性	男性	女性
実数	アイヌ配偶者を持つアイヌ	4	0	8	6	4	10	3	7	1	8	20	31
	和人配偶者を持つアイヌ	11	19	17	10	17	14	3	15	6	13	54	71
	未婚アイヌ	7	3	3	4	4	2	6	0	3	4	23	13
	和人養子・和人配偶者	1	4	2	9	2	3	2	7	4	6	11	29
	不明・他民族	2	0	1	1	0	1	1	3	1	2	5	7
	計	25	26	31	30	27	30	15	32	15	33	113	151
比率	アイヌ配偶者を持つアイヌ	16.0	0.0	25.8	20.0	14.8	33.3	20.0	21.9	6.7	24.2	17.7	20.5
	和人配偶者を持つアイヌ	44.0	73.1	54.8	33.3	63.0	46.7	20.0	46.9	40.0	39.4	47.8	47.0
	未婚アイヌ	28.0	11.5	9.7	13.3	14.8	6.7	40.0	0.0	20.0	12.1	20.4	8.6
	和人養子・和人配偶者	4.0	15.4	6.5	30.0	7.4	10.0	13.3	21.9	26.7	18.2	9.7	19.2
	不明・他民族	8.0	0.0	3.2	3.3	0.0	3.3	6.7	9.4	6.7	6.1	4.4	4.6
	計	100.0	100.0	100.0	100.0	100.0	100.0	100.0	100.0	100.0	100.0	100.0	100.0

程度となっていた。

　また、地域による違いを見ると、アイヌ同士の結婚は男性ではむかわが、女性では新ひだかが多い。アイヌ同士の結婚について地域と男女別という点から見ると、むかわと札幌では男性の方が多いが、それ以外の地域では女性の方がアイヌ同士で結婚している割合が高い傾向がある。それとは対照的に自分自身はアイヌであるが、配偶者が和人である者は、平均するとおよそ半数前後であるが、最も目を引くのは札幌である。札幌は男性においては和人配偶者を持つアイヌが44.0％と平均よりもやや低い数値であるが、女性においては73.1％と高い。札幌で婚姻している女性にはアイヌ同士の婚姻が1組も見られず、すべてが和人と婚姻しているか、自身が和人配偶者であった。

第3節　婚姻と民族性

第1項　アイヌであることの意識

　前節では現在の婚姻の状況について、アイヌ同士の婚姻は少なく、多くが和人との婚姻であることを見た。少しさかのぼり結婚の前に民族性を意識したかどうかを確かめると、意識しなかったと答える者が多い。意識した者は4分の1程度であり、6割以上が結婚の前にアイヌであることは意識していない。ただし、意識しなかったその理由は多様である。彼らの言葉を借りれば「別に」「とくになかったね」というように、アイヌの人が多い地域のため「相手も知っているはず」という人もあれば、そもそも日常のなかで「アイヌであることを意識していない」という場合もある。またこれらの結果は地域によって異なっており、とくに新ひだかは男性の4割近くが結婚する前に意識したと答えているが、近接するむかわでは結婚の際に民族性を意識したとする男性は、28.6％と新ひだかに比べて10ポイント近く低い。さらに伊達の男性に民族性を意識した者は1名のみで、女性も16.7％のみである。

　実際に結婚する際にアイヌであることが影響したかについては、影響したと答えた者は平均でも2割弱で、6割程度の人は影響しなかったと答えてい

表2-8　婚姻への影響

単位：人、％

			札幌		むかわ		新ひだか		伊達		白糠		合計	
			男性	女性	男性	女性	男性	女性	男性	女性	男性	女性	男性	女性
実数	結婚の際民族性を	意識した	3	7	8	5	8	7	1	5	3	12	23	36
		しなかった	12	11	16	20	11	9	8	25	8	17	55	82
	アイヌであることが	影響した	4	8	6	5	2	4	1	3	0	5	13	25
		しなかった	7	7	13	20	17	11	8	22	9	17	54	77
構成比	結婚の際民族性を	意識した	16.7	30.4	28.6	19.2	36.4	21.9	1.1	16.7	25.0	41.1	25.8	27.7
		しなかった	66.7	47.8	57.1	76.9	50.0	28.1	8.9	83.3	66.7	58.6	61.8	63.1
	アイヌであることが	影響した	22.2	34.8	21.4	19.2	9.1	12.5	1.1	10.0	0.0	17.2	14.6	19.2
		しなかった	38.9	30.4	46.4	76.9	77.3	34.4	8.9	73.3	75.0	58.6	60.7	59.2

注）不明・無回答は表示していないが、構成比の計算の場合、総数（分母）に含めている。

る（表2－8）。しかし、この結果にも地域の差と男女の差が見られることを見落としてはならないだろう。影響したという値だけを見れば、アイヌであることが結婚する際にそう影響を与えるとは思えないが、民族性を意識し、実際にアイヌであることが結婚に影響したと答えた人たちの経験はかなり厳しいものである。

第2項　結婚時のいきさつ

　結婚の前後に「民族性を意識した」「アイヌであることが影響した」と答えた者に注目してみよう。結婚の際にアイヌであるという民族性を意識するのは、居住する地域によって異なることが考えられ、それはアイヌの血筋の濃さに関係していると見ることもできる。

　また、実際の結婚の際にアイヌであることが影響したか否かは、男性よりも女性の方が多い傾向がみられる（表2－8）。また、札幌を除く4地域では、結婚の前に民族性を意識する者よりも、結婚の際にアイヌであることが影響したとする者の方が少ない。つまり、結婚する前にアイヌ民族であることを意識してはいても、実際に結婚に影響した者はそれよりは少ない。さらに、それを男女別に見ると、むかわを除き男性の方が影響した者が少ない。つまり、男性は結婚の前に民族性は意識するものの、実際に影響した者が少ないが、女性は結婚の際にも影響した者が多いといえる。

　新ひだかや白糠ではとくに壮年層において、結婚の際に反対された、つまり困難な経験を持つ者が多かった。自らの身体的な特徴である毛深さや彫りの深さ、つまりアイヌとしての外見が、結婚の際の差別的な経験につながったようだ。

　　　「（差別）されました。アイヌっていうだけでね。その時腹がたってね。『アイヌだから反対って、おかしくない？』って。本人の性格とかを見て反対されるならわかるけど、ただ、アイヌの血を引いているからって反対する意味が分からないって言ってね。」（白糠・壮年層・女性）

　　　「『母さんと父さんの子に生まれたから、こんなにみったくなくて毛深

第2部　アイヌの人々の生活の歩みと意識　61

く生まれた』って言ったんだそうだ。いや申し訳ないことを言っちまったもんだ。で、子ども生まれて子どもにそう言われたら（私は）どうしようみたいなね。自分で言ったくせに。（結婚に際しては）逆にあえてアイヌを選びましたね。ていうのは、違う人と結婚した時に、やっぱり人種差別って肌が、まず肌から差別されたり軽蔑されたりするのは嫌だから。」(新ひだか・壮年層・女性)

　このようにアイヌの血筋を引く人のなかには、アイヌであるということだけで差別されることも多い。そのためアイヌ女性のなかには、結婚に対して異なる２つの選択をする傾向が見られる。１つは将来子どもがアイヌの身体的特徴が目立たぬよう、アイヌの血を薄めるために和人を選ぶという選択である。そしてもう１つは、先のエピソードに見られるよう、配偶者を選ぶ時には差別されぬように、あえてアイヌを選ぶというものである。またその際には自分自身の身体的な特徴も影響する。つまりアイヌとしての特徴が目立つ場合には、差別される可能性も高く、そのためあえてアイヌを選ぶという選択を余儀なくされる。一方で身体的な特徴が薄い場合には、アイヌであることを意識せず、配偶者を選ぶことができるといえる。地域でいえば伊達のようにアイヌの血筋が薄まった地域では、結婚の前に民族性を意識することは少なく、実際にも影響しないが、新ひだかのようにアイヌの血筋が濃い地域では、結婚前にも意識し、実際に影響した者が見られるのである。

第3項　離婚の多さ

　先の全体像で見たように、対象者の多くは現存も結婚している。ただし、そのなかには現在は再婚しているものの、離別経験を持つ者も含まれている。そこで、離別者に再婚者を加え、婚姻経験者全体を母数として算出すると、離別経験者の比率は30.3％となる[8]。

　全体の３割近くが離婚しているという事実からすると、アイヌの人々の離別の比率は高いといえるだろう。これを男女別に見ると、男性15.7％に対して、女性は39.4％と、女性の離別経験は男性の倍以上になっていることがわかる(表2−9)。実際に地域、男女別に見ると白糠を除き男性よりも女

62 第2章 アイヌの家族形成と展開

表2-9 婚姻経験者における離別経験

単位：人、%

	札幌		むかわ		新ひだか		伊達		白糠		合計	
	男性	女性	男性	女性	男性	女性	男性	女性	男性	女性	男性	女性
既婚者　A	17	14	25	20	21	20	7	24	11	26	81	108
離別者　B	1	9	3	6	1	8	2	8	1	3	8	34
既婚者のうち再婚経験者　C	1	3	2	5	1	6	0	2	2	6	6	22
婚姻経験者A＋B	18	23	28	26	22	28	9	32	12	29	89	142
離別経験者B＋C	2	12	5	11	2	14	2	10	3	9	14	56
離別経験者比率	11.1	52.2	17.9	42.3	9.1	50.0	22.2	31.3	25.0	31.0	15.7	39.4

注) 死別は既婚経験とみなしAに含めている

性の離別する比率が高く、とくに札幌と新ひだかの女性は半数以上が離別経験を持っていることは特筆すべき点であろう[9]。

第4項　離別経験と配偶者の血筋

　小内透は2013年の調査からアイヌ女性と和人男性のカップルから離婚が生じやすいことを指摘しており、それらの背景に結婚後の生活におけるアイヌ女性への差別的な対応の可能性があることを指摘している（小内透 2014a: 23）。そこで離別者について元配偶者との組み合わせを見ると、最も多いのは自身がアイヌで元配偶者が和人という組み合わせであった。離別経験者70名のなかでアイヌ同士の組み合わせで離別した者は男女合わせても12名、自身がアイヌで元配偶者が和人という組み合わせは43名と4倍近い違いとなる。また男女別で見た場合には、やはり女性の離別経験者が男性に比べて多く自分自身はアイヌ女性であり元配偶者が和人という組み合わせは37名と離別経験者のなかで最も多い。

　　「向うの親に反対されましたね。それこそ、やっぱりアイヌの子でしょうみたいな感じで。でも関係なく、一緒になりましたけど(離婚した)。」(新ひだか・壮年・女性)

「さっき言ったホステスさんやった時に、付き合った人に言われて、別れた言葉が、（毛深いために）俺なんか男といるみたいだなって言われた。」（白糠・壮年・女性）

　「初婚の時、結納でタンスは持ってこないのかとか、嫁入り道具は何かを義母、義姉に調べられて悔しい思いをした。中略…自分たちを実家に寄越させないなど、嫌がらせがあり、民族のことでも言われた。前夫は、私をかばってくれず、子どもの頃の体験と重なり、耐え切れなくなって結婚生活を続けられなくなった。」（札幌・壮年・女性）

　インタビューのなかには、自分自身のアイヌの血筋が原因の１つとなり、離婚につながったという話や、再婚の際にはあえてアイヌを選んだという話も聞かれた。このように、アイヌ女性には離別経験者が多く、その理由としてアイヌであることが影響している場合があると見ることができる。
　とくにアイヌ女性の場合、身体的な特徴から知られることが多く、先のエピソードのように、毛深いことについて「男といるみたい」と表現されたという事例の他にも、和人である元夫の親族に、「おめえひげ生えんでねえのか」と言われ、「はっきりとアイヌかと言われたほうがまだ気楽だった」という例もある。また、新ひだかの壮年女性のように、身体的な特徴が目立たな

表2-10　離別経験者の血筋

単位：人

対象者／配偶者	札幌		むかわ		新ひだか		伊達		白糠		合計	
	男性	女性	男性	女性	男性	女性	男性	女性	男性	女性	男性	女性
アイヌ／アイヌ	1	0	0	2	0	5	0	1	1	2	2	10
アイヌ／和人	0	9	3	5	2	8	1	8	0	7	6	37
和人／アイヌ	0	3	0	4	0	0	0	0	1	0	1	7
和人／和人	0	0	0	0	0	0	0	0	0	0	0	0
その他（不明・他民族）	1	0	2	0	0	1	1	1	1	0	5	2
合計	2	12	5	11	2	14	2	10	3	9	14	56

い場合には、アイヌであることを隠し通したという例もある。しかし、この女性も結果的には離婚に至っている。

また、男性は、全体で10名と女性に比べ少ないが、やはり自身がアイヌで配偶者が和人という組み合わせが多く、アイヌ同士での離別は1名だけだった（**表2−10**）。

第4節　アイヌ家族における和人

前節までに見たように、アイヌ家族のなかには自分自身はアイヌの血筋ではないが、アイヌの一員として生活している和人が少なくない。本対象者のなかにも和人養子、和人配偶者がみられる。その内訳は和人養子が3名、和人配偶者は、男女合わせて37名、そのうち配偶者がアイヌである者は37名、配偶者が和人養子である者は2名であった（**表2−11**）。それらの者はどのような意識を持ちアイヌ家族となり、その後の生活をしているのだろうか。

第1項　和人養子

アイヌのなかには血縁関係のない和人の子どもを家族の一員として受け入れていた事実がある。それは和人からの差別が激しかった時代にも、アイヌの家で育てられた和人養子は意外に多いという（小内・梅津 2012: 116-7）。本

表2-11　和人養子・和人配偶者

単位：人

		札幌		むかわ		新ひだか		伊達		白糠		合計
		男性	女性	男性	女性	男性	女性	男性	女性	男性	女性	
実数	和人養子	0	0	0	1	1	0	0	0	0	1	3
	和人配偶者	1	4	2	8	1	3	2	7	4	5	37
	配偶者がアイヌ	1	4	2	9	1	3	2	7	4	4	37
	配偶者は和人養子	0	0	0	0	0	0	0	0	0	2	2
	合計	1	4	2	9	2	3	2	7	4	6	40

注）新ひだかの和人養子（男性）は未婚

対象者のなかで自分自身がアイヌの養子であった者は3名いた。男女別では女性が2名(青年層・老年層)、男性が1名(老年層)である。女性の2名は配偶者がともにアイヌ、1名の男性は未婚である。

むかわの女性は、「自分がアイヌだと意識したことはないし、育ての親がアイヌだと感じたことはない」という。同居していた祖母には、アイヌの祭事にたびたび連れて行かれたこともあり、年配の人がアイヌの行事(踊りなど)をやっているのを見たことがある。結婚する際に苦労したことはとくにないが、夫には自分がアイヌの家庭で育ったことを知られたくないと思ったという。アイヌの人に、夫の前でアイヌについて話された時はとても嫌だったという。

白糠の老年層の女性は、和人の血筋であるが、アイヌの養父母に育てられていたため「アイヌ(メノコ)、臭い」といじめられて学校は1年しか行かなかった。その女性は、アイヌ男性と結婚したがアイヌの儀式やアイヌ語について、アイヌである夫よりも詳しかったという。自分の子どもには、アイヌの儀式などは見せたりしているが、あえてアイヌだということは言っていない。この女性は、自分はシャモだと言いながら、半分アイヌだという言い方もしている。

一方で、新ひだかの老年層の男性は少し特殊な経緯で養子になっている。先の女性2人は幼少期に養子になっているが、この男性は成人後に養子になっている。養母はアイヌである自分の葬儀をアイヌの儀式で執り行いたいために、それを行ってくれるというこの男性を養子にしたという。この男性は養母が亡くなった後も、アイヌの風習(イチャルパ)を取り入れた生活を行っている。

このように1人目のむかわの女性は、配偶者にアイヌに育てられたことを知られたくないと述べ、アイヌとしてのアイデンティティも感じることがないが、白糠の女性と新ひだかの男性に関しては、アイヌとしての文化を保持し、アイヌとしての生活を行っているといえる。この違いについてまず考えられるのは、アイヌ文化の経験の有無が影響していることである。むかわの女性はアイヌに育てられながらも、「自分がアイヌだと意識したことはないし、育ての親がアイヌだと感じたことはない」と述べており、それはすなわ

66 第2章 アイヌの家族形成と展開

ちアイヌとしての生活を経験していなかったと見ることができる。一方で、白糠の女性も新ひだかの男性も、アイヌの儀式を経験し自分でも行うことができる。

このようにアイヌに育てられた和人養子が、どのような意識を持ち生活しているのかについては、それまでの生活経験の影響が大きいといえる。日常的にアイヌの文化を経験しているか、いないかがその人のアイデンティティに影響すると見ることができよう。

第2項 和人配偶者

アイヌの家庭に養子に入る場合、その多くは「子どもがほしい」「育てられない」などの親の意思で決定され、本人の意思とは無関係なことも多い。それに対して結婚は自分自身が配偶者を選ぶことができる。小野寺理佳はアイヌとの結婚を促す和人の生活状況について、①アイヌの人々と地理的に近いところで暮らしていた、②教育水準や就労状況がアイヌの人々と共通しているという2点をあげている（小野寺 2012b: 124-6）。本章でも結婚前の生活環境に注目しながらどのような経緯で婚姻に至ったのかについて男女別に見ていく。

（1）和人妻

和人の女性のほとんどは夫がアイヌである[10]。27名の和人女性たちのうち17名は現在も既婚者であるが、死別や離別の経験、さらには再婚の経験を持つ者も少なくない。さて、和人である彼女らがアイヌの夫と結婚することになったのにはどのような背景があるのだろうか。まず生活の経験についてである。彼女らの結婚前の環境で最も目につくのが、アイヌの人々と日常的に接する機会があったということがある（表2−12）。本調査の対象地はアイヌが多く居住する地域が多いこともあるが、近隣にアイヌの人が住んでいたという場合や、親がアイヌの人々と付き合っていたとする生活環境、さらには学校で同級生だったということがある。これらの経験を持つことで共通するのは、その過程のなかでアイヌの人たちが特別な存在ではないという意識が育まれたということがある。

第2部　アイヌの人々の生活の歩みと意識　67

表2-12　和人妻　結婚前後の環境

単位：人

学歴	小卒	中卒	高卒・中退	専門卒・中退	
	1	10	14	2	
結婚	反対された	反対なし	知らなかった	知っていた	
	9	6	6	5	
結婚前の環境	いじめにあった	アイヌが身近	普通の生活	厳しい・貧しい	良い生活
	3	5	6	9	1
結婚の契機	同級生	職場関係	飲食店	見合い	知り合い・近所
	2	7	4		7

　「小さい頃、長屋に住んでいて、隣にいたおばあちゃんが口に入れ墨をしていた。学校のクラスにもアイヌの人は何人かいた。和人もアイヌも普通に付き合っていた。誰がアイヌかは、互いにわかっていたが、アイヌだからっていじめられることはなかった。」(むかわ・壮年層・女性)

　「(アイヌの伝統文化を) してるようなことは聞いたことないんですけど、同級生でもちょっと周りと違うような子が1人、2人はいたようなのはたしか。『へ？　この人何？』というのはわかってるんだけど、本人に言えませんよね？　まだ小さかったし。『この人、ちょっと顔違うな』っていう、顔が違うなっていう感じで、自分でも不思議だなっていうことは覚えてますね。」(伊達・壮年層・女性)

　「(高校の同級生にアイヌは) いますよ、いっぱい。○○ (地名) は結構多いんで。」(新ひだか・壮年層・男性)

　次に目につくのが厳しい生活環境である。子ども時代に苦労した、貧しかったと答えた者は非常に多く、3割以上がそう答えている。普通であったとする者は6名程度であり、豊かだった、困ったことはなかったという者はごくわずかである。「食べていくのもやっとだった」「アイヌ以上に貧乏だった」と答える者もいた。

「S町の小学校、中学校に通った。7人きょうだいの上から2番目なので、下の子をおぶり、おしめを持って学校へ通った。アイヌ以上に貧乏してきた。きょうだい7人もいて生活もままならず貧しかったから、中学校卒業後、上の学校へ行きたいと思ったことはなかった。」(札幌・老年層・女性)

「食べる物っていったら、ジャガイモ、カボチャ。なんか食べたくなったらよその家の畑行って荒らしてくると。それしかない(笑)。最低の暮らしです。」(新ひだか・壮年層・女性)

結婚の契機については同級生だったことや、職場が同じであることが青年層や壮年層で多く見られる。また飲食店(飲み屋)などで出会ったとする者も多い。老年層では近隣や知り合い、行商などで出会ったとする者も見られる。多くが恋愛結婚であり、相手がアイヌであることを知って結婚に至っている[11]。アイヌであることを知らなかったとする者は27人中わずか6名だけである。アイヌだと知っていて結婚した者のなかで周囲の明確な反対があったとする者は9名おり、年齢層を確認すると、壮年層に5名、老年層が4名である。青年層に反対された者はいなかった。

「結婚する時には夫がアイヌなので両親に反対された。父親はすぐにあきらめたが、母親には結婚式を挙げる前日まで(私が)ノイローゼになるのではないかと思うくらいずっと泣かれた。すごく嫌だったのだと思う。」(むかわ・壮年層・女性)

「結婚は反対された。『何が悲しくてアイヌと結婚するんだ』と、親戚一同総スカンでした。私は、小学生の時にもアイヌの同級生がいましたので、そういう意識はあまりなかったんですね。で夫も別にそんなアイヌって感じじゃないので、あまり意識してなかったんですけど。親にしてみれば、アイヌは好きじゃなかった。孫子の代まで出るからっていう、

それで反対してましたね。」(白糠・壮年層・女性)

　　「私が実家に今の夫を連れてったら、兄貴たちが反対した。でも、自
　　分は反発し、『そんなの構わないべ』と言って結婚式も挙げないで一緒に
　　なった。」(伊達・老年層・女性)

　このような反対を受けながらも、自分自身は「なぜ反対されるのか」とい
う気持ちを持ちつつ、親の偏見について、「何て言ったらいいのかな。区別
するというのか軽蔑するというのか、そういうようなものの言い方」と、差
別された苦々しい思い出として振りかえる。
　とはいえ、ここで反対されたと語るすべての人は、結果的には自分の意思
を押し通し結婚に至っている。結婚後は反対していた身内も徐々に認めてく
れたという例もあるが、身内の心配のとおり、アイヌのしきたりや、民族の
生活習慣に戸惑い苦労した人も少なくない。その結果として離別につながっ
た者も7人ほどいる。

（2）和人夫
　和人の夫10名について見ると、結婚前の生活状況については、和人妻と
同様の傾向が見られる(表2−13)。結婚前の環境は多くが調査対象地域の周
辺であり、アイヌの人々が身近にいた地域である。同級生やアイヌの友だち
がいたと答える者、「苦労した」「貧しかった」とする者も10名中3名ほどい
る。結婚の際に反対された者は2名であり、大きな反対を受けた者は1名だ
けである。多くは「とくに反対はされない」「暗黙の了解だった」とする。「知
らなかった」とする者も、結婚の後に妻がアイヌだと知っても、大きな戸惑
いは感じていない。その理由について、彼らの結婚前の環境から考えると、
アイヌ女性との結婚に反対されなかった者の多くは以前からアイヌの人との
付き合いが多く、友だちはアイヌばかりだったという者もいた。
　一方で、反対された2名の男性について詳しく見ると、1人目の男性は小
学生の頃に父親が亡くなり母子家庭でずっと貧しい暮らしを余儀なくされた
経験を持つ。母親は働いていたが、母の交友関係は良いものではなく、その

70　第2章　アイヌの家族形成と展開

表 2-13　和人夫　結婚前後の環境

単位：人

学歴	小卒	中卒	高卒・中退	大卒	
	0	4	4	2	
結婚	反対された	反対なし	知らなかった	知っていた	その他
	2	4	1	1	1
結婚前の環境	いじめにあった	アイヌが身近	普通の生活	厳しい・貧しい	良い生活
	0	5	2	3	0
結婚の契機	同級生	職場関係	その他	不明	
	2	5	1	2	

ため家に帰っても楽しい状況ではなかった。学校でも勉強が嫌いだったため生活が乱れていた。また小中高共通して友だちにアイヌが多く、なかでも高校時の仲のいい友だちはアイヌだった。そのような環境に育ち、結婚相手にアイヌの人を選ぶのはごく自然の成り行きであったと見ることができる。

　だが、この男性の母親はアイヌの女性と結婚してほしくないと言った。男性は「母1人子1人で育ったから、母親には妻がアイヌということもあったけれど、結婚してほしくない気持ちがあったのかもしれない」と振り返る。ただし、この反対は強いものではなかったと語る。

　もう1人の男性は大学在学中にアイヌに関心を持ち、卒業論文でアイヌの研究に関わったというケースである。学生時代からアイヌに関心を抱いていることもあり、アイヌの運動にも関わった経験を持つ。配偶者とは仕事の関係で出会い結婚を決意するが、家族はアイヌ民族との結婚に猛反対で、父親が結婚をさせないように仕事先にも働きかけ、その地域を移転しなければならないほどだったという。しかし結婚への意思は強く、結果的には結婚に至っている。

第3項　結婚生活の展開

　さて、和人妻や和人夫の結婚後はどのようなものであろうか。和人としての生活経験しか経ていない者が、アイヌの配偶者と生活することにはどのような現実があるのだろうか。

　まず、アイヌとしての生活について、その風習や生活習慣に戸惑いを感じ

たということがある。

　「生活習慣の違いを感じることはあった。結婚した時、親戚がアイヌだから、来る人来る人がみんなアイヌで外人さんを見ているようで、同じ顔に見えて区別がつかなかった。夫の父親がとても毛深いのに驚いた」というように、戸惑いながらも、「若かったので自然に順応して溶け込んだ」（むかわ・壮年・女性）とする者や、「夫も義父も火を大事にしているし、神棚、自然をとても大事にしている。夫も義父も魚釣りが趣味で、アイヌの伝統が生きているのかなと思う。自身はアイヌの血を引いていなくても、家族がアイヌ民族なので、自身もアイヌ民族の一員だと思っている」（むかわ・老年・女性）というように、アイヌである生活習慣を徐々に受け入れ、アイヌ民族としての意識を育んでいる。他方で、アイヌの人々の生活ぶりに戸惑いを持ち、受け入れがたい思いを抱く者もいた。

　たとえば、「周りの親戚にも熊の木彫りをする人がいたが、その人たちも生活がすごくだらしなかった。お正月とか関係なく、家にお酒を飲みにくる。夫も含めて、みんな、ひがみっぽかった。だから、あまり口出しをしないようにしていた。夫から暴力をふるわれたこともある」（札幌・老年・女性）というような経験である。この女性はこの男性と数年間の生活を経て結果的には離別に至った。

　このような厳しい現実も見られるが、全体的に見れば儀式や風習を始めとするアイヌの生活を受け入れ、自らもそれを行うようになっていくのが多数派である。

　　「今は、だいたい、行事なんかにも参加して、中心的にやっているっていう、もう身についているっていう感じですよね、そういろんなことを。」（新ひだか・老年・女性）

　　「真歌でチセ作りへ、携わったんですよ。へー昔の人って、こういう建物の中にいたんだあとかね、そういうので興味持ちましたね。」（新ひだか・壮年・女性）

ただし、女性の場合、そのような積極的な活動も、「そういうふうにやっていかないと、結局、きょうだいにそうやって未だに言われますからね」と、嫁としての評価というジェンダー的な側面も影響している。

第4項　アイヌと和人との狭間で

　和人の家庭に生まれ育ち、アイヌの人々の社会に入ることは、自らの内面に2つの文化を持つことであり、社会的に見ても「和人」「アイヌ」という2つの表象を得ることでもある。和人妻の場合には、アイヌと結婚することでアイヌの一員としての「パスポート」を得ることになるが、それはアイヌ夫という後ろ盾があってのことである。そのため、その部分がなくなることは、理屈としてアイヌの一員でいられるとしても、居心地が変わることもある。

　　「ウタリ協会に入っているが、離婚してからいろいろな行事に参加しづらい。入っていけないという感じはある。……中略……自分で勝手にそう思っているだけかもしれないが、民族的な違いもあるから、入れてくれないのではないかと思う。行事に行ったとしても上辺だけの付き合いだけだったり、すみっこにいるだけではないかと思うと、協会のメンバーではあっても行かない方がいいのではないかと思う。」(むかわ・壮年・女性)

　　「夫が亡くなったら(わたしは)ただのシャモだから、後から入って来た若い人たちにアイヌ文化関係団体から抜けるべきではないかと言われた。」(札幌・老年・女性)

　また、アイヌ夫と結婚することで、妻がアイヌ社会に入ることと平行して、和人社会との付き合いが必要とされることもある。しかし、その場合にも同様に差別的な見方をされることもある。つまり、和人社会においては配偶者がアイヌのために差別され、アイヌ社会においては自分が和人のために差別をうけるというものである。小野寺理佳は、このように和人配偶者がアイヌ社会においては和人として退けられ、和人社会においてはアイヌ側の人間と

して退けられることを、ダブルアウトサイダーとして、主に和人妻に多い現象であるとする（小野寺 2012b: 138）。

　　「夫がアイヌであるということで差別的な扱いを受けたことはある。アイヌの中では『日本人』として差別され、日本人の中では『アイヌの夫がいる女性』として差別される。」（札幌・老年・女性）

　しかしそのような中にあって、アイヌ社会においても積極的に参加し、次第に主要なメンバーとして受け入れられている例も見られる。

　　「シャクシャイン祭りとかでお料理作るの手伝ったりとかもしてますし、そういうのお手伝いは結構してる方だと思います。行事があるときに、必ず裏方の方の手伝いを、うん、してるので。」（新ひだか・老年・女性）

　また和人夫についても、アイヌの活動に積極的に関わり、アイヌ社会にとって頼りにされるという例も散見される。

　　「娘2人が中学生の頃、貧しい農家だから色々と援助してもらえるし、権利もあるからとの周りの勧めにより、ウタリ協会に入会した。それ以降、現在まで約10年、協会の理事を務めている。理事には2〜3年の任期があるが再任できる。今後もしばらく理事を続ける予定。その協会の実践講座の中で、現在は木彫りに挑戦中。」（むかわ・壮年・男性）

　　「『お前はアイヌよりアイヌらしいな』と妻の祖父に言われた。妻の祖父は自分が毛深いのを見て、『よその者には見えないな』って話しをしていて、『アイヌなんだよ』って教えてくれたんですね。毛深いことにコンプレックスを感じていたほどで、いいなと言われたことが初めてだったから。すごいな、立派な腕をしているなって。」（伊達・壮年・男性）

　むかわの男性は子ども時代からアイヌとの交流があり、アイヌの人々に対

する偏見を持たずに育った。大学を卒業し札幌で就業していたが事情があり、地元に戻ることになる。協会には子どもの就学のための補助を利用できることで勧められているが、親しいアイヌの友人もおり、個人的にも付き合いがある。

伊達の男性は本州で結婚し、その後妻の実家がある伊達に移り住むようになり、初めて妻がアイヌの血筋であることを知った。しかし、家族に受け入れられ、それまでの建築関係の仕事経験からチセづくりに参加するなど地域の活動に参加するようになった。

このように和人であってもスムーズにアイヌ社会に入ることができた要因について考えると、2つの理由が考えられる。1つはアイヌ社会に入るのを案内してくれる有力な者の存在である。先の新ひだかの女性の場合も夫や義母がアイヌ社会でリーダー的存在であることが影響したという。またむかわの男性は友人がアイヌ協会に、伊達の男性は祖父がリーダー的な存在だったという。実際に新ひだかの女性の孫は「いや、たぶんおばあちゃんとかもいて、お父さんがそういう上のほうのだったんで、すんなりだったんだと思います。」(新ひだか・老年・女性)と述べていた。

もう1つの要因として考えられるのは、アイヌ社会の活動に役に立つ何らかのスキルを持っているということである。男性2人については、大学を卒業し札幌で働いていた経験や、本州で建築関係の仕事をしていた経験が、女性については、行事の際に欠かすことができない、仕事の担い手として参加することで、アイヌ社会における活動に役に立つことができ、周囲に認められることにつながっていると見ることができる。

第5節　次世代への継承

第1項　アイヌ文化の経験

生活のなかの儀式や風習などの文化が継承されるためには、親である世代がそれを伝えられる経験値を持っていることが必要とされるが、それは多くの場合自分自身が育ってきた環境のなかで経験しているか否かによる。

子どもの頃にそれらの儀式や風習などを見たことがあるかどうかについて

は、地域や人によって、あるいは年代によって異なっている。年齢層に着目すると、どの地域においても老年層にアイヌ文化の経験を持つ者が多い。その老年層ではアイヌ文化が日常の生活としてあったと述べた者が多数存在した。

　地域におけるアイヌ文化の経験比率を見た時に、最も目をひくのが白糠の83.8％である（**表2-14**）[12]。次いで新ひだかの63.5％、札幌56.5％、むかわ53.1％となっており、この4つの地域は半数以上の者がアイヌ文化の経験をしている。その様ななかで伊達だけは経験した者が半数に及ばず他の地域と比べて低いことがわかる。

　さて地域による違いは経験数だけではない。経験した文化の内容も地域によって異なる傾向が確認できる。たとえば白糠では14名の老年層のうち11名が囲炉裏やカムイノミ、イチャルパなどの儀式を見たとする経験を持つ。そのような中で、新ひだかは、それらの儀式に加えて熊送りや狩猟などの経験を持つ者もおり、祖母の家がチセだったとする者もいた。

表2-14　子どもの頃のアイヌ文化経験

単位：人、％

		性別	札幌		むかわ		新ひだか		伊達		白糠	
			実数	構成比	実数	構成比	実数	構成比	実数	構成比	実数	構成比
経験あり	青年層	男性	3	6.5	1	2.0	2	3.8	0	0.0	4	10.8
		女性	0	0.0	2	4.1	1	1.9	2	5.3	7	18.9
	壮年層	男性	4	8.7	5	10.2	6	11.5	2	5.3	5	13.5
		女性	8	17.4	4	8.2	9	17.3	2	5.3	4	10.8
	老年層	男性	5	10.9	10	29.4	7	13.5	6	15.8	0	0.0
		女性	6	13.0	4	8.2	8	15.4	5	13.2	11	29.7
	合　計		26	56.5	26	53.1	33	63.5	17	44.7	31	83.8
経験なし	青年層	男性	1	2.2	4	8.2	2	3.8	4	10.5	1	2.7
		女性	1	2.2	4	8.2	4	7.7	3	7.9	0	0.0
	壮年層	男性	2	4.3	1	2.0	5	9.6	1	2.6	0	0.0
		女性	2	4.3	2	4.1	3	5.8	9	23.7	1	2.7
	老年層	男性	1	2.2	1	2.0	0	0.0	0	0.0	0	0.0
		女性	1	2.2	1	2.0	1	1.9	2	5.3	2	5.4
	合　計		8	17.4	13	26.5	15	28.8	19	50.0	4	10.8

注）不明を除く

「ほんとのクマをうちで育てて、ばばがご飯やったりして、何か大人たちが集まって、何かやってたな」(新ひだか・老年層・女性)

　「獣とったときに送るのにも、やっぱりアイヌの着物着て送ってましたね。」(新ひだか・老年層・女性)

　「うちのおふくろの方のばあさんの方行ったら、茅葺の家でね、もう、囲炉裏だから。囲炉裏で焚火だから。」(新ひだか・老年層・男性)

　このように地域によって内容の差はあるものの、老年層では囲炉裏や儀式などが日常に行われていたことがわかる。しかし現在の生活では、家庭内での囲炉裏や儀式を行っている者は多くはない。その理由として考えられることは2つある。1つは、アイヌだけでなく日本社会全体の変化である。家の間取りや家財など社会全体の変化のなかで、アイヌの人々の生活も変わっていったことが考えられる。

　2つ目としては、アイヌ自身がそれらの儀式をなくそうとしていたということである。それは親世代が自分たちにあえてアイヌの儀式を見せなかったようだとする発言に見られる。

　「ウチの場合は、この辺もそうだと思うんですが、あのね、アイヌ語を日常会話として使用するっていうけど、もう…ばあちゃんが入れ墨入ってた人だけど、おまえらはアイヌ語を覚える必要ないって言って。」(新ひだか・老年・男性)

　「結局そういう行事そのものを家庭の中でやること自体が…どうなのかね。あまりできなくなっているのか、という気持ちだったのか。まあ時代が変わったから、これからはお前たちの時代だっていう意味のことで親は伝えたかったのかな。」(新ひだか・老年・男性)

現在 60 歳以上の老年層の人たちが幼少期にあたるのは戦後から 1960 年頃までと推定できる。その時期の北海道におけるアイヌ政策は停滞期にあり[13]、現在のようにアイヌの文化を保障するような動きとは程遠い。アイヌの側から見れば、むしろそれ以前の同化政策の影響がまだ色濃かったのではないか。そのためアイヌの文化を積極的に次の世代に伝承するという動きが見られなかったのだと推察される。

第2項　子ども世代への告知

　親世代が子ども世代へアイヌであることを伝えているのか、さらには血筋としてのアイヌ性だけではなく、アイヌ文化やアイヌであることの意味を伝えていっているのかについてはどうだろうか。ここでは2つの地域を例として確認していく[14]。

　1つは伊達である。伊達地域は早くからアイヌの混血が進んだ地域であった。前節で見たように、アイヌの血筋が薄いことについて、アイヌの人々自身が認識している。一方で白糠はアイヌとしての血筋が比較的濃い地域であるといえる。

　子どもに対してアイヌであることを「伝えた」「伝えていない」、あえて伝えたわけではないがアイヌであることが「自然に」わかるとする3つに分類した（表 2－15）。

　「伝えた」とする者を比較すると、伊達が 53.7％、白糠が 34.1％と伊達が白糠の倍近いことがわかる。しかし、伝えたとする内容を見ると、伊達と白糠では違いが見られる。伊達ではアイヌの血筋であることを「薄い」「血が入っている」と、アイヌの混血が進んでいることを、「薄い」と表現し、事実を伝える者が多いようだ。

　一方で、白糠では「アイヌであることは自然にわかる」とする者が、伊達の 7.3％に対して 41.5％と高い比率である。これは、いいかえれば、白糠では日常のなかでアイヌであることがわかるような生活であることが推察される。つまり、伊達ではアイヌの身体的な特徴が目立たないことに加え、日常のなかでアイヌ文化に触れることもないため、アイヌであることを伝えなければ、子どもはアイヌであることに気付くこともないが、白糠ではあえて伝

78　第2章　アイヌの家族形成と展開

表2-15　アイヌであることの告知

単位：人、％

	伊達 N41		白糠 N41	
	実数	構成比	実数	構成比
アイヌであることを伝えた	22	53.7	14	34.1
アイヌであることは自然にわかる	3	7.3	17	41.5
アイヌであることを伝えていない	7	17.1	8	19.5

えなくても子どもがアイヌであることに気が付く環境にあるということだろ
う。その理由として、白糠の対象者には保存会の活動に関わっている者が多
かったことが影響していると思われる。

第3項　子どもに伝えるアイヌ文化

　実際に子どもにアイヌ文化を伝えたか否かについて見たところ、白糠では
子どもや孫に「踊り」や「行事や祭り」「アイヌ語」「儀式」などを経験させてい
るという例が複数見られた。それらの子どもへの働きかけは、白糠で行なわ
れているアイヌ三大祭りや、アイヌ文化保存会での活動という環境の要素が
影響していると考えられる。さらに白糠ではすべての親がそれらのアイヌ文
化や儀式の経験を持っていた。

　一方で、伊達は子どもに対して伝えるアイヌ文化として、「行事・祭り」「儀
式」がごくわずかに確認されるだけである（表2−16）。伊達ではアイヌの混血
が進み、いわば血筋が薄い現状にあるが、そのことがアイヌとしての意識に
も影響を与えているといえる。また伊達は白糠のように地域をあげた祭りや
アイヌ文化を保存するような活動は多くはない。それでもアイヌの人々が集
住する有珠地域にある善光寺の裏手に唯一「チセ」がある。それに関わった
経験を持つ者のなかには、その経験がアイヌの親としての意識や行動に影響
を与えている例が見られた[15]。

　このように、子どもに対するアイヌ文化の継承に関しては、アイヌの血筋
だけでなく、親の意識や経験に加え、現在の環境のなかにアイヌ文化に触れ
る機会があるかどうかが大きく影響していると見ることができる。アイヌと
しての血筋や自分自身の経験が少なくても、地域で関わることができるアイ

第2部　アイヌの人々の生活の歩みと意識　79

表 2-16　子どもに伝えたアイヌ

単位：人、%

		伊達　N25		白糠　N31	
		実数	構成比	実数	構成比
伝えたアイヌ文化の内容（アイヌ・複数回答）	踊り	0	0	13	41.9
	アイヌ語	0	0	6	19.4
	刺繍	0	0	1	3.2
	行事・祭り	1	4.0	8	25.8
	儀式	1	4.0	4	12.9
	その他	1	4.0	6	19.4

注）構成比の分母は表 2-15 で「アイヌであることを伝えた」「自然にわかる」
　　と答えた者。

ヌ文化に触れることを通して、次世代に伝える契機となることもあり、アイヌ文化を伝える様々な取り組みが重要な意味を持つことがわかる。

おわりに

　本章では現代のアイヌの人々がどのような状況にあるのかについて、アイヌの血筋や地域の違いに着目し、家族の形成過程や生活の現状や意識を明らかにした。

　本章をまとめて最も感じたことは、地域の違いと、男女による違いが鮮明であったことである。とくにアイヌの血筋に関していえば、早くから和人との交流があった伊達と、新ひだかや白糠というアイヌの人が多く生活する地域では、インタビューの時点の印象でも違いを感じた。対象者の結婚や、経験したアイヌ文化という視点で見ると、混血が進み自らの血筋を薄いと表現する者が多い伊達と、血筋の濃さを意識する者が多い新ひだかや白糠というように地域による違いが鮮明であった。札幌は道内各地のアイヌ集住地の出身者が多いことも影響してか、アイヌの血筋やアイヌ文化の経験という部分では決して少なくない。また、むかわも男女ともにアイヌ配偶者を持つ者が多い。しかし、むかわの場合、子どもの頃のアイヌ文化の経験は近接した地域である新ひだかと比べると比率も内容もそれほどではない。

　男女の差は、結婚の際の困難さを始めとして、多くの場面において違いが

見られた。加えて述べるならば、アイヌであるということは、男性よりも女性において影響が大きい。それは離別経験や再婚経験という点において際立っていた。それらの経験が生じる要因を整理すると、1つにはアイヌ女性の身体的な特徴があげられるだろう。アイヌであることがはっきりわかるため結婚の際の障害につながったことがある。それら身体的特徴が目立たない場合には、結婚後にもアイヌであることを隠し続けた例もあった。

　またアイヌを配偶者に持つ、和人妻や和人夫を中心として見た場合には、和人社会とアイヌ社会の両方から差別を受けるというダブルアウトサイダーとしての経験を持つ者に加え、アイヌ社会に有力な親族や知人を持つ場合など、条件によってはスムーズにアイヌ社会に加わることができる例も確認された。

　このような経験を持つアイヌの人々が、子どもに対してアイヌであることやアイヌ文化を伝えているかについては、やはり地域によって違いが見られた。とくにアイヌ文化を伝えることについては、親の意識や経験に加え、現在の環境のなかにアイヌ文化に触れる機会があるかどうかが大きく影響していることが重要であり、地域で行われている様々な取り組みがアイヌ民族の次世代育成にとって重要な意味を持つことが示唆されたといえるだろう。

注

1　遠藤によれば、天然資源の多い地域では有力者が人々を組織的に動員し、各地に従属者を擁していた。そのような地域においては集落の規模が大きく、妾やウタレといわれる同居者も確認されている。詳しくは遠藤（2004）を参照されたい。

2　アイヌ民族の歴史については序章を参照のこと。

3　瀧澤正によれば、1950年代に山本多助が中心となって「釧路アイヌ古式舞踊保存会」が結成され、阿寒国立公園でまりも祭りに参加した。この祭りに参加した帯広の加藤ナミエは自分たちの祖先のことをどう残すかを考え地元の仲間と「カムイトウ・ウポポ保存会」を結成した。しかし、男たちがやってきて「そったらもん（そんなもの）、今から通用しない」などといって妨害されたという（瀧澤 2015: 230-1）。

4　「父母祖父母ともアイヌ」とは、父方祖父母、母方祖父母のいずれもがアイヌの血筋である者、「父母ともアイヌ」とは、父方祖父母、母方祖父母の4人のなかで少なくとも1人以上が非アイヌ、または血筋不明の者を指す。なお、表2

－2では、すべての対象者を含めており、親子、きょうだいも、それぞれカウントしている。

5 　小内透（2014a）において、4世代「純血」アイヌとは、「父母祖父母ともアイヌ」のうち、本人に子どもがいる場合とされているが、本章においてはインタビュー調査において、曾祖父曾祖母もすべてアイヌであるとの発言が確認できた場合としている。なお、4世代「純血」アイヌであっても、5世代以上前に婚姻や場所請負制時代の和人の番人・出稼ぎ人の妻妾を通じて和人の「血」が入っている可能性がある点にも留意すべきである（高倉 1942: 315-6; 札幌市教育委員会編 1989: 869-74）。

6 　1つの世帯から複数の対象者がいる場合には、1世帯1人を有効回答数として集計している。また表2－5の6人以上の世帯のなかには最大で9人の世帯があった。表の総数にはそれらの人数も含めている。

7 　この表には不明と他民族である者は除いている。配偶者がアイヌであるかどうかが不明という者が少なくないのは、結婚の際にその血筋について聞いたことがないとする者が多いからである。

8 　本項では既婚者全体に見る離別者を明らかにすることを目的とするため、表2－9の既婚者には、死別者を含めている。

9 　アイヌ同士の離別が多い新ひだかは、アイヌの血筋が濃い地域であり、とくに女性においてはアイヌ配偶者を持つアイヌが5地域のなかで最も高い。そのような地域であるため、アイヌ同士の離別も相対的に高いことが予測される。

10 　わずかながら元夫がアイヌであったという者と、元夫がアイヌに育てられた養子という者がいる。

11 　27人のなかで見合い結婚は2名であった。

12 　子どもの頃のアイヌ文化経験の構成比はアイヌの血筋の者を分母としている。ただし不明の者は除いているため合計は100％にならない。

13 　小内はアイヌ政策の観点から1945〜1960年までを「民族政策停滞期」とした。詳しくは序章を参照のこと。

14 　子どもへの告知と子どもにアイヌ文化を伝えているかという質問項目は、伊達調査と白糠調査から加えた項目のため、この2地域の比較としている。構成比の分母は子どもを有する者としている。

15 　この和人男性は、子どもに対して「少なくとも自分の中にアイヌの血が入っていることを忘れてほしくない」との思いから、チセについて「アイヌの人たちが昔からしていたことだよ」と伝えたという。本事例の詳細については、品川（2014）を参照のこと。

第3章

アイヌ民族の教育問題と階層形成過程

野崎　剛毅

はじめに

　蝦夷地と呼ばれていた北海道に和人が進出して以降、アイヌ民族は和人と接触する中で、それまでの文化になかった貨幣経済による不当な貿易などを強要され、経済的に疲弊していった。明治政府が本格的に同化政策をうちだすと、文化・言語の制限や強制移住、強制労働などにより、アイヌ民族の社会的地位はますます日本国内において低くなっていった。

　その後、北海道旧土人保護法に代表されるアイヌ民族への差別的とも称された法制度は廃止され、制度上、アイヌ民族を差別するものはなくなってきた。アイヌ民族の和人への同化が進むことで、アイヌ民族が和人に対して特別視される要素も逆に減少してきているだろう。

　しかし、現在でもアイヌの人々の社会的・経済的地位が和人と同程度になったとはいいがたい。

　たとえば、学歴を見てみよう。2008年に行われた北海道大学アイヌ民族生活実態調査によると、アイヌの人々の高校進学率は68.4%、大学進学率7.8%であった（野崎 2010b: 59）。これを世代別に見てみると、高校進学率に関しては30歳未満の世代で95.2%と、ほぼ全入という形で全国平均に追いついている。ただし、アイヌの人々は高校へ進学したとしても全体では12.9%が、最も少ない30歳未満であっても8.2%が、卒業せずに高校を退学している。30歳未満の世代がおおむね高校生であった1999年の高校中退率が全国平均で2.1%、北海道で1.9%（文部科学省 2009）であることからも、この数字が高いものであることがわかる。大学進学率に関しては30歳未満

の若い世代であっても 20.2%、短大・高専を合わせても 30.6% と、全国平均のそれぞれ 42.5%、51.5% を大きく下回っている[1]。さらに、大学においても中退率が 20.3% と、2007 年度の大学中退率である 2.4%（文部科学省 2014: 4）を大きく上回っている。このように、進学率はもちろんのこと、卒業率まで見てみると、アイヌの人々の教育環境が和人並になったとはとてもいえない状況にある。

収入についても、アイヌの人々の所得は北海道平均を大きく下回っている。北海道環境生活部によると、2013 年のアイヌの人々の年間所得は平均で 340.9 万円[2]（北海道環境生活部 2014: 27）であった。同じ年の北海道の平均世帯所得は 473.5 万円[3]であり、130 万円以上もアイヌの人々の方が低くなっている。

法制度上の差別が解消された現在においても存在するこれらの格差は、いったい何に由来するのであろうか。アイヌの人々の階層形成過程を検討する上で、まずは**図３−１**のような単純なパスを想定する。出身階層と到達階層との間に媒介変数として学歴が存在する。学歴を挿入したのは、日本が学歴社会であると認識されてきたからだ。実際、和人社会においては学歴と収入の間に明確な相関関係が見られてきた。

一般的には、「①出身階層→到達階層」「②学歴→到達階層」それぞれには相関関係があると考えられている。かつては、②の部分について、「難関大学から一流企業へいくことで幸せな人生が手に入る」という「学歴神話」が広く信じられてきた。そして、難関大学への入学は、本人の努力のみによって

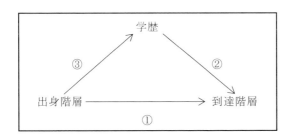

図 3-1

84　第3章　アイヌ民族の教育問題と階層形成過程

決まるのではなく、出身階層の影響を強く受けることもまた、知られてきた（③）。本章では、アイヌの人々の間でこれらの要素がどのようになっているのか、その実態と原因を明らかにする。

　まず第1節では、対象者の概要を示す。出身階層、到達階層などがどのような状況であるのかを確認する。続く第2節では、図3－1のパス図がアイヌ社会のなかではどのような様相を見せるのかを確認する。そして、第3節では「③出身階層→学歴」パスについて、対象者の語りのなかから特徴と課題を探る。第4節では、階層形成に着目し、アイヌの人々の就職、転職などの事情をさぐり、アイヌの人々の階層形成の特色を浮き彫りにすることを目指す。

第1節　対象者の概要

第1項　地域と世代

　本章では、札幌調査、むかわ調査、新ひだか調査、伊達調査、白糠調査で得られたデータのうち、アイヌの血を引く222人を対象として分析を行う。ただし、血筋は和人であっても早い時期にアイヌの養子となった者は、ここではアイヌの血筋であるとして扱うことにする。ここで注目するのが遺伝的要因ではなく、環境的要因であるからだ。

　分析をアイヌの血を引いているデータに限定するのは、今回検討する教育達成や就職といったライフイベントが、20歳前後までというライフサイクルの比較的早い時期に行われるからである。結婚によってアイヌの一員となった人々は、多くの場合、学校を卒業し、初職にも就いている。そのため、「アイヌである」ことの影響が小さいと考えられる[4]。

　対象者は男性101人、女性121人で、世代を見ると青年層が57人、壮年層が83人、老年層が82人である。地域別に見ると、札幌市が46人、以下、むかわ町49人、新ひだか町52人、伊達市38人、白糠町37人であった。なお、世代別の人数は一様ではなく地域による偏りが見られる。男性については、札幌市と白糠町では青年層がそれぞれ41.7％、50.0％と多く、それ以外の地域では老年層が4割〜5割近くを占めている。女性では全体的に青

第2部　アイヌの人々の生活の歩みと意識　85

年層が少なく、むかわ町の 35.0% が最大である。壮年層が白糠町を除いて
は 4 割を超えるなど多くなっている。白糠町の女性データでは半数を超える
14 人が老年層であった。

第2項　出身階層

　出身階層の指標としては「中学校を卒業するころの家族の暮らしぶり」を
使用する。これは、15 歳時点での暮らしぶりを聞いたものを「豊かであっ
た」「普通」「苦しかった」の 3 段階に分類したものである。あくまでも回顧的
でかつ主観的な評価であることには注意が必要であり、たとえば高齢の対象
者では、同様の生活環境であっても「苦しかった」と評価するケースと、「周
りもみな同様の生活をしていたのでそれが普通だと思っていた」と評価する
ケースがある。また、当然のことながら老年層が 15 歳の頃の「普通」の生活
と、青年層が 15 歳の頃の「普通」の生活とは、その水準が大きく異なるだろ
う。このうち少なくとも後者の問題については、分析を世代ごとに行うこと
で、ある程度その差を解消できる。

　表3−1 から 15 歳時の暮らしぶりを見ると、「貧しかった」と回答する者
が半数近くなっている。男性老年層でその割合は 59.5% にのぼるほか、世
代、性別を問わず 4 割以上はそのように答えている。一方、「豊かであった」
と回答した者は男性で 7 人、女性で 11 人と、全体の 8.1% にすぎない。「普通」
と答えたのは男性 36 人、女性 46 人で全体の 36.9% であった。男女問わず、

表 3–1　15 歳時暮らしぶり

単位：%、人

		豊か	普通	貧しい	不明	N
男性	青年層	3.3	50.0	46.7	0.0	30
	壮年層	5.9	38.2	52.9	2.9	34
	老年層	10.8	21.6	59.5	8.1	37
女性	青年層	3.7	51.9	40.7	3.7	27
	壮年層	12.2	34.7	46.9	6.1	49
	老年層	8.9	33.3	48.9	8.9	45

注）数値は対象者数（N）に占める割合。

86　第3章　アイヌ民族の教育問題と階層形成過程

若い世代は「普通」と答える者が多くなっている。

第3項　到達階層

　続いて到達階層である。到達階層として、個人年収と世帯年収とを確認する（表3−2〜4）。個人年収は性差が大きく、男性の平均が290.4万円であるのに対し、女性は92.0万円と、200万円近くの差が生じている。最も高いのは男性壮年層で432.8万円、最も低いのは女性老年層の64.3万円であった。なお、男性壮年層については1000万円以上という者が3人いる。800〜900万円、900〜1000万円のカテゴリーが1人もいないことからも、この3人はとくに年収が高いことがわかるため、これを外れ値として除外すると、男性壮年層の平均個人年収は367.0万円まで下がる。

表3-2　年収

単位：万円

		個人年収	世帯年収
男性	青年層	208.9	450.0
	壮年層	432.8	501.6
	老年層	223.5	298.4
女性	青年層	96.2	350.0
	壮年層	115.6	367.0
	老年層	64.3	237.1

表3-3　個人年収

単位：％、人

		100万円未満	100〜200万円	200〜300万円	300〜400万円	400〜500万円	500万円以上	不明	N
男性	青年層	23.3	10.0	40.0	16.7	3.3	0.0	6.7	30
	壮年層	2.9	11.8	17.6	20.6	11.8	29.4	5.9	34
	老年層	27.0	27.0	10.8	18.9	2.7	5.4	8.1	37
女性	青年層	48.1	40.7	7.4	0.0	0.0	0.0	3.7	27
	壮年層	44.9	32.7	8.2	4.1	2.0	0.0	8.2	49
	老年層	73.3	15.6	2.2	2.2	0.0	0.0	6.7	45

注）数値は対象者数（N）に占める割合。

第2部　アイヌの人々の生活の歩みと意識　87

表3-4　世帯年収

単位：%、人

		100万円未満	100〜200万円	200〜300万円	300〜400万円	400〜500万円	500〜600万円	600万円以上	不明	N
男性	青年層	6.7	6.7	13.3	20.0	13.3	13.3	13.3	13.3	30
	壮年層	0.0	11.8	14.7	17.6	11.8	5.9	29.4	8.8	34
	老年層	18.9	18.9	13.5	21.6	2.7	0.0	10.8	13.5	37
女性	青年層	11.1	14.8	11.1	29.6	7.4	0.0	25.9	0.0	27
	壮年層	6.1	20.4	20.4	12.2	8.2	6.1	26.5	0.0	49
	老年層	26.7	15.6	11.1	8.9	8.9	2.2	26.7	0.0	45

注）数値は対象者数（N）に占める割合。

　女性の場合、その経済的地位は配偶者の収入によって決まる部分が大きい。世帯年収を見てみると、男性が413.5万円、女性が318.9万円と、その差は100万円にまで縮まっている。

　親と同居している者もいるためか、青年層の世帯年収が男性で450.0万円、女性でも350.0万円と、それぞれ老年層の298.4万円、237.1万円を上回っている。ただ、これらの数字もやはり年収1000万円以上の高収入世帯によって大きく引き上げられている。最頻値を見てみると、男性青年層、女性青年層とも「300〜400万円」となっている。

　年収の高い世帯が存在する一方で、多くの世帯は年収があまり上がらない厳しい状況にあるといえる[5]。

第4項　職業階層

　到達階層としてもうひとつ、職業についても確認しておこう。**表3－5**は、対象者の調査時点における職業をまとめたものである。「現職」であるため、とくに老年層ではすでに定年で退職をした「無職」層が多くなっている。

　男性の現職を見てみると、むかわ、新ひだか、伊達、白糠という海沿いの地方都市が多いこともあり、漁業を中心とした農林水産業に従事している者が青年層で23.3%、壮年層で32.4%とそれぞれの世代で最も多い。続いて、土木業を中心とした建設・採掘が青年層で16.7%、壮年層で26.5%となっている。この両者を中心に、青年層で販売(13.3%)や生産工程従事者(10.0%)、

88　第3章　アイヌ民族の教育問題と階層形成過程

表 3-5　現在職業

単位：％、人

		専門技術	管理	事務	販売	サービス	保安	農林漁業	生産工程	輸送・機械運転	建設・採掘	運搬・清掃	無職	不明	N
男性	青年層	6.7	0.0	3.3	13.3	3.3	0.0	23.3	10.0	3.3	16.7	3.3	16.7	0.0	30
	壮年層	8.8	0.0	8.8	2.9	0.0	2.9	32.4	2.9	8.8	26.5	2.9	2.9	0.0	34
	老年層	8.1	2.7	0.0	8.1	2.7	0.0	16.2	8.1	2.7	2.7	0.0	48.6	0.0	37
女性	青年層	3.7	0.0	18.5	11.1	14.8	0.0	7.4	3.7	0.0	0.0	0.0	40.7	0.0	27
	壮年層	4.1	0.0	6.1	10.2	26.5	2.0	8.2	4.1	0.0	0.0	10.2	24.5	4.1	49
	老年層	4.4	0.0	0.0	0.0	6.7	0.0	6.7	0.0	0.0	0.0	2.2	75.6	4.4	45

注）数値は対象者数（N）に占める割合。

壮年層で輸送・機械運転（8.8%）などのブルーカラー職が全体的に多い。専門・技術職は青年層で 6.7%、壮年層で 8.8%、事務は青年層で 3.3%、壮年層で 8.8% とあまり多くはない。青年層で無職が 16.7% いることも注目できるだろう。

　女性では、各世代とも専業主婦を含む「無職」が青年層で 40.7%、壮年層で 24.5%、老年層で 75.6% と目立っている。ただし、壮年層ではサービス職（26.5%）のほうが 1 人ではあるが、無職を上回っている。有職者について見てみると、青年層では事務職が 18.5% と多いものの、壮年層では 6.1% まで減少している。その分、サービス職（青年層 14.8%→壮年層 26.5%）や運搬・清掃（青年層 0.0%→壮年層 10.2%）が増加している。男性で多かった農林水産業従事者は青年層で 7.4%、壮年層でも 8.2% と、あまり多くはない。

第5項　学　歴

　明治時代の学制発布以降、学校教育は様々な問題をはらみつつも拡大を続け、日本の近代化や戦後復興の大きな原動力になった。ただ、そのような流れにアイヌの人々は取り残されてきた。先に確認したように、高校進学率こそ 1990 年代にはほぼ全入という形で全国平均に追いついたものの、大学進学率では未だ大きな差が生じているし、また中退率が高いといった問題も存在している。

第2部　アイヌの人々の生活の歩みと意識　89

表3-6　学歴

単位：％、人

		小学校	中学校	中学校＋職業訓練等	高校	短大・高専・専門	大学	N
男性	青年層	0.0	16.7	6.7	33.3	30.0	13.3	30
	壮年層	0.0	14.7	14.7	55.9	8.8	5.9	34
	老年層	13.5	43.2	8.1	27.0	2.7	5.4	37
女性	青年層	0.0	33.3	3.7	40.7	11.1	11.1	27
	壮年層	0.0	20.4	4.1	65.3	10.2	0.0	49
	老年層	20.0	64.4	4.4	8.9	2.2	0.0	45

注）1. 各段階には中退者を含む。
　　2. 数値は対象者数（N）に占める割合。

　対象者の最終学歴は**表3－6**のとおりである。学歴は世代による差が大きいため、ここでも世代別の分析を行っている。老年層では中学校に通わなかった（通えなかった）という者が男性で13.5％、女性で20.0％存在する。さらに、男性で56.8％、女性では実に84.4％が義務教育のみで学校教育を終えている。短大、大学などの高等教育まで進んだ者は男性で3人、女性で1人だけであった。

　日本の高校進学率は1970年代に9割を超えた。その時代に中学校を卒業した世代である壮年層でも、男性で3割、女性でも4人に1人は高校へ進学していない。男性では5人が中学を出てそのまま就職し、また5人は高等専修学校や職業訓練校へ進んだ後に就職している。大学進学者は男性の2人だけで、短大、高専、専門学校を含めても高等教育進学者は男女とも5人に留まっている。

　青年層になると、高校、大学への進学も増えている。しかしそれでも、大学進学者は男性4人、女性3人である。なお、女性で4年制大学へ進学した者は青年層のこの3人だけであり、壮年層、老年層には1人もいない。また、高校へ進学していない者が男性で7人、女性で10人おり、2008年に北海道大学アイヌ・先住民研究センターが行ったアイヌ民族生活実態調査で明らかになった、高校進学率については全国並になっているという実態よりもなお、厳しい状況が浮き彫りになっている[6]。

90　第3章　アイヌ民族の教育問題と階層形成過程

第2節　階層形成の経路

第1項　出身階層が到達階層に与える影響

　本節では、出身階層と到達階層、それに学歴を含む各要素間の関係を見ていく。

　まず、「①出身階層→到達階層」について確認する。**表3-7**、**表3-8**は15歳時暮らしぶりと現在の収入との関係を示したものである。年収は「200万円未満」「200～400万円未満」「400万円以上」という3つのカテゴリーに区分しなおしている。

　個人年収を見てみると、まず女性においてはそもそも「400万円以上」というカテゴリーがほとんどおらず、「200万円未満」に集中しているため、出身階層から個人年収へという関連がほとんど生まれていないことがわかる。男性についても、出身階層が高い者がそのまま豊かになるという単純な構造をとっているわけではない。壮年層こそ、15歳時に「豊か」であった2人が揃って「400万円以上」となっている。だが、「普通」「貧しかった」の両者についての差はほぼないといってよい。

　世帯年収については、まず男性から見てみると、青年層では「普通」と「貧

表3-7　15歳時暮らしぶり×個人年収

単位：％、人

		青年層				壮年層				老年層			
		200万円未満	200～400万円	400万円以上	N	200万円未満	200～400万円	400万円以上	N	200万円未満	200～400万円	400万円以上	N
男性	豊か	100.0	0.0	0.0	1	0.0	0.0	100.0	2	25.0	25.0	50.0	4
	普通	35.7	57.1	7.1	14	16.7	50.0	33.3	12	75.0	25.0	0.0	8
	貧しかった	30.8	69.2	0.0	13	11.8	41.2	47.1	17	57.9	36.8	5.3	19
女性	豊か	100.0	0.0	0.0	1	80.0	20.0	0.0	5	66.7	33.3	0.0	3
	普通	92.3	7.7	0.0	13	87.5	12.5	0.0	16	100.0	0.0	0.0	14
	貧しかった	90.9	9.1	0.0	11	81.8	13.6	4.5	22	75.0	25.0	0.0	21

注）数値は対象者数（N）に占める割合。

第2部 アイヌの人々の生活の歩みと意識 91

表3-8 15歳時暮らしぶり×世帯年収

単位：％、人

		青年層				壮年層				老年層			
		200万円未満	200～400万円	400万円以上	N	200万円未満	200～400万円	400万円以上	N	200万円未満	200～400万円	400万円以上	N
男性	豊か	100.0	0.0	0.0	1	0.0	0.0	100.0	1	0.0	25.0	75.0	4
	普通	8.3	33.3	58.3	12	16.7	33.3	50.0	12	66.7	16.7	16.7	6
	貧しかった	15.4	46.2	38.5	13	5.9	41.2	52.9	17	47.4	52.6	0.0	19
女性	豊か	100.0	0.0	0.0	1	0.0	25.0	75.0	4	50.0	0.0	50.0	4
	普通	41.7	50.0	8.3	12	29.4	35.3	35.3	17	60.0	30.0	10.0	10
	貧しかった	10.0	50.0	40.0	10	38.1	38.1	23.8	21	52.6	26.3	21.1	19

注）数値は対象者数（N）に占める割合。

しかった」を比較する限り、15歳時の生活が現在の世帯収入に反映されているように見える。ただこのような違いは壮年層、老年層ではあまり見られない。壮年層については、15歳時「普通」と「貧しかった」の違いは、世帯年収カテゴリーを見る限りまったくといってよいほどない。老年層においても、「200万円未満」を見れば「普通」出身が66.7％に対し「貧しかった」出身が47.4％と、むしろ逆転現象が起きている。

女性では、15歳時と比較的近いはずである青年層において、出身階層と現在階層の逆転が起きている。世帯年収「200万円未満」は「普通」出身が41.7％であるのに対し、「貧しかった」出身では10.0％となっている。壮年層では、「400万円以上」が「豊か」75.0％、「普通」35.3％、「貧しい」23.8％、「200万円未満」が「豊か」0.0％、「普通」29.4％、「貧しかった」38.1％と、ゆるやかな差が生じている。だが、老年層では、「普通」出身と「貧しかった」出身との間の差はほぼないか、むしろやや逆転している。

このように、出身階層と現在の個人年収、世帯年収を比較した場合、両者に明確な連関は見出せない。

第2項　最終学歴が収入に与える影響

出身階層と到達階層をつなぐ、媒介変数として考えられるのが学歴である。とくに日本は学歴社会であるといわれることが多く、その重要性はかねてよ

92　第3章　アイヌ民族の教育問題と階層形成過程

表3-9　学歴×個人年収・世帯年収

単位：万円、人

		男性		女性	
		個人年収	世帯年収	個人年収	世帯年収
小学校	平均年収	330.0	325.0	72.2	200.0
	ケース数	5	4	9	7
	標準偏差	277.5	309.6	106.4	269.3
中学校	平均年収	206.0	288.0	72.2	244.7
	ケース数	25	25	45	38
	標準偏差	209.8	268.2	68.7	201.3
中学校＋職業訓練等	平均年収	200.0	227.8	60.0	330.0
	ケース数	10	9	5	5
	標準偏差	133.3	130.2	82.2	268.3
高校	平均年収	385.1	543.6	110.2	386.1
	ケース数	37	31	44	43
	標準偏差	269.0	332.6	100.3	259.9
短大・高専・専門	平均年収	254.6	533.3	142.9	321.4
	ケース数	11	12	7	7
	標準偏差	152.4	279.1	123.9	228.9
大学	平均年収	241.7	375.0	116.7	550.0
	ケース数	6	8	3	3
	標準偏差	156.3	249.3	57.7	264.6
合計	平均年収	290.4	413.5	92.0	318.9
	ケース数	94	89	113	103
	標準偏差	234.4	305.3	90.5	246.1

注）各段階には中退者を含む。

り指摘されてきた。そこで「②学歴→収入」の相関を見てみよう。**表3－9**
では男女別に学歴ごとの平均個人年収、世帯年収をまとめている。男性個人
年収で見てみると、最も年収が高いのは「高校」の385.1万円、次いで「小学校」
の330.0万円となっている。「大学」は241.7万円で「短大・高専・専門」の
254.6万円よりも低かった。女性においても、一見学歴が高くなるにしたがっ
て個人年収が上がっているように見えるが、「大学」では116.7万円と「短大・
高専・専門」の142.9万円よりも低くなっている。

「小学校」の年収が高くなったり、「大学」の年収があまり高くならなかっ

たりする背景には、学歴と世代の関係がある。「大学」は、男性で見れば8人中4人が、女性であれば3人全員が「青年層」である。一方で「高校」は家計の中心となっている壮年層の割合が大きい。このことが単純な学歴社会の構造を隠しているようである。

そこで、やや煩雑な表となるが、世代を加味した学歴と年収の相関を見ることにする（**表3-10**）。

男性壮年層では、高い学歴が高い収入に結びついており、学歴社会が機能しているといえる。高校以上の学校へ進学した者で個人収入が200万円未満の者はおらず、また高等教育へ進学した者は4人中3人が400万円以上となっている。世帯年収を見るとさらにその傾向は明らかである。年収400万円以上の者の人数を見てみると、高校へ進学しなかった者では10人中2人である。それが、高卒者（中退含む）では16人中9人と半数を超えている。高等教育へ進学した5人については、全員が400万円を超える世帯年収を得ている。

老年層では、高等教育進学者自体が少ないため、高校進学がひとつの指標となっている。世帯年収を見ると、高校へ進学した11人のうち、200万円未満という者は2人だけであった。

女性に目を転じると、学歴の効果はきわめて限定的になっている。個人年収ではほとんど差が生じていない。世帯年収では、青年層、老年層で学歴の効果が生じているように見える。ただ、たとえば青年層の大学進学者3人の世帯年収は200〜400万円が1人、400万円以上が2人で高くなっているものの、この3人の個人年収はいずれも200万円未満である。

同様に、壮年層、老年層を見ても、高校進学者、あるいは高等教育進学者の世帯年収が高くなっているように見えても、その個人年収は高くなっていない。このことから、女性にとっての進学は、本人の収入を上げるのではなく、結婚などによって世帯の年収をあげる、あるいは年収の高い世帯に入ることに影響を与えていることがわかる。

表3-10を見た際にとくに注目できるのは、青年層における大学進学者の年収の低さである。年功制賃金が特徴とされてきた日本においては、現在でも若い世代の年収は低く抑えられる傾向にある。それを加味しても、本調

94　第3章　アイヌ民族の教育問題と階層形成過程

表3-10　学歴×個人年収、世帯年収

単位：％、人

			個人年収			N	世帯年収			N
			200万円未満	200～400万円	400万円以上		200万円未満	200～400万円	400万円以上	
男性	青年層	小学校	-	-	-	0	-	-	-	0
		中学校	20.0	80.0	0.0	5	20.0	40.0	40.0	5
		中学校＋職業訓練等	50.0	50.0	0.0	2	50.0	50.0	0.0	2
		高校	30.0	60.0	10.0	10	0.0	28.6	71.4	7
		短大・高専・専門	50.0	50.0	0.0	8	0.0	50.0	50.0	8
		大学	33.3	66.7	0.0	3	50.0	25.0	25.0	4
	壮年層	小学校	-	-	-	0	-	-	-	0
		中学校	60.0	20.0	20.0	5	40.0	40.0	20.0	5
		中学校＋職業訓練等	40.0	60.0	0.0	5	40.0	40.0	20.0	5
		高校	0.0	44.4	55.6	18	0.0	43.8	56.3	16
		短大・高専・専門	0.0	0.0	100.0	2	0.0	0.0	100.0	3
		大学	0.0	50.0	50.0	2	0.0	0.0	100.0	2
	老年層	小学校	40.0	20.0	40.0	5	50.0	25.0	25.0	4
		中学校	66.7	33.3	0.0	15	53.3	33.3	13.3	15
		中学校＋職業訓練等	66.7	33.3	0.0	3	100.0	0.0	0.0	2
		高校	55.6	33.3	11.1	9	25.0	50.0	25.0	8
		短大・高専・専門	0.0	100.0	0.0	1	0.0	100.0	0.0	1
		大学	100.0	0.0	0.0	1	0.0	100.0	0.0	2
女性	青年層	小学校	-	-	-	0	-	-	-	0
		中学校	100.0	0.0	0.0	9	50.0	25.0	25.0	8
		中学校＋職業訓練等	100.0	0.0	0.0	1	100.0	0.0	0.0	1
		高校	90.9	9.1	0.0	11	20.0	70.0	10.0	10
		短大・高専・専門	50.0	50.0	0.0	2	0.0	50.0	50.0	2
		大学	100.0	0.0	0.0	3	0.0	33.3	66.7	3
	壮年層	小学校	-	-	-	0	-	-	-	0
		中学校	88.9	11.1	0.0	9	37.5	50.0	12.5	8
		中学校＋職業訓練等	100.0	0.0	0.0	2	0.0	50.0	50.0	2
		高校	83.3	13.3	3.3	30	26.7	33.3	40.0	30
		短大・高専・専門	75.0	25.0	0.0	4	50.0	25.0	25.0	4
		大学	-	-	-	0	-	-	-	0
	老年層	小学校	88.9	11.1	0.0	9	71.4	14.3	14.3	7
		中学校	96.3	3.7	0.0	27	59.1	22.7	18.2	22
		中学校＋職業訓練等	100.0	0.0	0.0	2	50.0	50.0	0.0	2
		高校	100.0	0.0	0.0	3	0.0	33.3	66.7	3
		短大・高専・専門	100.0	0.0	0.0	1	0.0	100.0	0.0	1
		大学	-	-	-	0	-	-	-	0

注）1. 各段階には中退者を含む。
　　2. 数値は対象者数（N）に占める割合。

査における青年層の大学進学は十分な効果を持ちえていないといえる。この傾向は「アイヌだから」生じたというよりは、むしろ調査時における雇用の不安定さによるものとも考えられる。男性青年層で大学へ進学した4人は札幌およびむかわ出身であり、調査時はリーマン・ショック直後であった。また、2000年前後の就職氷河期から、派遣業に代表される若者の不安定雇用が社会問題となっているように、本調査の青年層はそれらのあおりが直撃した世代といえる。だがその一方で、厚生労働省大臣官房統計情報部（2009: 6）によると、たとえば「25～29歳」の学歴別賃金は男性の場合「大学・大学院卒」259.9万円、「高専・短大卒」233.2万円、「高校卒」226.0万円、女性の場合、「大学・大学院卒」233.1万円、「高専・短大卒」218.7万円、「高校卒」187.8万円であった。壮年層、老年層にあたる年齢と比べるとたしかに学歴の効果は小さいものの、それでも学歴と収入は正比例の関係になっている。このことからも、本対象者の学歴効果の低さは特徴的といえるだろう。

第3項　出身階層と進学

　最後に、「③出身階層→学歴」のパスを確認する。**表3-11**は出身階層別の学歴をまとめたものである。15歳時に「豊か」であった者で、高等教育に進学した者はおらず、最終学歴が高卒（中退を含む）である者が66.7%と多くなっている。

　ここまで見てきたように、アイヌの人々の間では、図3-1で示したパス図のうち、ほとんどのパスが機能していない。どのような家庭に生まれたのかということは、進学にも現在の収入にも影響を与えないし、どのような学

表3-11　15歳時暮らしぶり×学歴

単位：％、人

	小学校	中学校	中学校＋職業訓練等	高校	短大・高専・専門	大学	N
豊か	11.1	16.7	5.6	66.7	0.0	0.0	18
普通	2.4	29.3	11.0	36.6	13.4	7.3	82
貧しい	5.5	39.1	4.5	38.2	8.2	4.5	110

注）1. 各段階には中退者を含む。
　　2. 数値は対象者数（N）に占める割合。

96 第3章 アイヌ民族の教育問題と階層形成過程

校に進学したのかも、壮年層の男性を除いては現在の収入に影響を与えない。つまり、アイヌの人々の階層形成過程には、単純な学歴社会とは異なる論理が働いているということである。以下の節では、この「異なる論理」について、進学場面と就職・転職場面について検討を加える。

第3節　なぜ進学しなかったのか

第1項　進学しなかった理由

先述の通り、対象者の高校進学率、大学進学率は同時期の国内平均よりも低い水準になっている。では、なぜ対象者は進学をしなかったのだろうか。対象者の語りのなかから考察をしていく。

対象者のうち、「さらに進学したかった」という旨の回答をした者は62人(27.9%)いた[7]。だが、この数字だけで「対象者の4人に3人は進学をそもそも考えていなかった」「納得づくだった」と考えるわけにはいかない。

まず、「さらに進学したかった」という者の進学を断念した理由を見てみると、62人中47人(75.8%)は貧困などの経済的理由をあげている。その他には親の意向が7人、「学力が足りなかった」と「勉強嫌い」が4人などとなっている。また、「進学したかった」と答えていない人々であっても、その内実を見てみると、貧困や家庭の状況などのために初めから進学を諦めていた者、進学を考えることさえできなかった者、差別などの理由により、学校嫌いとなって自ら進学を放棄した者などがいるのである。

進学を断念した、あるいは進学したいと思わなかった理由をまとめると、大きく「貧困・経済的理由」「勉強嫌い・学校嫌い」「差別」「親の意向・家庭の事情」の4つに分類できる。そして、これら4つの要因は互いに関連しあっている。

第2項　貧困が進学に与える影響

進学や学校に関する語りのなかで、貧困や経済的な理由について言及があった者は全体の半数を超える。とくに壮年層、老年層の人々の言葉からは、「半分以下だもんね、高校へ行くったら。それもお金の余裕のある家の

人が」（老年層・女性）といったように、貧しいから進学できないというよりも、豊かでなければ進学できないという当時の実情をうかがい知ることができる。進学がしたかったが経済的な理由で諦めたという者だけではなく、「上の学校へ進学するのは経済的に無理だったので、働くことしか考えていなかった」（壮年層・女性）、「親の経済状況も悪かったろうから。そういうのは考えなかった。」（壮年層・男性）といったように、経済的な理由から進学を考えることさえしなかったという者も多い。

　また、家庭の仕事や子守などを子どもの頃からしていたため、学校へあまり通えなかった、あるいは小学校、中学校も途中で行かなくなり、家の手伝いや奉公へ出ていたという話も多く現れる。

　　　朝３時か４時に起きて酪農の仕事を手伝ってから、学校へ行っていた。食べるものもあまりなかった。田んぼ起こしや、畑起こし、代掻きなどの手伝いをしていたので、中学校へもほとんど行っていない。たまに学校へ行っても、勉強もわからなかったので、学校へ行けと言われても、その辺でさぼっていた。とりあえず、卒業証書はもらった。（老年層・男性）

　また、対象者のなかには、アイヌは政府によって困窮させられたと解釈する者もいる。

　　　中学に通う頃は、土地なども政府に取られてしまい、経済的に苦しい状況だったので、学校に通わず家の手伝いをすることが多かった。（老年層・女性）

　このような貧困の語りの多くは年齢層が上の世代に多いが、若い世代でも決してなくなったわけではない。

　　　高校へ進学を希望していたが、経済的に苦しく進学することができなかった。（青年層・女性・中卒）

就職するって自分のなかでは決意を決めてて、親にも苦労をかけたくない、少しでも楽させてあげようっていう気持ちがあって。(青年層・女性・中卒)

といったように、高校全入時代といわれるようになってからでも、高校進学を経済的な理由で断念している者がいた。

以上のように、貧困を理由に高校への進学をしなかった者は数多い。貧困は、進学という可能性自体をそもそも考えなくなるという形でも進学志向に影響を与えているため、経済的な事情さえなければ進学をしたという者は、貧困を理由に「進学を諦めた」者よりも多くなることだろう。

第3項　学校嫌いと差別

「勉強嫌い・学校嫌い」もまた、進学をしなかった理由として、多くあげられている。そして、勉強嫌い・学校嫌いの背景には、「差別」の問題が見え隠れしている。

学校で差別を受けたことがあるという者は回答者の半数近い106人にのぼる。その内容は、からかいの言葉を投げかけられた、普段仲はいいもののケンカのときだけ「アイヌ」と言われるといったものから、暴力をともなうものまで様々である。また差別やいじめの加害者となるのは児童・生徒だけではない。

1、2、3年生の時の先生は、自分が学校へ行くと嫌な顔をしていた。図画の時間に小さいクレヨンを入れた箱があり、先生が「クレヨンがない人は使う分だけ持って行きなさい」と言うのだが「あんたは一番最後」と言われ、結局残ったのは黒だけだったということがあった。何でも後回しにされるなどの差別をされた。(老年層・女性)

先生からの差別もひどかった。完全な差別。シャモの子にはまじめに教えて、アイヌの子にはそうでなかった。シャモの子どもがいじめても、先生が先頭立って差別しているので、こっちが団結して力で言うこと聞

かせたのが現実だった。（壮年層・男性）

というように、教員が差別の主体となる場合もあったようだ。もちろん、「いじめられた時に親に相談し、その後先生に相談したら、先生がみんなの前で話してくれて、みんなも納得して、それ以来いじめはなくなり解決した」（青年層・男性）、「先生がよかったので、先生が見つければ、もうヤキ入れてたけど、いじめっ子を」（老年層・女性）というようにアイヌの子どもたちを差別やいじめから守る教員もいた。しかし、教員からの差別やいじめ、あるいは教員のいじめに対する無関心は、少なからぬアイヌの子弟を学校嫌いにさせ、進学から離脱させることになった。

　なかには和人からの差別やいじめをバネに勉強をした、リーダーになったという者もいないことはない。

　　そうしたいじめを受けてきたので、和人に勝つにはどうしたらいいのかと考えた結果、勉強するしかないと思い至った。そうした思いがばねになり、勉強ではつねにトップクラスだった。（老年層・男性）

　また、和人からの差別やいじめに対し、真っ向から立ち向かっていった者、逆に和人をいじめていたという者もいる。だが、差別やいじめが、アイヌの人々を学校から遠ざける大きな原因であったことは間違いない。

　　もっと上の学校に進学したい気持ちはなかった。差別がいやで、学校という場所から１日でも早く離れたいと思っていた。（老年層・男性）

　　アイヌの差別がひどく学校へ行かなくなり、学校を１年生の３学期で辞めた。アイヌへの差別がひどくなかったら学校へ行っていたかもしれない。（老年層・男性）

　差別やいじめの経験は、とくに上の世代で多く聞かれる。だが、青年層でも17人が学校で差別を受けた経験を語るなど、決して過去の話となってい

るわけではない。

第4項　反学校文化

　前項では差別に基づく「勉強嫌い・学校嫌い」について考察したが、なかにはそういった経験とは無関係に、「勉強嫌い」であるという者もいる。

　和人のなかにも「勉強嫌い」である者は大勢いるはずである。だが、多くの和人は、勉強嫌いだからといって進学をすぐにやめるのではなく、半ば義務教育であるかのように高校までは進学をする。その結果としての「高校全入」状態だと考えられる。一方で、アイヌの人々のなかには勉強が嫌いだからということで、進学をそもそも考えなかったという者がいる。この背景には、アイヌ社会における「学校での成功」を想定しにくい文化の存在があると考えられる。

　もちろん、自分自身の学歴が低く社会に出てから苦労したため、子どもには高校、大学へ進学してほしいと考え、経済的に苦しい中から教育費を捻出する保護者も多く存在する。

　その一方で、伊達市の壮年層女性は「家の者が学校嫌いで、学校には行かなくていいという雰囲気であった」と語っている。新ひだか町の老年層女性は成績がよかったものの、父親から「女の子だから必要ない」といわれ、進学できないという経験をした。白糠町の青年層女性は、15歳時の暮らしぶりは「豊かであった」と回答しているにもかかわらず、進学の際に父親から「おまえを高校に行かせる金はない」といわれ進学しなかった。

　男性であっても、「父が厳しく、『稼がないやつはメシを食ったらダメだ』と言っていた」（老年層・男性）からと進学をやめた例が見られる。そして、あるむかわ町の老年層男性は、「アイヌの親たちは子どもに立派な教育をして、よい職につけてやろうとか考える人はほとんどいなかった」と語る。このような風潮がいつころまであったのか、あるいは現在も存在するのかについては明らかでない。アイヌ社会の場合、このような考え方に加えて、大学進学をして大企業へと就職するといった、進学と高い社会的地位とをわかりやすく結びつける事例が周囲にあまりなく、それが進学を容易に諦めさせることにつながっているのかもしれない。

第2部　アイヌの人々の生活の歩みと意識　101

第4節　職業と「アイヌ労働市場」

第1項　高収入者の特性

　次に、アイヌの人々の職業について見ていくことにする。先述の通り、アイヌの人々の収入は高いとはいえず、そのことが子どもの進学などにも影響を与えている。だが、そのようななかでも、和人と比較しても高い収入を得ている人たちは存在する。彼らの特性を知ることは、アイヌ社会の階層形成過程を知る上で重要である。本項では、対象者のなかでも比較的収入の高い人に焦点を絞り、いわば「アイヌの勝ち組」の特性を検討する。

　ここでは個人年収が600万円以上の者9人を検討の対象とする。9人はいずれも男性であり、壮年層7人、老年層2人である。青年層はいない。600万円以上としたのは、男性の平均個人年収のおよそ倍であり、また、男性の対象者の上位10%にあたるためである。

　表3－12で9人の特徴を見てみると、むかわ町穂別が2人、伊達市が2人、白糠町が2人、札幌市が2人、新ひだか町が1人となっている。むかわ町鵡川はひとりもいない。出身階層を示す15歳時暮らしぶりは、「豊かであった」が4人、「普通」が2人、「貧しかった」が3人である。表3－1でみた全体の構成と比較すると、「豊かであった」者が多くなっている。

　現在の職業は、農業が2人（ともにメロン栽培で、1人は水稲も）、漁業が3人と、第1次産業が半数を占めている[8]。他は専門・技術職と建設・土木（大工）、運輸（配送）、無職がそれぞれ1人ずつであった。無職の1人は、かつて会社を経営しており、年金と所有するアパートからの家賃が収入となっている。学歴を見ると、高等教育経験者はいないものの、7人が高校へ進学している（1人は中退）。収入の高い層に限れば、高校への進学は階層形成に十分役立つようである。

　注目したい点が3点ある。1点目は、1人を除く8人が結婚しており、しかも離婚・死別を経験していないことである。2点目は、学校時代の差別経験がない者が6人と多いことである。差別経験のなさが学校文化への順応と進学に結びつき、就職や職業生活にも影響を与えている可能性がある。そし

102　第3章　アイヌ民族の教育問題と階層形成過程

表 3-12　男性「高収入者」の属性

世代	地域	性別	個人年収	世帯年収	婚姻	15歳時暮らしぶり	学歴	現職	転職数	差別経験
壮年層	穂別	男	1000万円以上	1000万円以上	既婚	貧しい	高校卒	農業	2	あり
老年層	穂別	男	1000万円以上	1000万円以上	既婚	豊か	高校中退	農業	0	無
壮年層	伊達	男	1000万円以上	不明	既婚	豊か	高校卒	漁業	2	無
壮年層	白糠	男	1000万円以上	1000万円以上	未婚	普通	中学卒	漁業	2	不明
壮年層	札幌	男	700 〜 800 万円	800 〜 900 万円	既婚	貧しい	高校卒	専門・技術	1	無
老年層	新ひだか	男	700 〜 800 万円	700 〜 800 万円	既婚	豊か	小学中退	無職	5	無
壮年層	札幌	男	600 〜 700 万円	700 〜 800 万円	既婚	貧しい	高校卒	建設・土木	0	無
壮年層	伊達	男	600 〜 700 万円	不明	既婚	普通	高校卒	運輸	1	無
壮年層	白糠	男	600 〜 700 万円	600 〜 700 万円	既婚	豊か	高校卒	漁業	0	あり

て3点目は、転職をあまりしていないことである。表3－12の「転職数」を見ると、転職を一度も経験していない者が3人、1回の者が2人、2回の者が3人、5回の者が1人となっている。経験した職業の数は平均2.4、転職を5回した者、つまり6つの職業を経験した者の1人を除くと1.0で、これは男性全体の平均経験職業数3.7を下回っている。転職が社会的地位の向上につながりづらいことは、2008年の北大調査の分析（野崎 2014: 38-9）からもわかっている。ひとつの仕事に長い時間、腰を据えて取り組むことが、結果としては高い収入につながっている。

　年収の上位は全員が男性であったので、ここで女性のなかで収入が高い人々についても検討しておこう。表3－13のとおり、女性では最も個人年収が高い者でも「300〜400万円」である。ここでは200万円以上の11人について見ておくことにする。女性の相対的高収入者は男性と様相が異なる。男性では1人もいなかった青年層が2人いる。地域を見ると札幌市が5人と際立っており、伊達市が3人、むかわ町鵡川、新ひだか、白糠がそれぞれ1

表 3-13　女性「高収入者」の属性

世代	地域	性別	個人年収	世帯年収	婚姻	15歳時暮らしぶり	学歴	現職	転職数	差別経験
壮年層	伊達	女	300 〜 400万円	400 〜 500万円	離別	貧しい	高校卒	専門・技術	2	無
老年層	札幌	女	300 〜 400万円	300 〜 400万円	離別	不明	小卒	無職	2	無
壮年層	むかわ	女	300 〜 400万円	300 〜 400万円	死別	貧しい	専門卒	事務	11	無
壮年層	伊達	女	300 〜 400万円	600 〜 700万円	既婚	普通	高校卒	専門・技術	2	無
老年層	札幌	女	200 〜 300万円	400 〜 500万円	離別	豊か	中卒	清掃	4	無
壮年層	札幌	女	200 〜 300万円	300 〜 400万円	離別	貧しい	中卒	事務	7	無
青年層	札幌	女	200 〜 300万円	200 〜 300万円	未婚	普通	短大卒	スナック自営	3	無
壮年層	札幌	女	200 〜 300万円	200 〜 300万円	離別	豊か	高校卒	サービス	4	他者
壮年層	新ひだか	女	200 〜 300万円	200 〜 300万円	離別	普通	高校卒	営業	5	あり
壮年層	伊達	女	200 〜 300万円	200 〜 300万円	離別	貧しい	高校卒	サービス	2	無
青年層	白糠	女	200 〜 300万円	300 〜 400万円	未婚	貧しい	高校卒	スナック自営	1	あり

人ずつである。学歴では、短大卒と専門学校卒が1人ずついる一方で、3人は義務教育しか受けていない。

　女性についてとくに目を引くのは、結婚を経験した9人のうち、7人までもが離別を経験していることである。女性の離婚が大きな貧困リスクになるといわれるなかで、対象者は全般に離婚経験率が高いためか、収入が相対的に高い者のなかにも離婚経験者が多くなっている。収入を見ても、個人年収と世帯年収の額がほとんど変わらず、対象女性が家計を支えているケースが多いことがわかる。

　学校時代の差別経験はやはり少なく、8人が経験無し、2人があり、1人が自分は受けていないが他者が差別されているのを見たとなっている。

　現在の職業は、専門・技術、事務、サービス、スナック自営がそれぞれ2

人ずつなどである。手に職をつけた者がそれを活かして収入を得ることができている。

転職数は、1回から11回まで開きがある。女性は男性に比べて経験する職業が多く、全体の平均は5.0で「高収入者」11人の平均4.9とほとんど変わらない。ひとつの職業を続けることで収入も上がっていく男性と異なり、女性の場合は家計を支えるという覚悟や手に職をつけているかといった要素が収入へとつながっているようである。

第2項　男性の「アイヌ労働市場」

アイヌの人々の職業を見ていると、地域ごとに内容は異なるものの、アイヌの人々が多く就いている職業があることがわかる。むかわでは農業や林業、新ひだかでは牧畜、伊達では漁業や洞爺湖などでの観光関連、白糠では漁業や阿寒でのアイヌ土産物店などである。

アイヌの人々が多く就いている職業には、単純にその地域で多い職業と、アイヌの人々がとくに集まりやすい理由を持ったものとがある。後者のことを西田菜々絵・小内透は「アイヌ民族に特有の職」（西田・小内 2015：63）と呼んだ。また、小内は「アイヌ労働市場」（小内透 2016: 260）が形成されていることを指摘している。

アイヌ労働市場は、アイヌの人々に雇用の機会を提供する役割を果たしていることもある。新ひだかでは、自身もアイヌである経営者が、生活の安定を目指してアイヌの人々を優先的に雇用している事例が見られた。また、白糠町では戦後、アイヌで白糠村議にもなった貫塩喜蔵が陸軍軍馬補充部釧路支部跡地を解放させ、アイヌの人々を緊急開拓入植させることでアイヌの生活安定を目指したこともあった。

しかし、一方でアイヌ労働市場は不安定であったり、低賃金であったり、危険であったりといったリスクを含んでいることもある。ここではアイヌ労働市場にまつわるいくつかの事例を検討することで、その影響を見てみよう。

むかわ町では、農業や林業に携わっていた人々が建設・土木業を兼業したり、また冬の間だけ運転手をしたりする事例が多く見られた。建設・土木業に携わったことがある者は、のべ24人にも及ぶ。建設・土木業にかかわっ

た人々のなかで、働くことになったきっかけを明言した 17 ケースを見てみると、14 人までもが知人の紹介で就職をしている。林業、建設・土木業は重労働であったものの、アイヌの人々が多いばかりではなく、各地から人が集まっていることもあって、アイヌ差別に苦しんでいた人にとってはアイヌであることをあまり気にしなくてもよい、心地よい職場でもあったという。

　　仕事場はアイヌだけでなく、いろんな所からいろんな人が来ていた。お金がいいので、旅して来る者や内地からも道内各地からも来ていた。差別はなかった。(略)仕事ができる者はみんなが認めていた。アイヌだからどうのこうの言われたことはなかった。(壮年層・男性)

　むかわ町では、アイヌの人々のネットワークが林業、建設・土木業に人々をひきつけ、アイヌ労働市場を形成していた。ただし、かつて見られたこのようなネットワークは現在では弱まってきており、青年層で農業、林業に就く者はいない。また、就職のきっかけも、求人を自分で見つけて応募したという者が半数を数えるようになっている。このことはむかわにおいて、7 人いる男性青年層のうちすでに 8 回の転職をする者がいるなど、青年層の雇用の不安定化を招いている。

　伊達や白糠では、漁業がアイヌ男性にとってのアイヌ労働市場として有力な就職先となっている。就職のきっかけとしては家業を継ぐ形や知人の紹介などがある。個人年収が 1000 万円を超える者もでてきているほか、白糠で漁業に従事する者の平均年収は、1000 万円以上の 1 人を外れ値として除外しても 400 万円と、漁業以外の職業に就く者の平均 250.0 万円を大きく上回っている。

　ただし、伊達や白糠の漁業も、大きく 3 つのリスクを抱えている。1 点目はその危険性である。かつてに比べると、機械化により安全度が増している漁業ではあるが、それでも「友だち何人も亡くしているから」(白糠・青年層)という証言のとおり、危険な職業であることに変わりはない。「どこにも就職できないから。一番手っ取り早いのは自然相手の仕事しかない」(伊達・老年層)という言葉にも見られるように、危険な重労働だったからこそ、アイ

ヌの人々に広まったという側面があるのだろう。

2点目に、その不安定さがあげられる。調査時点では相対的に高い収入を実現していた漁業も、当然のことながら不漁の際には収入の低下をもたらす。実際に、漁業をやめた1人は、「魚が獲れなくなったから。（中略）不漁になってきたから」（白糠・壮年層）と答えている。

これら2つの点は、伊達や白糠に限らず、漁業という職業全般についてまわるものといってもよい。しかし、3点目には漁業に対する視線の問題があげられる。

　　再婚相手の父親が元々漁師やってて面白そうだなーと思ってたけど、でも周りから「漁師はバカの人がやる仕事だから」って言われてたから。（調査者：だれから反対されたのか？）近所のおじさんだよね。近所の人も仲良くて、その人も漁師だったから。（その方は和人？）いや、アイヌだわ。（中略）「漁師はあんまり良くないよ」って。（白糠・青年層）

このような視線が、「アイヌ」に対してのものなのか、職業に対するものなのかは本調査からは判断できない。しかし、このような視線が存在すること自体は事実であり、ひとつの大きな問題でもあるだろう。

第3項　女性と「アイヌ労働市場」

女性のアイヌ労働市場としては、西田・小内（2015）によって阿寒のアイヌ民芸品店の存在が指摘されている。近い存在として、伊達では有珠山や洞爺湖周辺の観光地が重要な位置をしめている。また、女性の経歴を見ていくと、スナックやクラブでの勤務、すなわち「水商売」と呼ばれる職業に従事した経験を持つ者が多いことが目につく。実際、キャリアのなかで一度でも水商売に就いたことがある者は、24人にのぼる。なかにはオーナーから事実上の経営権を与えられて店を切り盛りしたり、実際に自分の店を持つまでになったりする者もいる。

阿寒や洞爺の観光業は、アイヌの人々、とくに女性にアイヌの仲間を作り、アイデンティティを強くさせる効果をもたらしている。その意味では、これ

第2部　アイヌの人々の生活の歩みと意識　107

らの仕事がアイヌの女性の人生におよぼす影響はきわめて大きい。

　「仲間ってこういうもんなんだ」っていう意識が、阿寒へ行ってから凄く、私のアイデンティティが高まったという。(略)ずーっと阿寒へ行かないでいたら、まだまだ暗い、楽しくない人生を過ごしてたかもしれないって。(老年層)

　やっぱり白糠にいたら、アイヌが下に見られるなかで、阿寒湖はアイヌ民族を売りとしていると言ったらおかしいけど、そういう観光地だから、やっぱり自分でいられるというか、恥ずかしがらないでいられる場所でしたね。(壮年層)

　一方、もうひとつの女性にとって象徴的な労働市場である「水商売」の方は、観光業とは逆にアイヌであることの差別的な側面を浮き彫りにさせることがある。客からアイヌであることを差別的に指摘され、不快な思いをした者は多い。ただ、とくに小さな子どもがいる状況で昼間は家事・育児で大変なため、夜しか働けないという場合に、水商売は女性にとって重要な職場であった。
　観光業も水商売も共通の課題を抱えている。洞爺湖のホテル業を除くと、ほとんどの人が、短期間で転職していることである。土産物店などは、仕事というよりはアルバイトに近いものが多いようであまり高い収入を得られる仕事とはいえない。また、季節限定である場合も多いため、結果として転職回数が増えていくこととなる。水商売も同様に、中には経営者になる者もいるが、多くは数か月から数年で転職している。このような特性が雇用の不安定化と収入の低下を招くリスクとなっている。

第4項　「アイヌ労働市場」と階層形成
　以上、見てきたように、いくつかの地域ではその地域の実情を反映したアイヌ労働市場が形成されていた。ここで示したアイヌ労働市場には、いくつかの共通点がある。1点目は、むかわの林業、土木・建設業にしても、伊達、白糠の漁業にしても、また伊達や白糠の観光業にしても、基本的に学歴があ

まり必要とされないということである。これは、教育達成のあまり高くない人々にとって重要な就職先の確保につながる一方で、そのような市場があるがゆえに、教育達成へ目が向きにくくなるという悪循環を生んでいることが考えられる。

　2点目は、漁業を除いては、短いスパンで転職が行われるという点である。転職は個人の年収を下げるリスク要因である。個人年収別の平均転職回数[9]を見ると、「200万円未満」が4.01回、「200〜400万円未満」が2.69回、「400万円以上」が2.16回となっている。なぜ彼/彼女らは転職をするのか。転職の理由は勤務先の倒産というやむを得ないものから、「飽きたから」「とくに理由はない」といった個人の都合によるものまで千差万別である。第7章でも見るように、職場における差別経験というのはあまりなく、それが転職に直接結びつくケースというのは数えるほどである。

　そのようななかで、アイヌの人々の特性として考えられるものの1つに男性における社会へ出る年齢の問題がある。先述のとおり、アイヌの人々は貧困や差別の理由により、進学をせずに早い段階で就職をする者が多く、学歴別に見ると、小学校までで社会へ出た者の転職回数は平均で7.00回と際立っている（表3−14）。また、高校へ進学しなかった者も、中学校卒で3.12回、職業訓練などへ通った者で3.40回と、高校進学者や高等教育進学者に比べて転職回数は多くなっている。もちろん、社会人である期間の問題はある。社会人である期間が長い者は短い者よりも、必然的に転職できる時期も長くなる。「低学歴者」は高校以上へ進学する者より早く社会に出る分、転職できる期間も長くなる。また、進学率は年齢と反比例するため、比較的年齢層が高い「低学歴者」のほうが社会人期間は長くなる。だが、その点を勘案してもなお、早い段階で社会へ出ることは、転職回数を増やすことにつながる。たとえば同世代で比較すると、壮年層男性では高校へ進学しなかった者の平均転職回数は2.80回で、最終学歴が高校である者の1.95回を上回る（表3−15）。短大・高専・専門は0.33回、大学は0.50回である。インタビュー内容を見ても、10代半ばまでに社会へ出たものは、20歳前後くらいまでに転職を繰り返す傾向があることがわかる。進学を避ける傾向が、早い段階で不安定な職業に就くことを余儀なくさせ、そのことがキャリア全体を通じて

第2部　アイヌの人々の生活の歩みと意識　109

表 3-14　学歴別平均転職回数

単位：回、人

	男性			女性		
	平均値	度数	標準偏差	平均値	度数	標準偏差
小学校	7.00	5	5.43	3.00	8	1.77
中学校	3.12	26	2.10	3.87	47	2.83
中学校＋職業訓練等	3.40	10	3.03	4.40	5	1.67
高校	2.51	39	2.54	4.13	46	3.76
短大・高専・専門	1.15	13	1.14	5.63	8	2.83
大学	1.86	7	1.68	1.33	3	1.16

注）各段階には中退者を含む。

表 3-15　世代、学歴別平均転職回数

単位：回、人

		男性			女性		
		平均値	度数	標準偏差	平均値	度数	標準偏差
青年層	小学校	-	0	-	-	0	-
	中学校	3.80	5	2.68	5.67	9	3.04
	中学校＋職業訓練等	0.50	2	0.71	3.00	1	.
	高校	2.40	10	2.22	1.80	10	1.62
	短大・高専・専門	1.33	9	1.23	3.33	3	0.58
	大学	2.00	3	1.00	1.33	3	1.16
壮年層	小学校	-	0	-	-	0	-
	中学校	1.80	5	1.10	5.56	9	2.51
	中学校＋職業訓練等	3.80	5	3.83	6.00	2	1.41
	高校	1.95	19	1.72	4.97	32	4.07
	短大・高専・専門	0.33	3	0.58	7.75	4	2.50
	大学	0.50	2	0.71	-	0	-
老年層	小学校	7.00	5	5.13	3.00	8	1.77
	中学校	3.31	16	2.09	2.79	29	2.35
	中学校＋職業訓練等	4.67	3	0.58	3.50	2	0.71
	高校	3.70	10	3.77	3.25	4	2.50
	短大・高専・専門	2.00	1	-	4.00	1	-
	大学	3.00	2	2.83	-	0	-

注）各段階には中退者を含む。

転職を増やしている。

女性においては、学歴と転職の相関は見られない。一方でアイヌの女性は観光業や水商売といった、不安定な「アイヌ労働市場」に多く取り込まれていくことで転職回数を増やしていくことになる。女性の平均転職回数は 3.99 回であるが、アイヌ労働市場といえる観光業に携わった者の平均回数は 4.17 回、「水商売」に携わった者の平均回数は 6.32 回となっている。

以上のように、アイヌ労働市場は学歴を必要とせず、また転職のように間接的に収入を低下させるリスクをアイヌの人々に与えることで、いびつな階層形成過程を生み出しているといえる。

第5節　考　察

ここまで、アイヌの人々の階層形成について、教育と職業、年収の側面から検討してきた。その結果、まず以下の2点が確認された。

1点目は、アイヌの人々の教育達成や収入が低いということである。また、職業についても、ブルーカラー層が多いという特徴が見られた。これは、過去に行われた様々なアイヌ調査と整合するものといえる。

2点目は、アイヌの人々においては、出身階層から到達階層へ、あるいは学歴を媒介して到達階層へという通常見られるパスがほとんど機能していないということである。出身階層は到達階層と無相関に見える。また、男性壮年層を除くと、学歴は収入を規定しない。さらに、出身階層も教育達成にほとんど影響を与えていなかった。ただし、ここでいう「出身階層と教育達成の無相関」とは、貧困世帯の出身であっても高い学歴を取得できたという類のものではない。教育達成や収入が全般的に低く分散も小さいため、出身階層に多少のアドバンテージがあったとしても、それによって高等教育へ進学しやすくなるわけではないという意味での無相関であった。

ここでの関心は、なぜアイヌの人々の収入や教育達成は低いのかということであり、そして、なぜ出身階層、媒介変数、到達階層の間に相関が見られないのかということである。

進学について考えてみると、まず注目すべきは「貧困」と「差別」である。

進学をめぐっては、貧困により進学を断念した、あるいはそもそも進学を考えられなかったといった声が多く聞かれた。とくに老年層、壮年層世代においては、その上の代からの貧困の連鎖による低学歴の再生産が見られる。学校での差別経験が学校そのものへの忌避感を生んでいる状況も多く見出された。この両者の影響は、とくに壮年層と老年層において強く見られた。また、両世代ほどはっきりとした形ではないにしろ、青年層においても根強く残っているものといえる。

　アイヌの人々を高い教育達成から遠ざけている原因は、貧困と差別だけではない。アイヌの人々の、教育に対する考え方もまた、大きな影響力を持っているようである。同和地区における学力調査を分析した池田寛は、生活が改善されているにもかかわらず地区内の教育達成が低い原因を検討している。その結果、経済的要因だけでなく、「つきうる職業をあらかじめ限定してしまっているために、学校キャリアを通じた上昇移動のルートから早期に『おりてしまう』」(池田 1987: 56) 者の存在を見出した。これは、まさに本調査におけるアイヌの人々を想起させる。ここで池田は、子どもたちの身近に上昇移動を経験したモデルが少ないこと、そしてそのために「自分の上昇移動の可能性も少ない」と子どもたちが判断することで達成意欲が低くなるという状況を指摘している (池田 1987: 64)。アイヌの人々のなかにも、早くから「働きたい」ため進学を考えない者がいた。彼／彼女らにとっては、まわりに進学することでよりよい仕事に就いたというロールモデルが少ないがために進学することよりも働くことのほうがイメージしやすくなっているのであろう。また、親自身が進学することの価値を否定する話もあった。教育を利用してよい職に就こうという文化自体が、アイヌの人々の間では共有されきっていない[10]。

　また、同和地区の教育について、オグブの「カーストライク・マイノリティ」「カーストバリアー」などの理論をもとに検討を加えた鍋島祥郎は、在日朝鮮・韓国人の事例も引きながら、カーストライク・マイノリティの子弟が、自分たちに「開かれた就業ルートが限られていることを」認識した結果、「ドミナントな日本人の子ども」と異なる達成意欲、達成動機を持つ様子を描き出した (鍋島 1993: 227)。ここで語られる「限られた就業ルート」は、アイヌの人々

にとっての「アイヌ労働市場」を思い起こさせる。アイヌ労働市場は、アイヌの人々を特有な職にひきつけていく。また、アイヌ労働市場自体が学歴を必要としないことが多い。そのため、アイヌ労働市場は学校からドロップアウトした人々の受け皿になることができている。しかし、その一方で、高い教育を受けなくても比較的容易に就職することができるため、アイヌ労働市場の存在自体がアイヌの人々の教育への意識を低下させているおそれが指摘できる。

　もちろん、アイヌの人々のなかにも高等教育まで進学した者がいる。高等教育まで進学した者を見ると、そこには本人の意思よりも、それ以外の要因の存在が目立つ。それはたとえば運動能力の高い者がスポーツの推薦で進学をする、あるいは、進学を断念した親が自分の子どもにはと、無理をしてでも進学を勧めるといったケースである。とくに後者のケースは、先に見た進学の価値を否定する文化の存在と反するものといえる。これは、進学を否定する文化の衰退というよりもむしろ、進学に対する態度の二極化と解釈する方が妥当だろう。なぜならば、若い世代において親の意思などにより進学できる者が増える一方で、先に確認したように、壮年層、老年層世代と同様に貧困や差別により進学を断念、忌避するケースや、進学の価値を認めない者が少なくないからである。

　「到達階層」、とくに収入が低くなっている点については、「アイヌ労働市場」の存在や、転職の問題が見出された。アイヌ労働市場は不安定さ、危険性、重労働といった負の要素を抱えていることが多く、これらがアイヌの人々の社会的、経済的地位を抑えている可能性が指摘できる。また、高等教育進学者が多い若い世代の雇用が不安定であるため、学歴の取得が高収入を担保せず、進学せずに早くから社会に出ている者との収入の差が生じない一因となっている。

　これらの、アイヌの人々に特殊な事情が重なり合うことで、アイヌ社会では単純な学歴社会が機能せず、独自の階層形成過程を生み出しているといえる。

注

1 　文部科学省『学校基本調査』各年版による（文部科学省 2016）。進学率は、調査時 18 歳〜29 歳の世代の大学、短大入学者数および 18 歳時の高等専門学校 4 年生在学者数を、3 年前の中学校卒業者数で除して算出した。

2 　年間所得を聞く選択肢の、各カテゴリーの中央値を代表値として算出。「1000 万円以上」は 1050 万円として計算した。

3 　厚生労働省大臣官房統計情報部『平成 25 年国民生活基礎調査』による。データは e-Stat（http://www.e-stat.go.jp/SG 1 /estat/eStatTopPortal.do）による。

4 　ただし、アイヌの人々と結婚をした和人（和人配偶者）は出身階層等がアイヌの人々に近いといった共通点を持っている。詳しくは第 2 章を参照のこと。

5 　本調査において回答者の年収が低いことについては、北海道アイヌ協会の会員を中心として調査対象者を選択したことの影響も考えられる。北海道アイヌ協会関係者の話によると、アイヌの方のなかでも、年収が際立って高い人と、際立って低い人は協会に加入しない傾向があるという。年収が高い人が入らないのは、協会に入ることによって得られる奨学金などのメリットが少ないからであり、年収が低い人が入らないのは会費を支払うことが困難なためである。本調査の分析においても、収入の両極に位置する人々が入っていない可能性があることは留意が必要である。

6 　学歴については、学校段階といういわゆる「タテの学歴」のほかに、同じ学校段階における学校の難易度の差であるいわゆる「ヨコの学歴」がある。大学進学者について「ヨコの学歴」を見てみると、進学先が判明している者のなかに国公立大学進学者はいなかった。また、学部に注目すると全員が文系学部（商学部、国際文化学部、経済学部、文学部）であり、理系学部への進学者はいなかった。

7 　北海道アイヌ民族生活実態調査（小内編著 2010: 144）によると、「あなたはさらに進学したかったですか」という質問に 32.3% が「したかった」と回答している。「進学したかった」という者に進学をあきらめた理由を聞くと、「経済的な理由」が 76.1% と圧倒的に多く、次いで「就職する必要があったから」が 24.6%、「学力の問題」が 13.6%、「親に反対されたから」が 10.7% などとなっていた。数字に多少の前後はあるものの、大きな傾向は変わらないといえるだろう。

8 　本調査では「所得」ではなく「収入」を聞いているため、農林漁業の者は必要経費等により、実際に自由にできる収入ではもう少し低くなる可能性がある。

9 　転職回数については、対象者自身もすべてを明確に覚えているわけではないため、転職回数が多い人ほど誤差が大きくなっている。

10 　その一方で、注 5 でもふれた本対象者の特性も考慮しておかなければならない。大学へ進学し、いわゆる一流企業などへ勤めることができた者は地元には戻らず、またアイヌ協会にも加入しない可能性がある。

第4章

アイヌ文化の実践と内容

上山　浩次郎

はじめに

　序章でもふれられているように、わが国におけるアイヌ政策は新たな展開を見せつつある。ただ、こうした近年の動きの背景には、戦後とくに 1960 年代頃から開始された長年の取り組みがある。そのなかでも代表的なものは、1997 年に制定されたアイヌ文化振興法だろう。その意味で、わが国のアイヌ民族復権の動きのなかにおいてアイヌ文化の動向は重要な位置を占めてきた。

　この点をふまえ、本章では、アイヌの人々によるアイヌ文化の実践の歴史的な変遷と、そうした変遷を経た現在におけるアイヌ文化実践の内容と担い手について検討を加えてみたい。

　歴史的な変遷を捉える際には、戦後以降に注目し、アイヌ文化に関する法制度の変遷をふまえて、以下の時期区分ごとに見ていく。

・「アイヌ文化保存対策期」　　：1945 〜 1973 年
・「ウタリ福祉対策期」　　　　：1974 〜 1996 年
・「アイヌ文化振興法期」　　　：1997 年〜現在

　この時期区分は、序章で述べた時期区分との関連では、「アイヌ文化保存対策期」が「民族政策停滞期」「福祉対策展開期（前期）」（1945 〜 1973 年）に、「ウタリ福祉対策期」が「福祉対策展開期（後期）」（1974 〜 1996 年）に、「アイヌ文化振興法期」が「民族文化振興期」「先住民族復権期」（1997 年〜）に対応して

いる。

　時期ごとにアイヌ文化実践を把握する際には、基本的にはアイヌ文化実践に関する機構的システムと労働―生活世界という2つの観点から、アイヌ文化実践の特徴を把握してみる[1]。アイヌの人々の労働―生活世界は、具体的には、序章でふれたインタビュー調査に基づいた生活史を検討する。

　ただし、必要に応じて、アイヌ観光などの産業的な観点や北海道アイヌ協会などのアイヌの人々の組織的な観点からもアイヌ文化実践の特徴を把握する。そうすることで、その時期におけるアイヌ文化実践の特徴が一層浮き彫りになると思われるからである。

第1節　アイヌ文化実践の歴史的変遷

第1項　「アイヌ文化保存対策期」：1945～1973年

　この時期において、アイヌ文化に関する機構的システムの外的な存在論的基礎として位置づけられる法制度や政策の動きとして注目すべきは、1950年に制定された文化財保護法のなかで、いくつかのアイヌ文化が、有形無形の民俗資料として認定されている点である。たとえば、1956（昭和31）年に「アイヌのユーカㇻ」が無形民俗資料として認定されている（東村 2001: 106）。

　また、こうした動きに呼応して北海道も、1962年に北海道教育委員会（以下、道教委）に「アイヌ文化対策協議会」を設置し、翌年に同協議会は「アイヌ文化保存に関する意見書」を提出している。そして、この時期から、道教委においてアイヌ文化や民俗に関する調査がなされ始める（北海道教育庁振興部文化課編 1976: 43）。

　こうした法制度レベルでの動向は、アイヌ文化は「保護」「保存」されるべき状況にあるほど「消え」つつあるという社会認識が存在していたことを示唆する。ただし、ここで留意すべきは、こうした「保護」「保存」は、後にふれる「ウタリ福祉対策期」で萌芽し「アイヌ文化振興法期」現在において展開する、アイヌ文化を伝承・学習・再興させようとする性格を持っているとはいいがたい点であろう。それは、近代文化の影響を被る前の古代文化の解明という文化の起源論的な関心によるものであったといってよい（東村 2001:

116　第4章　アイヌ文化の実践と内容

99-101）。あくまで、文化の起源を探究するために、将来おそらくなくなるであろう（と当時は認識されていた）文化の「保護」「保存」が目指されたのである。

　では、こうした法制度的な動向のなかで、アイヌの人々の労働─生活世界ではどのようなアイヌ文化実践がなされていたのだろうか。この時期のアイヌ文化実践を記述している北海道日高支庁（1965: 42）を見ると、以下のような記述がある。

　　「『アイヌ』の古来の宗教は今日では精神的にも形式的にも多くは高齢者の間にうけつがれているだけであって、アイヌ系住民の生活に深く結びついているとはいえないのが実情であり、このほか生活様式、習慣、言語においてもアイヌ系以外の住民との相違点をさがすことはむしろ困難といえよう」

　こうしたアイヌ文化実践のあり方は、インタビュー調査協力者のうち、この時代に生きていた「老年層」（60歳以上）の生活史を見ても読み取れる。たとえば、以下のような語りが見られる。

　　「子どもの頃、熊送りを体験した。祖母が熊にご飯をやって、家で育てて、大人たちが集まって何かやっていた。家にあった松の木の下には熊の髑髏（頭）をずらっと並べて飾ってあった。祖母は入れ墨をしており、耳は丸く開いていた。クマ猟はしたことはないが、シャケ漁はやっていた。供養が終わった後は、囲炉裏を中心として、男も女もみんなで踊っていた。伝統的な家具もあった。宝物では刀があった。毛皮もあった。ヌササン（祭壇）は熊の頭のところにあった。アイヌにトゥスクル（巫術師）はいっぱいいたが、見てもらったことはなかった。」（新ひだか町・女性・老年層）

　　「祖父母がアイヌ語で『ホッケブクロ（寝なさい）』や『イコタイコタ（早くしなさい）』『ダッカーシー（戸を閉めなさい）』など単語で話をし、なんとなく理解していた。また、お茶会をしているときはアイヌ語を話し

ていた。祖母はニンカリ（耳輪）を持っていた。トゥキ（杯）などもあった。囲炉裏は日常的にあったがいつの間にかなくなっていた。イチャルパ（先祖供養）を行うためにイナウ（祭具）や、ペネプ（アイヌの守り神）の慣習もあった。トゥスクルもいた。アイヌとシャモのお墓が分かれていた。そこで、毎年6月4日にイチャルパがある。イチャルパが終わったら踊ったことが印象深い。ヌササンが家の近くにあったが、神聖な場所なのでいたずらさせないために、近寄ったら幽霊が出ると言われていたので絶対に行かなかった。」（白糠町・女性・老年層）

「祖母は入れ墨をしていて、アイヌ語も話せた。年寄り同士が集まった時に、昔話（ウエペケレ）をアイヌ語でやっていたが、（自分には）あまり通じなかった。イチャルパもやっていた。子どもの頃は、なにかあるたびに、部落の身内や親戚の人が集まって専門の人を頼んでカムイノミ（儀式）とかをやったり、みんなで踊ったりした。子どもたちは、神様に捧げた残りをもらえるから、結構そういう行事の場所に出ていた。」（むかわ町・男性・老年層）

ただし、こうしたアイヌ文化を次世代へと伝承しようとすることは少なかったようだ。むしろ、多くの場合、意図的にアイヌ文化の伝承を避けていたといってよい。たとえば、以下のような語りが見られる。

「イナウは家の中にあり、最初は飾りだと思って見ていた。父親が出稼ぎから帰って来ると、イナウを家の中の魂のように扱い、ストーブの火に向かって何かやっていた。1960年くらいまでだったと思う。その頃、父親が自分の代で終わりだということを口にしていた記憶がある。だから『お前たちはしなくていいぞ』というようなことを言っていた。」（新ひだか町・男性・老年層）

「祖母は日常的にアイヌ語を使っており、泊まりに行くと祖母は祖母の友人とアイヌ語で話していたのを見たが、祖母はそれを覚えない方が

いいと言って、あまり聞かせないようにしていた。」（白糠町・女性・老年層）

　「当時孫じいさんは長老だったので、隣近所で不幸などがあると、呼ばれて行って、神主や坊さんの代わりをしていた。そして、日常的にアイヌの神々へのお祈りなどはしていた。ただ、『こういうことは続かない』と言って、祭壇や刀、シントコ（行器）を売ってしまった。家では、盆や正月になると、孫じいさんも一緒にお酒を交わして、イナウを作った。（自分は）見てはいたが、下げ方はわからないかもしれない。孫じいさんとは子どもの頃から一緒に暮らしていたが、実際にその頃はもう『恥ずかしいから』と教えてくれなかった。」（むかわ町・男性・老年層）

　このように、アイヌの人々の生活のレベルにおいては、アイヌの伝統的な文化は、その当時の高齢者においては実践されているものの、その子どもや孫世代（≒「老年層」の調査協力者）においては実践されていたとはいいがたい。
　しかし、これらの点には地域的な差異がある。上記の伝統的なアイヌ文化に関する語りは、新ひだか町、白糠町、むかわ町で多く見られるものの、伊達市と札幌市ではそれほど多くは見られない。伊達市の場合、第1章でもふれられているように同化が早かった点が関連していると思われ、他方、札幌市の場合、他地域からの転入者が多いことが関連しているのかもしれない。先にふれたように伝統的なアイヌ文化の実践を行う者は高齢者が多く、そうした高齢者は札幌市に転出することが少ないと考えられるからである。
　とはいえ、いずれにせよ、アイヌの人々の生活というレベルにおいて、アイヌ文化の実践は、多くの場合、おもに当時の高齢者によりなされ、かつ次世代へと伝承することは意図的に避けられていたといえよう。
　ただし、この時期には、とくに石森延男の『コタンの口笛』を代表例とした1950〜1960年代の「アイヌブーム」を背景にアイヌ観光が活性化していた点にも留意する必要がある。白老町には1965年にポロト湖畔に「アイヌ文化伝承の里　白老ポロトコタン」が整備され、チセ（伝統的家屋）や観光土産の売店などの施設が大規模に設置された。登別市でも1959年頃に登別温泉にクマ牧場が作られアイヌの人々が観光に従事するようになり、1966

年にはチセを建てた「ユーカぅの里」が設置される。こうしたアイヌ観光では、アイヌの伝統的な文化の「演技」としての再現や、熊彫り[2]や織物などのアイヌ文化の商品化を行うという形での実践が行われていた（大塚 1996: 112-3）。

　加えて、アイヌの人々自身によるアイヌ文化の保存や伝承活動も開始されつつあった。阿寒では「まりも祭り」が 1950 年から開始され（煎本 2001）、萱野茂がアイヌ民具民話の収集・記録を開始するのも 1953（昭和 28）年頃からである[3]。また、調査対象地域の新ひだか（旧：静内町）でも 1959 年に、シャクシャイン法要祭が開始され、北海道ウタリ協会では 1964（昭和 39）年度から「アイヌ民芸品コンクール」を開催している（北海道ウタリ協会 1983: 4）。

　これらの動きは、次の「ウタリ福祉対策期」以降に展開されるアイヌ文化の再興の動きの素地となったと見てよい。

第2項　「ウタリ福祉対策期」：1974～1996 年

　この時期において法制度レベルの動きを見ると、文化財保護法に注目すべき動向が見られる。まず、1975 年に、阿寒と春採（釧路）の「アイヌ古式舞踊」が無形民俗文化財として認定され、続けて 1984 年には、「アイヌ古式舞踊」が重要無形民俗文化財になった（東村 2001: 109-11）。その前年の 1983（昭和 58）年には、その具体的な「受け皿」として北海道古式舞踊連合保存会が設立されている（北海道ウタリ協会 1984: 4）。

　他方、北海道では、北海道ウタリ福祉対策が進む中で、アイヌ文化の伝承活動の奨励が施策の目標の 1 つとして位置を占めるようになってきた。それは、道教委の事業として、「アイヌ文化保存対策期」でふれたアイヌ民俗調査の継続だけではなく、アイヌ文化などの伝承活動などの事業が開始され始めたことに示される。たとえば、1984 年度から古式舞踊などの伝承教室を行う「アイヌ民俗文化財伝承活動事業」が 12 市町で、1987（昭和 62）年度から「アイヌ語教室開講事業」が旭川市と平取町で開始されている（北海道教育委員会 1985, 1988）[4]。

　こうした動きに対応しつつ、アイヌ文化に関する資料館や博物館が設立され始める。たとえば、1972 年に平取町に二風谷アイヌ文化資料館が、1984 年には白老町にアイヌ民族博物館が設立された。これらの動向、とく

に白老町アイヌ民族博物館設立の背景には、1980 年代からの国際的な先住民運動の高まりによって、アイヌの人々自身からアイヌ観光でなされる「見せ物」としてのアイヌ文化に対する批判や改善の声が強まったことなどがある（大塚 1996: 115）。

　加えて、アイヌの伝統的な儀礼儀式の再興運動も開始され始めた。たとえば、1973 年には帯広市でチョマトー祭り[5]が、根室市では 1974 年からノッカマップイチャルパ（結城 1997: 245-7）が行われ始める。

　調査対象地域でもアイヌ文化の再興活動が行われている。具体的には、伊達市では「カムイノミイチャルパ」（1995 年〜）、白糠町では「ふるさと祭り」（1979 年〜）、「ししゃも祭り」（1980 年〜）、「フンペ祭り」（1996 年〜）が、札幌市では「アシリチェプノミ」（1981 年〜）が、むかわ町でも「ししゃもカムイノミ」（1986 年〜）などが行われている。

　こうした再興活動には、アイヌ文化の伝承・保存を図る文化団体の存在が密接に関係している。たとえば、むかわ町の「ししゃもカムイノミ」は 1980 年に設立された「鵡川アイヌ文化伝承保存会」が行い始め、札幌市の「アシリチェプノミ」は 1981 年に結成された「札幌アイヌ文化協会」が 100 年ぶりに復活させ、新ひだか町でも 1961 年に設立されたものの活動が停滞していた「静内無形文化保存会」を母体に 1973 年に「静内民族文化保存会」が結成され[6]、白糠町でも 1984 年に、ウタリ協会白糠支部（現：白糠アイヌ協会）文化部のなかにおもにアイヌ古式舞踊の保存伝承を目的として「白糠アイヌ文化保存会」が発足している（シラリカコタン編集委員会 2003: 65-8）。

　こうしたアイヌ文化の再興活動の背景には、アイヌの人々の権利回復にはアイヌの人々が存在する証左が必要であり、その 1 つとしてアイヌ文化の継承を示すことが求められてきたことがあろう（新井 2014: 231, 2015: 215-6）。

　いずれにせよ、このように法制度レベルの動向とそれに応じたアイヌの人々の組織や団体レベルにおいて、この時期は、アイヌ文化を伝承・学習・再興させようとする動きが見られ始める。

　実際、インタビュー調査を見ると、こうした法制度レベルに対応した形でアイヌ文化の伝承事業や儀式儀礼の再興運動に参加していると判断できる者がいる。

第2部　アイヌの人々の生活の歩みと意識　121

　「1970 年代中頃にウタリ協会 (現：新ひだかアイヌ協会) に入って、その年の 9 月にシャクシャイン法要祭を手伝いに行き、踊りを見てすばらしいと思い静内民族文化保存会に入った。」(新ひだか町・女性・老年層)

　「周りのアイヌの方々とは、白糠アイヌ文化保存会で踊りの練習をしたり、白糠の行事のときに集まったりしていた。上の世代から何かを特別に継承したということはなかった。ただ、祖母に踊りや行事へ連れていかれた。1980 年代には、白糠の保存会で踊りを始めた。」(白糠町・女性・壮年層)

　「白石 (札幌市) の生活館の集まりでアイヌ語の勉強会 (筆者注――札幌アイヌ協会が 1979 年に発足させた「アイヌ語教室ウエカルパ」(札幌市教育委員会 2008: 115)) や儀式に参加した。」(札幌市・男性・壮年層)

　「1970 年代後半に母親とむかわに戻ってきた。母親とむかわに戻ってきてから、母親はアイヌ文化に関わることを色々やり始めた。近くに親戚やおばあちゃんがいたので母親は教えてもらっていたと思う。むかわに帰ってきてからは着物を一生懸命作っていたし、刺繍もしていた。母親が掛け声を出してよく踊りを踊っていたのも何となく覚えている。」(むかわ町・女性・壮年層)

　そのこともあり、この時期に生まれた者のなかには、かなり早い段階からアイヌ文化の実践を行う者が一定程度見られ始める。

　「5 〜 6 歳の頃から静内民族文化保存会に入っていて、踊ることが当たり前、儀式に参加することが当たり前になってしまっていた」(新ひだか町・女性・青年層)

　「白糠アイヌ文化保存会やアイヌ協会などのアイヌ文化に関する団体・

122　第4章　アイヌ文化の実践と内容

活動に物心ついた時から参加している。」(白糠町・女性・青年層)

　　「イナウを捧げたり、祭壇にイナウを並べたりするのは、小さい頃から行っていた鵡川のカムイノミの事業(筆者注──おそらく上記の「ししゃもカムイノミ」等)で見たことがある。」(むかわ町・女性・青年層)

　このように、「ウタリ福祉対策期」においては、アイヌ文化の伝承・学習・再興の流れのなかで、次世代へのアイヌ文化の伝承が意図的になされ始めてきたといってよい。
　他方で、「アイヌ文化保存対策期」において高齢者が行っていたようなアイヌの伝統文化に関する語りは、その時期と比べるとほとんど見られない。
　このように見ると、この時期のアイヌ文化実践は、一方で「アイヌ文化保存対策期」においておもに高齢者によって担われていたような伝統的なアイヌ文化実践は見られなくなるものの、他方で、アイヌ文化の伝承・学習・再興の流れに対応するようなアイヌ文化の実践が行われ始めてきたと特徴づけられよう。

第2節　アイヌ文化振興法期(1997年〜現在)におけるアイヌ文化実践

第1項　法制度の動向

　この時期において、特筆すべきは、アイヌ文化の振興やアイヌの伝統などに関する知識の普及啓発を目的としたアイヌ文化振興法が1997年に制定されたことである。この法律は、アイヌ文化に対する国の基本姿勢が、「失われる文化を保存する」というものから「積極的に振興する」という方向に転換した(常本2010: 216)とも評価されている。
　この法律では、そこで規定された業務を行う法人として、公益財団法人アイヌ文化振興・研究推進機構(「アイヌ文化財団」)が指定されており、このアイヌ文化振興・研究推進機構の事業は、2015年度の場合、「I. アイヌに関する総合的かつ実践的な研究の推進」「II. アイヌ語の振興」「III. アイヌ文化の振興」「IV. アイヌの伝統等に関する普及啓発」「V. 伝統的生活空間(イ

第2部　アイヌの人々の生活の歩みと意識　123

表 4-1　アイヌ文化財団の事業内容（一部）

事業	事業名		
Ⅱ アイヌ語の振興	1．アイヌ語教育事業	①指導者育成	
		②上級講座	
		③アイヌ語初級	(a) 親と子のアイヌ語学習
			(b) アイヌ語入門講座
	2．アイヌ語普及事業	①ラジオ講座	
		②弁論大会	
Ⅲ アイヌ文化の振興	1．アイヌ文化伝承再生事業	①マニュアル作成	
		②実践上級講座	(a) 口承文芸伝承者（語り部）育成
			(b) 伝統文化（木彫・刺繍等）指導者育成
			(c) 成果発表会
		③伝統工芸複製助成	
		④口承文芸視聴覚資料作成事業	
		⑤風俗慣習に関する伝承事業	
	2．アイヌ文化交流事業	①アイヌ文化交流事業	(a) 国内文化交流助成
			(b) 国際文化交流助成
		②青少年国際文化交流研修事業	
	3．アイヌ文化普及事業	①伝統工芸展示・公開助成	
		②アドバイザー派遣	
		③工芸品展	
		④文化フェスティバル	
		⑤博物館等アイヌ資料展示・公開等助成	
	4．アイヌ文化活動表彰事業	①工芸作品コンテスト	
		②アイヌ文化賞	

＊公益財団法人アイヌ文化振興・研究推進機構 (2016a) から作成

　オル）の再生事業」という5つの事業に大別できる（アイヌ文化振興・研究推進機構 2016a）。

　これらのうち、**表4-1**から「Ⅱ．アイヌ語の振興」「Ⅲ．アイヌ文化の振興」を詳しく見ると、「Ⅱ．アイヌ語の振興」では、アイヌ語を学ぶ講座、アイヌ語のラジオ講座、アイヌ語の弁論大会などの事業がなされている。

　他方、「Ⅲ．アイヌ文化の振興」では、口承文芸の伝承者や木彫・刺繍などの指導者育成事業、歌・踊り・楽器・アイヌ料理などの風俗慣習に関する

伝承事業[7]が行われている。また、先にふれたような各地域の伝統的な儀礼儀式を実施する際には他地域から関連する団体や組織が招かれる場合があるが、その場合のいくつかで「2．アイヌ文化交流事業①アイヌ文化交流事業(a)国内文化交流助成)」が活用されているようだ。さらに、アイヌ文化の普及活動の一環として学校などにアイヌ文化に関するアドバイザーを派遣する「3．アイヌ文化普及事業②アドバイザー派遣」のような事業もある。

　また、こうしたアイヌ文化振興法を受けて、北海道では1999年に「アイヌ文化の振興等を図るための施策に関する基本計画」が策定され、「ウタリ福祉対策期」においてなされていたアイヌ民俗調査とアイヌ文化伝承活動等事業を継続して行っている。

　このうち、アイヌ文化伝承活動等事業は北海道アイヌ協会に委託をしており、2016年度の場合、古式舞踊・ムックリ（口琴）・木彫などの内容を持つ10講座が6つの会場で開講されている[8]。

　このように見れば、アイヌ文化振興法の制定により、アイヌ文化の伝承・学習・再興活動は、より強固な法制度的な基盤を持つようになったといえよう。

第2項　アイヌ文化実践の内容

　それでは、こうした法制度に支えられながら、現在において、アイヌの人々はどのような文化実践を行っているのだろうか。インタビュー調査から得られた語りから、一定数以上言及されるアイヌ文化を整理したのが表4－2[9]である。

　それによれば、第1に、カムイノミや先祖供養などの「宗教儀礼・精神文化」に関するアイヌ文化が各地域で一定数の者によって実践されている。その具体的な内容は、前節でふれた各地域でなされているアイヌの儀礼儀式に参加することが多い。いわば、アイヌ協会や関連した文化団体によって「組織」的に行われている「宗教儀礼・精神文化」に参加することでアイヌ文化を実践している。

　ただし、こうした「組織」的な活動ではなく、自身の部屋にヌサ（祭壇）を作りオンカミ（礼拝）をする者や、感謝の気持ちや不安な気持ちを感じた際にカムイノミをする者など、日常生活のなかで個人的にアイヌ文化実践を行う

第2部　アイヌの人々の生活の歩みと意識　125

表4-2　アイヌ文化実践の内容

単位：％、人

	宗教儀礼・精神文化	アイヌ語	芸術・工芸	料理	回答者数
新ひだか	33.3	26.3	36.8	14.0	57
伊達	34.0	21.3	36.2	8.5	47
白糠	52.1	54.2	56.3	41.7	48
札幌	45.1	23.5	58.8	27.5	51
むかわ	31.1	27.9	31.1	21.3	61
合計	38.6	30.3	43.2	22.3	264

＊インタビュー協力者の生活史において一定程度言及されるアイヌ文化を分類
・「宗教儀礼・精神文化」：カムイノミ、先祖供養、山などへの祈り、夢見を大事にすることなど
・「アイヌ語」：アイヌ語の学習や使用
・「芸術・工芸」：歌と踊り、ムックリやトンコリ、口承文芸、編物、刺繍、織物、木彫など
・「料理」：アイヌ料理を作る、食べる
＊ 1997 年以降に行ったと判断できるもの

者も存在している（**表4－3**）。

　次に、第2に、「芸術・工芸」に関するアイヌ文化は、各地域のアイヌ協会が行う「講座・教室」や、関連する文化団体の活動としてアイヌ文化実践がなされている。また、先にふれたアイヌ文化に関するアドバイザーとして学校などでアイヌ文化の普及活動を行っている者もいる。このように、これらのアイヌ文化実践は、アイヌ文化振興・研究推進機構の事業や北海道のアイヌ文化伝承活動等事業の一環として行われており、その意味でアイヌ文化振興法等の法制度に支えられたアイヌ文化実践であるといえる[10]。

　さらに、第3に、「アイヌ語」についても、アイヌ文化振興・研究推進機構や北海道の事業の一環として、「講座・教室」で「学習」するという形で実践がなされている。また、独学でテキストを用いて勉強する者や大学で勉強しようとする者、さらには先にふれたアイヌ語の弁論大会に参加した者やアイヌ文化振興・研究推進機構の助成を受けながらアイヌ語の辞書を作成した者なども存在している[11]。

　その上、第4に、「アイヌ料理」については、まず、これも「講座・教室」という形で「学習」している者が一定数見られた。また、先にふれた「組織」

126 第4章 アイヌ文化の実践と内容

表4-3 アイヌ文化実践に関する語り（主要なものを抜粋）

「宗教儀礼・精神文化」

新ひだか町	「イチャルパを行っている。お彼岸で3月と9月の年に2回、普通の形式とイチャルパ形式で先祖供養をやっている。新ひだかアイヌ協会でやるイチャルパは9月にある。」
伊達市	「（家庭の中で）イナウを捧げるとかは、ずっと続いてましたね。今もやってますよ。」
白糠町	「給料日とか（で感謝したくなったり）、自分で不安に思ったり何か気になることがあったりしたら、カムイノミする。」
札幌市	「朝太陽が昇ってくる方向に向かってイナウを吊ってある。今自分の自由にできる部屋があり、ヌサバ（ヌサ；祭壇）を作って、日が昇ってくる時にオンカミ（礼拝する）を3回する。イナウは自分で作っている。」
むかわ町	「簡単なイチャルパ（先祖供養）は家で3回くらいやったことがある」

「アイヌ語」

新ひだか町	「アイヌ語教室に去年まで出ていた。アイヌ語教室は月に4日、毎週木曜日とか、水曜日というように定期的に開かれていた。」
伊達市	「アイヌ語の講座は、昨年一昨年と行なってみた。」
白糠町	「現在、アイヌ語上級講座でアイヌ語を学んでいる。」
札幌市	「週に1回のウタリ協会（現：札幌アイヌ協会）で開かれていたアイヌ語勉強会に参加していた。」
むかわ町	「今はアイヌ協会の催しでアイヌ語の勉強をしている。第2、第4金曜日に習っているが、なかなか頭に入らない。」

「芸術・工芸」

新ひだか町	「静内民族文化保存会に入って踊っているのでアイヌであることは意識する。」
伊達市	「伊達の支部（現：伊達アイヌ協会）で刺繍とか木彫りとか、そういうのをやる時に参加している。今年はトンコリを行うそうだ。」
白糠町	「約30年間白糠アイヌ民族保存会に参加し、踊りなどをしている。」
札幌市	「アイヌ刺繍の講座を4月から9月まで受けた。」
むかわ町	「アイヌ文化関係団体には踊りの会もあり、それに所属している。」

「アイヌ料理」

新ひだか町	「シャクシャイン法要祭ではお料理を作るのを手伝ったりして、行事があるときには必ず裏方の手伝いをしている。料理は手伝っているうちにだんだん覚えた。」
伊達市	「カムイノミ・イチャルパの時に、初めてアイヌ料理であるキビナゴ入りのご飯とかを食べた」
白糠町	「白糠三大祭り（「ふるさと祭り」「ししゃも祭り」「フンペ祭り」）でアイヌ料理作る関係で、料理もすることもできる」
札幌市	「料理をサッポロピリカコタン（札幌市アイヌ文化交流センター）で教えたりしている。」
むかわ町	「料理にしてもこういうふうに料理するというのは普通に家で作ったり食べたり、家の家庭料理として受け継いで来ているだけで、アイヌ料理としては見ていない。」

的な「宗教儀礼・精神文化」実践を行う際に「アイヌ料理」が提供される場合もあり、そうした実践にともなって「アイヌ料理」が作られている場合も見られる。さらには、個人が「日常」に「アイヌ料理」を作っている場合もある。それは、「アイヌ料理」というよりは、むしろ「家庭の味」として受け継いできたものとして位置づけた方がよいかもしれない。実際、表4－3に示したように、家庭料理として受け継いできているだけであってアイヌ料理としては見ていないと述べる者もいるからである。この点をふまえると、「アイヌ料理」という文化実践は、新たに「学習」されている側面と、上の世代から継承されたという側面の両者が存在していよう。

第3項　アイヌ文化の担い手

　では、こうしたアイヌ文化実践は、どのような人々によって担われているのだろうか。

　まず、第1に、性別によって、おもに担うアイヌ文化実践の内容が異なっている。**表4－4**を見よう。それによれば、男性と比べて、女性ほど「芸術・工芸」「アイヌ料理」を行っていることがわかる。こうした傾向は、アイヌの人々固有というよりも、性別による選好の違いが関連していよう。

　ただし、これらのアイヌ文化は、多くの場合、先にふれたようにアイヌ文化振興・研究推進機構や北海道の事業の一環として「教室・講座」という形式をとっている点も関連していると思われる。すなわち、就業していないなどの理由で、こうした「教室・講座」に参加できる時間的な余裕が存在している可能性が高い点にも、上記の性別の違いが生まれている背景が存在していよう。

　この点は、同じく表4－4から世代別にアイヌ文化実践を見ても確認することができる。それによれば、第2に、多くの場合、就業していないと考えられる「老年層」において、先にふれたアイヌ文化が最も多く経験されている。実際、インタビュー協力者からは、定年後など時間の余裕ができればアイヌ文化を実践したいと述べる者や、昔はアイヌ文化の実践をしていたが介護などの理由で今はしていないと述べる者が存在している。

　このように就業などの時間的な理由でアイヌ文化実践を十分に行えない者

128 第4章 アイヌ文化の実践と内容

表 4-4 アイヌ文化実践の内容（性別）（世代別）

単位：%、人

		宗教儀礼・精神文化	アイヌ語	芸術・工芸	料理	回答者数
性別	男性	45.1	31.0	26.5	12.4	113
	女性	33.8	29.8	55.6	29.8	151
	合計	38.6	30.3	43.2	22.3	264
世代	青年層	36.5	30.2	39.7	23.8	63
	壮年層	28.7	25.7	38.6	18.8	101
	老年層	50.0	35.0	50.0	25.0	100
	合計	38.6	30.3	43.2	22.3	264

表 4-5 アイヌ文化実践の内容（性別血筋別）

単位：%、人

		宗教儀礼・精神文化	アイヌ語	芸術・工芸	料理	回答者数
男性	アイヌ	45.5	31.7	25.7	11.9	101
	和人など	41.7	25.0	33.3	16.7	12
	合計	45.1	31.0	26.5	12.4	113
女性	アイヌ	38.0	32.2	59.5	31.4	121
	和人など	16.7	20.0	40.0	23.3	30
	合計	33.8	29.8	55.6	29.8	151
合計	アイヌ	41.4	32.0	44.1	22.5	222
	和人など	23.8	21.4	38.1	21.4	42
	合計	38.6	30.3	43.2	22.3	264

＊「アイヌ」：アイヌの血筋の者、「和人など」：和人配偶者や血筋不明など

がいる一方、第3に、仕事としてアイヌ文化に関わりを持つ者も存在している。具体的には、各地域の「アイヌ生活相談員」、生活館の管理人、「アイヌ教育相談員」などを経験した者や、白老アイヌ民族博物館の職員、新ひだか町シャクシャイン記念館の管理人、札幌のピリカコタンの職員などを経験した者である。たとえば、白老の民族博物館の職員を経験した者は以下のようにいう。

第2部　アイヌの人々の生活の歩みと意識　129

　「朝の8時から夕方の5時まで、つねに踊りを踊り、アイヌのことが
　仕事だったから、アイヌ漬けの生活だった。」

　さらに、第4に、**表4-5**から血筋別にアイヌ文化実践を確認すると、「ア
イヌ」の血筋を持っている者ほどアイヌ文化実践を行っていることがわかる。
それはとりわけ「宗教儀礼・精神文化」において顕著に確認できる。
　ただし、第5に、同じく表4-5から性別血筋別にアイヌ文化実践を確認
すると、異なった様相も確認できる。（1）まず、男性に限って見ると、血筋
の違いがそれほど見られなくなる。実際、「宗教儀礼・精神文化」を見ると
それほどの違いが見られないだけではなく、アイヌ文化実践の内容によって
は、むしろ「和人など」（例：和人夫）の者の方がアイヌ文化の実践を行っている。
ここからは、男性に関しては、血筋の違いがアイヌ文化実践の違いをもたら
していないことがわかる。他方、（2）女性に限って見ると、いずれも「アイヌ」
の者ほどアイヌ文化の実践を行っている。その意味で、先に見た全体の動向
はおもに女性の動向を反映したものといえる。ただし（3）女性の「和人など」
（例：和人妻）と男性の「アイヌ」を比べてみると、女性の「和人など」ほど、「芸
術・工芸」「アイヌ料理」というアイヌ文化の実践を行っている。以上のよう
に見ると、和人夫や和人妻もアイヌ文化の担い手としての役割を果たしてい
るといえよう。
　こうした和人夫や和人妻のアイヌ文化実践について、インタビューでの語
りを確認しておこう。

　　「アイヌの家に嫁いできているのだから、夫の方のしきたりっていう
　　のかな。そういうのには興味を示しましたね。アイヌ文化は全部やって
　　います。アイヌ語教室にも参加しましたし、アイヌの着物を作っている
　　最中ですし。あとムックリも。」（和人妻）

　　「協会に入っていた頃は、何か儀式がある時には必ず参加していた。
　　その時は、妻が協会に入っているため、一生懸命しなければ、というよ
　　うに考えていた。」（和人夫）

130 第4章 アイヌ文化の実践と内容

いずれにせよ、性別を考慮した形で、血筋別のアイヌ文化実践を確認すると、アイヌの血筋ではない者(和人夫や和人妻など)も、アイヌ文化実践の担い手として存在していることが浮き彫りとなろう[12]。

おわりに

以上、アイヌの人々によるアイヌ文化の実践について検討を加えてきた。「アイヌ文化保存対策期」(1945〜1973年)において、政策や制度などのレベルでは「保護」「保存」の対象であったアイヌ文化は、アイヌの人々の生活のなかにおいても、当時の高齢者によってのみ実践され、かつ次世代への伝承を意図的に避けていたという点で消えつつあるものとして意味づけられていた。

しかし、「ウタリ福祉対策期」(1974〜1996年)において、北海道ウタリ福祉対策のなかでアイヌ文化の伝承活動に重きがおかれるなどの法制度レベルでの変化に応じてアイヌ文化の学習が進み、さらにアイヌ文化の再興運動がアイヌの人々の組織的な活動を基盤としながら展開した。その意味で、アイヌ文化の伝承・学習・再興の動きが始まった。

こうした歴史的な変遷を経て、「アイヌ文化振興法期」(1997〜)以降現在では、とくにアイヌ文化振興法に法制度的に支えられながら、現在のアイヌ文化の実践は行われている。

その際、カムイノミなどの宗教儀礼・精神文化的なアイヌ文化実践は、個人が日常的に行う場合も見られるものの、多くの場合、アイヌ協会や関連する団体が行う組織的な実践として行われており、その意味で、「アイヌ文化保存対策期」でなされていた伝統的な文化実践とは異なる性格を持っている。それは、一度消えつつあった宗教儀礼・精神文化的なアイヌ文化を再興する試みといってよい。

また、芸術や工芸・アイヌ語・アイヌ料理などは、アイヌ文化振興・研究推進機構などの事業の一環として教室・講座のなかで学習するという形で実践されていた。その意味で、アイヌ文化振興・研究推進機構の事業は、現在

のアイヌ文化を再興しようとする実践を法制度的に支えているといってよい。ただし、家庭の味としてアイヌ料理を継承してきた者もおり、その意味で、アイヌ文化財団などの事業とは、相対的に独立した形で継承されてきたアイヌ文化も存在している。

　こうしたアイヌ文化は、多くの場合、おもに老年層など比較的時間的な余裕がある者によって実践されていた。それは、アイヌ文化の教室や講座という形式が関連してもいる。ただ、和人夫や和人妻などアイヌの血筋ではない者も、アイヌ文化実践の担い手として存在している。

　もちろん、こうしたアイヌ文化実践を行う者は、アイヌの人々の全体のなかではそれほど多くはない。櫻井 (2010: 99-103) によれば、現在実践しているアイヌ文化で最も多い先祖供養や祭事 (カムイノミなど) でも1割に満たない。ただし、この点をふまえても、現在においてアイヌ文化実践の伝承・学習・再興は時代を経るごとに着実に進展してきたといってよい。

　こうしたアイヌ文化実践は、第5章でふれられるように、アイヌの人々のアイデンティティに対して、とくに自身を肯定的にするような影響を及ぼす。アイヌ文化振興法の制定の際、アイヌの人々のなかには、かねてからのアイヌ民族の要求と質的に違うものであるとして全面的に拒否する立場の者も存在していた (花崎 1998: 20-1)[13]。しかし、上記の点をふまえると、アイヌ文化実践やそれを支えているアイヌ文化振興法には重要な意味があろう。

　いずれにせよ、アイヌ文化の実践のあり方は、アイヌの人々の将来や、アイヌの人々と和人との日常的な関係性のあり方を占う上で重要な位置を占めている。その意味で、現在におけるアイヌ文化実践のあり方には注目していく必要がある。

注

1　機構的システムと労働―生活世界に関しては、小内 (2005) 参照。
2　なお、大塚 (1996: 108) によれば、観光商品としての熊彫りの始まりは、八雲で農場経営をしていた徳川義親が1922年にヨーロッパに旅行した際、スイスの農民が冬季の副業として制作販売している木彫り熊に注目し買い求め、これを手本に、自分の農場で働く農民たちに冬場の仕事として政策を奨励したことにあるという。

3 毎日新聞 2016 年 5 月 7 日（北海道朝刊）。

4 こうした事業は進展し、たとえば、1995 年度では、アイヌ民俗文化財伝承事業は 17 市町で、アイヌ語教室開講事業は 12 市町で実施されている（北海道教育委員会 1996）。

5 帯広百年記念館アイヌ民族文化情報センターの HP（http://www.museum-obihiro.jp/tokachiainu/gishiki.html、2017 年 2 月 4 日確認）、参照。

6 アイヌ文化振興・研究推進機構の HP（http://www.frpac.or.jp、2017 年 2 月 4 日確認）、参照。

7 アイヌ文化振興・研究推進機構（2016b）によれば、「歌とトンコリ（弦楽器）の伝承」「アイヌ儀式とアイヌ料理の伝承」「アイヌ古式舞踊及びムックリ（口琴）・トンコリ」等が行われている。

8 北海道アイヌ協会の HP（https://www.ainu-assn.or.jp/event/details/post_5.html、2017 年 2 月 4 日確認）、参照。

9 なお、上山（2016）に類似の表があるが、対象時点と分類カテゴリの変更や再コード化を行ったため同一のものではない。

10 こうした「講座・教室」への参加に際しては、わずかではあるものの謝金が発生している場合もある。たとえば、「ムックリやトンコリの講習を受ける。1 週間のうち 2 日ずつを何週間も受講する。全部で 15 回程度。講習をうけると年間で 4〜5 万円もらえる」というインタビューでの語りが見られた。

11 アイヌ文化振興・研究推進機構の事業のうち「Ⅰ. アイヌに関する総合的かつ実践的な研究の推進」のなかには、アイヌの社会や文化に関する出版物を助成する「1　アイヌ関連研究事業（ア）研究・出版助成」がある（アイヌ文化振興・研究推進機構 2016a: 5）。

12 なお、「和人など」の者のなかには、カムイノミなどで祭司を行う者などもおり、その意味でアイヌ文化の担い手として重要な役割を果たしている者も存在している。

13 その他には、差別解消が進むとして是認する立場、不十分ではあるが今後の法制や政策の変更を勝ち取るための第一歩として評価する立場もあった（花崎 1998: 20-1）。

第5章

現代アイヌのエスニック・アイデンティティ

新藤　こずえ

はじめに

　本章では、アイヌの人々のエスニック・アイデンティティを明らかにする。現代を生きるアイヌの人々は、いかなるエスニック・アイデンティティを有しているのか、その実態を世代、血筋、地域に着目して捉える。エスニック・アイデンティティとは、ある民族集団が歴史的に形成してきた言語・習慣・行動規範・価値観・知識などの文化パターンを基礎とし、その集団内で共有されている態度や感覚といったものであり（Phinney 1990）、民族集団内で共有される経験によって後天的に付与されるものである（Giddens 2001=2004）。

　アイヌの人々のエスニック・アイデンティティについて、河野（1996: 25）は、「自己を『アイヌ（民族）である』と位置づける認識の仕方に関して、客観的に検討を加えてみると、少なくとも現時点では、いわゆる『アイヌ』と『和人』とが、一社会の中で遺伝的にも、社会的にも、文化的にもおおよそ融合し合っていて（中略）『アイヌ』によって自立的な『アイヌ』社会形成の明確な方向性が示されてもいない」とし、「個人としての『アイヌ』はもはや存在せず（中略）『和人』もまた現存するとは言えず」と指摘している。加えて、「少なくとも〈現時期前期以降〉（筆者注：1960年頃～現在）のアイヌ系の者については、主観的にはどうあれ客観的には『アイヌ民族＝先住民族』との枠を被せ難い」（河野 1996: 168）とも主張している。一方、児島（2003: 373-4）は、「アイヌ民族は、実のところ強烈にアイヌを自己主張する人々（他者からも当然アイヌのなかのアイヌとして見られている）と、自己もアイヌと認め他者からもアイヌ系と認められている普通のアイヌ、アイヌとしてのアイデンティティを保持してい

るが表には出さない人々、それとアイデンティティを模索しており他者からの認識もあいまいな人々（若い人たち）の集合体である」と述べている。しかし、その根拠を示すデータは管見の限り見当たらない。このように、アイヌの人々は「アイヌ民族＝先住民族」ではないため自己を「アイヌ（民族）である」と明確に認識しがたいという指摘がなされたり、イメージとしてのエスニック・アイデンティティが捉えられてきたものの、その実態は必ずしも明らかにされてこなかったのではないだろうか。

　一方、われわれの研究チームでは、2008年以降の一連の調査研究で、アイヌの人々のうち、エスニック・アイデンティティをまったく意識せず、自らがアイヌであることについて肯定的でも否定的でもどちらでもない意識である人々が、いまや多数を占めていることを明らかにし、指摘してきた（野崎2010a，小内・長田2012，新藤こずえ2013, 2014, 2015, 2016，上山2014）。こうした、いわばエスニック・アイデンティティの「無意識化」は、とりわけ若い世代に多く見られるが（野崎2010a）、インタビュー調査からは、アイヌ文化の経験がエスニック・アイデンティティに肯定的な影響を与えていることも明らかになっている（野崎2012a，小内・長田2012，新藤こずえ2013, 2014, 2015, 2016）。また、上山（2014）は、こうした知見をふまえ、アンケート調査（2008年北海道アイヌ民族生活実態調査、有効回答数5,245）をもとにアイヌのエスニック・アイデンティティのパターンと分化要因を、世代、性別、アイヌ文化の経験、「純血性」、婚姻関係をもとに分析した。その結果、アイヌ文化の経験がエスニック・アイデンティティに肯定的な影響を与えていることや、「無意識化」の進行といった先行研究の知見が支持されることに加え、「純血性」が高い（アイヌの血筋が濃い）者ほど、アイヌであることに対して否定的な意識を持つこと、婚姻関係とエスニック・アイデンティティについてはジェンダー差があることも明らかにした。

　本章では、これらの知見をふまえ、アンケート調査とインタビュー調査の両方を実施した札幌、伊達、むかわ、新ひだか、白糠の5つの地域のデータの分析を行う。具体的には、まず、第1節でアンケートによる大規模調査（有効回答1,757人）の結果に基づきエスニック・アイデンティティを概観する[1]。次に、第2節で先行研究をふまえた分析枠組みを提示し、アイヌとしての意

第2部　アイヌの人々の生活の歩みと意識　135

識をパターン化した上で、第3節では、それぞれのカテゴリーに含まれる人々のエスニック・アイデンティティの実態をインタビュー調査（有効回答264人）の具体的な語りから検討する。第4節では、エスニック・アイデンティティの未来について考察する。

　なお、調査対象者のうち、アイヌの養子となった和人や配偶者がアイヌである和人が含まれているが、その場合もアイヌの人々と同様の観点から分析する。ただし、アイヌ社会における和人のエスニック・アイデンティティという観点から、血筋とエスニック・アイデンティティを検討する際には分けて分析を行う。

第1節　エスニック・アイデンティティの概要

第1項　アンケート調査結果の概要

　まず、アンケート調査の基本的属性（性別、世代、血筋、地域）に基づき、アイヌであることに対する意識を概観する。アイヌであることに対する意識の有無については、4つの選択肢「つねに意識している」「意識することが多い」「時々意識する」「まったく意識しない」のうち、「まったく意識しない」が最も多く43.6％であった。次いで「時々意識する」29.0％、「意識することが多い」13.9％、「つねに意識している」13.5％であり、性別による差はほとんど見られなかった（表5－1）。次に、アイヌであることに対する意識の有無に関する項目と青年層（30代以下）、壮年層（40代～50代）、老年層（60代以上）の各年齢層をクロスしたものが表5－2である。3つの年齢層のうち、「つねに意識している」が最も多かったのは老年層（25.0％）、次いで壮年層（12.9％）、青年層（3.9％）であり、年齢層が低くなるほど、意識している者の割合も少なかった。

　アイヌの血筋の濃さという観点で見てみると、「つねに意識している」は、多い順に「父母祖父母ともにアイヌ」である人の37.3％、「父母ともにアイヌ」25.6％である一方で、「和人配偶者」で「まったく意識しない」が85.3％であることから、「純血性」が高いほうがエスニック・アイデンティティに強い影響をおよぼしているといえる（表5－3）。

136　第5章　現代アイヌのエスニック・アイデンティティ

表5-1　アイヌであることに対する意識の有無（性別）

単位：人、%

	つねに意識している		意識することが多い		時々意識する		まったく意識しない		合計	
	実数	構成比	実数	構成比	実数	構成比	実数	構成比	実数	構成比
男性	112	14.1%	106	13.3%	235	29.5%	344	43.2%	797	100.0%
女性	111	13.0%	124	14.5%	243	28.5%	375	44.0%	853	100.0%
合計	223	13.5%	230	13.9%	478	29.0%	719	43.6%	1650	100.0%

資料：2008年北海道アイヌ民族生活実態調査結果より作成

表5-2　アイヌであることに対する意識の有無（年齢層別）

単位：人、%

	つねに意識している		意識することが多い		時々意識する		まったく意識しない		合計	
	実数	構成比	実数	構成比	実数	構成比	実数	構成比	実数	構成比
青年層	21	3.9%	50	9.2%	157	29.0%	314	57.9%	542	100.0%
壮年層	81	12.9%	103	16.4%	190	30.2%	255	40.5%	629	100.0%
老年層	118	25.0%	77	16.3%	129	27.3%	148	31.4%	472	100.0%
合計	220	13.4%	230	14.0%	476	29.0%	717	43.6%	1643	100.0%

資料：2008年北海道アイヌ民族生活実態調査結果より作成

　次に、地域別の意識を見てみると、5つの地域のうち、白糠は「つねに意識している」割合が最も高く34.4％であり、「意識することが多い」「時々意識する」を加えると96.9％を占めている。一方で、むかわと新ひだかは「まったく意識しない」が50％以上を占め、アイヌであることについて意識することが少なくなっている（表5－4）。以上のことから、アンケート調査に基づくエスニック・アイデンティティの有無は、性別による違いはほとんど見られないが、世代、血筋、地域によって違いがあることが確認できた。

第2項　インタビュー調査結果の概要
　次に、インタビュー調査に基づき、アイヌであることに対する意識の内容を見ていこう。前項のアンケート調査が意識の有無や程度を確認したが、その「意識する」の中身には肯定的な意識や否定的な意識あるいはどちらでも

第2部　アイヌの人々の生活の歩みと意識　137

表 5-3　アイヌの血筋の「純血性」と意識の有無

単位：人、%

	つねに意識している		意識することが多い		時々意識する		まったく意識しない		合計	
	実数	構成比	実数	構成比	実数	構成比	実数	構成比	実数	構成比
父母祖父母ともアイヌ	63	37.3%	60	35.5%	35	20.7%	11	6.5%	169	100.0%
父母ともアイヌ	68	25.6%	49	18.4%	82	30.8%	67	25.2%	266	100.0%
父のみアイヌ	43	11.1%	49	12.7%	144	37.3%	150	38.9%	386	100.0%
母のみアイヌ	43	9.8%	58	13.2%	173	39.3%	166	37.7%	440	100.0%
養父母がアイヌ	1	16.7%	3	50.0%	0	0.0%	2	33.3%	6	100.0%
養父がアイヌ	2	15.4%	0	0.0%	4	30.8%	7	53.8%	13	100.0%
養母がアイヌ	0	0.0%	1	11.1%	3	33.3%	5	55.6%	9	100.0%
和人配偶者	2	0.7%	9	3.2%	30	10.8%	237	85.3%	278	100.0%

資料：2008年北海道アイヌ民族生活実態調査結果より作成

表 5-4　アイヌであることに対する意識の有無（地域別）

単位：人、%

	つねに意識している		意識することが多い		時々意識する		まったく意識しない		合計	
	実数	構成比	実数	構成比	実数	構成比	実数	構成比	実数	構成比
札幌	81	17.5%	72	15.6%	157	34.0%	152	32.9%	462	100.0%
伊達	25	14.4%	11	6.3%	56	32.2%	82	47.1%	174	100.0%
むかわ	62	10.0%	85	13.6%	163	26.2%	313	50.2%	623	100.0%
新ひだか	33	10.1%	35	10.7%	90	27.4%	170	51.8%	328	100.0%
白糠	22	34.4%	27	42.2%	13	20.3%	2	3.1%	64	100.0%
全体	223	13.5%	230	13.9%	479	29.0%	719	43.5%	1651	100.0%

資料：2008年北海道アイヌ民族生活実態調査結果より作成

ない意識も含まれている。そのため、意識の内容によってエスニック・アイデンティティが異なると考えられる。

　そこで本項では、インタビュー対象者のヒアリング結果全体に基づいて、現在アイヌであることに対する意識を以下の観点から3つの群に分類した。①「肯定的である」は、「アイヌであることを誇りに思っている」「アイヌの文化を実践している」など、現在アイヌであることに肯定的な人々の意識であ

る。②「否定的である」は、「アイヌであることで辛い経験をしてきた」「アイヌであることがコンプレックスである」「アイヌであることを隠したい」など、アイヌであることに否定的な人々の意識である。③「どちらでもない」は、「アイヌであることをとくに意識しない」「アイヌの文化を知らない」「自身がアイヌであることを知らなかった」という人々の意識である。

インタビュー調査における現在の意識の分類結果は**表5-5**、**表5-6**である。全体としては、アイヌとしての意識が「どちらでもない」が55.7%を占めており、次いで「肯定的」が40.5%、「否定的」が3.8%であった。世代別に見ると、肯定的な意識を持っている割合は老年層で最も高く（54.0%）、次いで壮年層（33.7%）、青年層（30.2%）となっている。また、地域別に見ると、5地域のうち「肯定的」が最も高い割合を占めているのは白糠（56.3%）であり、

表5-5 アイヌであることに対する意識の内容分類（年齢層別）

単位：人、%

	肯定的である		否定的である		どちらでもない		合計	
	実数	構成比	実数	構成比	実数	構成比	実数	構成比
青年層	19	30.2%	4	6.3%	40	63.5%	63	100.0%
壮年層	34	33.7%	4	4.0%	63	62.4%	101	100.0%
老年層	54	54.0%	2	2.0%	44	44.0%	100	100.0%
合計	107	40.5%	10	3.8%	147	55.7%	264	100.0%

資料：インタビュー調査（2009～2014年）結果より作成

表5-6 アイヌであることに対する意識の内容分類（地域別）

単位：人、%

	肯定的である		否定的である		どちらでもない		合計	
	実数	構成比	実数	構成比	実数	構成比	実数	構成比
札幌	23	45.1%	4	7.8%	24	47.1%	51	100.0%
伊達	7	14.9%	1	2.1%	39	83.0%	47	100.0%
むかわ	22	36.0%	3	4.9%	36	59.0%	61	100.0%
新ひだか	28	49.1%	1	1.8%	28	49.1%	57	100.0%
白糠	27	56.3%	1	2.1%	20	41.7%	48	100.0%
全体	107	40.5%	10	3.8%	147	55.7%	264	100.0%

資料：インタビュー調査（2009～2014年）結果より作成

第2部　アイヌの人々の生活の歩みと意識　139

次いで新ひだか(49.1％)であった。他の３地域(札幌、伊達、むかわ)は、「肯定的」よりも「どちらでもない」の割合が高く、とりわけ伊達は「どちらでもない」が83.0％を占めていた。

第2節　エスニック・アイデンティティのパターン──分析枠組

　前節で見たアンケート調査とインタビュー調査の関係について、上山(2014)のアイヌ・アイデンティティのパターンを援用し、インタビュー調査における分析枠組を**図5－1**に示した。アンケート調査における「あなたはご自分をアイヌ民族として意識することはありますか」の４つの選択肢「１．つねに意識している」「２．意識することが多い」「３．時々意識する」「４．まったく意識しない」のうち、「つねに意識している」(13.5％)、「意識することが多い」(13.9％)、「時々意識する」(29.0％)を「意識あり」群とすると計56.4％、「まったく意識しない」を「意識なし」群とすると43.6％であった。

　一方、インタビュー調査で意識の内容を「肯定的」「否定的」「どちらでもな

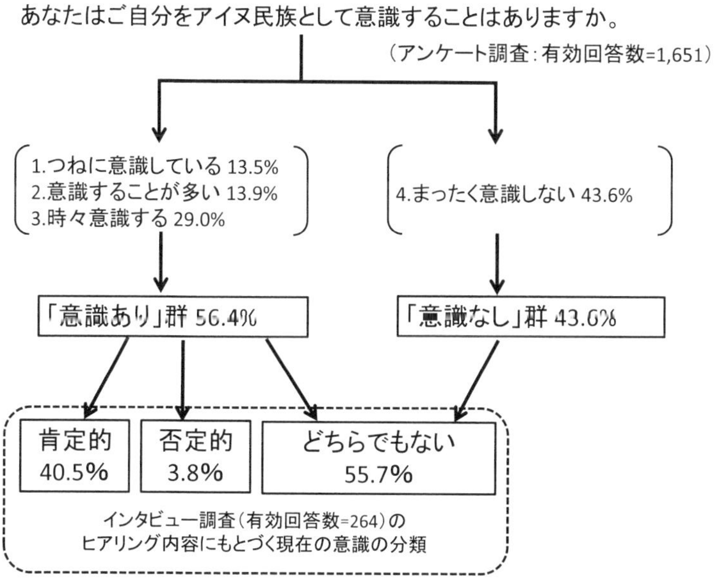

あなたはご自分をアイヌ民族として意識することはありますか。

（アンケート調査：有効回答数=1,651）

1.つねに意識している 13.5％
2.意識することが多い 13.9％
3.時々意識する 29.0％

4.まったく意識しない 43.6％

「意識あり」群 56.4％

「意識なし」群 43.6％

肯定的 40.5％
否定的 3.8％
どちらでもない 55.7％

インタビュー調査(有効回答数=264)の
ヒアリング内容にもとづく現在の意識の分類

図 5-1　エスニック・アイデンティティのパターン

140　第5章　現代アイヌのエスニック・アイデンティティ

い」の3つに分けて見ていくと、「肯定的」40.5％、「否定的」3.8％、「どちら
でもない」55.7％であった。「意識なし」群は「どちらでもない」に含まれる
ものとすると、インタビュー調査の対象者の意識は概して高いといえる。こ
の背景には、インタビュー調査はアイヌ協会を通して調査依頼をした対象者
であり、アイヌ協会の何らかの活動に参加している層であることがある。す
なわち、協会に加入していない層よりもアイヌとしての意識が相対的に高い
人が多いと考えられる。したがって、アンケート調査とインタビュー調査の
対象者の違いを留意しなければならない。

第3節　エスニック・アイデンティティの3類型——インタビュー調査から

　本節では エスニック・アイデンティティを「肯定的」「否定的」「どちらで
もない（無意識を含む）」の3つに分類し、それぞれのカテゴリーに含まれる
人々の具体的な語りを検討する。**表5-7**は、アイヌであることに対する過
去の意識と現在の意識をまとめたものである。過去に肯定的な意識を持ってい
る者は11.4％にとどまっているが、現在は40.5％にのぼっている。一方、
過去に否定的な意識である者は31.1％であるが、現在ではわずか3.8％であ
る。どちらでもない意識の者は過去も現在も約50％を占めている。全体と
しては過去に否定的な意識を持っていた人が減り、肯定的な意識あるいはど
ちらでもない意識を持つように変化したことがわかる。しかし、過去に否定
的な意識であった者のすべてが肯定的な意識に変化したわけではない。**図5
-2**は過去から現在の意識の変化に着目したものである。現在、肯定的な意
識を持っている人（107人）のうち、過去においても肯定的であった者は26

表5-7　アイヌであることに対する過去の意識と現在の意識（全体）

単位：人、％

	肯定的		否定的		どちらでもない		合計	
	実数	構成比	実数	構成比	実数	構成比	実数	構成比
過去	30	11.4％	82	31.1％	152	57.6％	264	100.0％
現在	107	40.5％	10	3.8％	147	55.7％	264	100.0％

資料：インタビュー調査（2009～2014年）結果より作成

第2部　アイヌの人々の生活の歩みと意識　141

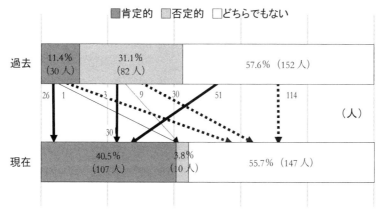

図5-2　過去から現在の意識の変化

資料：インタビュー調査（2009～2014年）結果より作成

人（24.3％）にすぎず、否定的であった者（30人、28.0％）や、どちらでもない意識の者（51人、47.7％）が現在は肯定的な意識を持つように変化をしている。一方、現在、どちらでもない意識の者147人のうち、過去からどちらでもない意識を持っている者が114人（77.6％）を占めているが、30人（20.4％）は否定的な意識から変化した者である。現在、否定的な意識を持っている人の10人のうち9人は、過去においても否定的な意識から変化していなかった。

アイヌであることに対する現在の意識（表5-6）と、過去の意識（表5-8）をふまえ、現在と過去の意識の増減数を地域別にまとめたものが**表5-9**である。ここからは、過去の意識に比べると、すべての地域で「肯定的である」意識を持つ者が増加し、「否定的である」意識を持つ者が減少していることがわかる。各地域の回答者全体のうち、肯定的な意識に変化した者の割合が最も高いのは白糠の22人（45.8％）、次いで新ひだかの21人（36.8％）、札幌16人（31.4％）であった。否定的な意識を持つ者は新ひだかでは32人（56.1％）、札幌では13人（25.5％）、白糠では11人（22.9％）減少している。どちらでもない意識である者が白糠では11人（22.9％）減少したのに対し、新ひだかでは11人（19.3％）増加している。**表5-10**は、年齢層別に過去から現在への意識の変化をまとめたものである。以降では、エスニック・アイデンティティの内実や変化について、世代、血筋、地域に着目しながら、具

142 第5章 現代アイヌのエスニック・アイデンティティ

表 5-8　アイヌであることに対する過去の意識（全体・地域別）

単位：人、%

	肯定的である		否定的である		どちらでもない		合計	
	実数	構成比	実数	構成比	実数	構成比	実数	構成比
札幌	7	13.7%	17	33.3%	27	52.9%	51	100.0%
伊達	6	12.8%	4	8.5%	37	78.7%	47	100.0%
むかわ	5	8.2%	16	26.2%	40	65.6%	61	100.0%
新ひだか	7	12.3%	33	57.9%	17	29.8%	57	100.0%
白糠	5	10.4%	12	25.0%	31	64.6%	48	100.0%
全体	30	11.4%	82	31.1%	152	57.6%	264	100.0%

資料：インタビュー調査（2009 ～ 2014 年）結果より作成

表 5-9　アイヌであることに対する現在の意識と過去の意識の差（全体・地域別）

（差）＝（現在の意識）－（過去の意識）

単位：人、%

	肯定的である		否定的である		どちらでもない		回答者
	増減数	構成比	増減数	構成比	増減数	構成比	全体
札幌	16	31.4%	-13	-25.5%	-3	-5.9%	51
伊達	1	2.1%	-3	-6.4%	2	4.3%	47
むかわ	17	27.9%	-13	-21.3%	-4	-6.6%	61
新ひだか	21	36.8%	-32	-56.1%	11	19.3%	57
白糠	22	45.8%	-11	-22.9%	-11	-22.9%	48
全体	77	29.2%	-72	-27.3%	-5	-1.9%	264

資料：インタビュー調査（2009 ～ 2014 年）結果より作成

体的な語りをもとに検討する。

第1項　肯定的なエスニック・アイデンティティ

　インタビュー調査に基づくと、現在、肯定的な意識を持つ人々は全体の 40.5 %（107 人）を占めている。しかし、過去から肯定的な意識であった人はそのうち 26 人にすぎず、多くの人々は過去には否定的（30 人）あるいはどちらでもない意識（51 人）であった。本項では、現在、肯定的な意識を持つ人々のエスニック・アイデンティティの形成を確認し、加えて、過去は否定的あるいはどちらでもない意識の人がどうして肯定的な意識を持つように

第2部　アイヌの人々の生活の歩みと意識　143

表 5-10　アイヌであることに対する過去と現在の意識の変化（年齢層別）

単位：人、％

		現　在							
		肯定的である			否定的である			どちらでもない		
青年層 63人	過去 肯定的	8 42.1%	19	肯定的	0 0.0%	4	肯定的	1 2.5%	40
	否定的	2 10.5%		否定的	4 100.0%		否定的	3 7.5%	
	どちらでもない	9 47.4%		どちらでもない	0 0.0%		どちらでもない	36 90.0%	
壮年層 101人	肯定的	7 20.6%	34	肯定的	1 25.0%	4	肯定的	0 0.0%	63
	否定的	8 23.5%		否定的	3 75.0%		否定的	16 25.4%	
	どちらでもない	19 55.9%		どちらでもない	0		どちらでもない	47 74.6%	
老年層 100人	肯定的	11 20.4%	54	肯定的	0 0.0%	2	肯定的	2 4.5%	44
	否定的	20 37.0%		否定的	2 100.0%		否定的	11 25.0%	
	どちらでもない	23 42.6%		どちらでもない	0 0.0%		どちらでもない	31 70.5%	
合計 264人	肯定的	26 24.3%	107	肯定的	1 10.0%	10	肯定的	3 2.0%	147
	否定的	30 28.0%		否定的	9 90.0%		否定的	30 20.4%	
	どちらでもない	51 47.7%		どちらでもない	0 0.0%		どちらでもない	114 77.6%	

資料：インタビュー調査（2009 ～ 2014 年）結果より作成

変化したのかを見ていく。

　まず、過去も現在も肯定的な意識である者の特徴を概括すると、第 1 に、青年層において過去も現在も肯定的な意識である者の割合が高く（青年層 42.1％、壮年層 20.6％、老年層 20.4％）、第 2 に、子どもの頃からアイヌの伝統文化や生活様式を経験しており、現在においても何らかのアイヌ文化に関わる活動を実践している。第 3 に、両親ともにアイヌの血筋を引いているなどアイヌとしての「純血性」が高く、先祖がアイヌの人々のなかでも高い地位にいたと考えていること、第 4 に、アイヌの血筋は和人よりも優れているところがあるという認識を持っていることがあげられる。

144　第5章　現代アイヌのエスニック・アイデンティティ

（過去も現在も「肯定的」である者）

・小学生の頃から釧路でアイヌの踊りや歌、ムックリ（口琴）、アイヌ語を
習っていた。これは、母方祖母がやっていてその影響を受けたためであ
る。従妹や妹たち、地域の子どもたちと一緒に参加していた。周囲のア
イヌの大人たちにはとても可愛がってもらい、ムックリを披露する時も
みんなに注目された。そのため、小さい頃の交流は良い思い出になって
いる。（白糠・青年層・女性）

・5〜6歳の頃から保存会に入っていて、踊ることが当たり前、儀式に参
加することが当たり前になってしまっていたので、「アイヌだよ」と言わ
れても別に何も意識することなく、普通に育った。アイヌであることは
特別意識することではなく当たり前のことになっている。（新ひだか・青
年層・女性）

・父母ともにアイヌ協会に深く関わっている。行事に連れられて参加。活
動を見て、人に言われてではなく自然にアイヌであることを意識、実感
した。また興味を持ち、調べたり勉強したりした。アイヌのことは自分
のなかではプラスになった。（札幌・青年層・男性）

・現在アイヌ民族の運動に積極的に参加しているが、これは母親がアイヌ
民族のことを隠さず、恥ずかしい民族というような教育をしなかったか
らであり、母親による教育の影響が根本にある。（札幌・壮年層・女性）

・祖父は〇〇の酋長をしていた。儀式があると司祭を務めていたらしい。
現在自分がそれを受け継いでいる。（新ひだか・老年層・男性）

・今は「あたしはアイヌって、血統書つきのアイヌだ」って言っている。
ほかの家のように半々ではなく、両親ともアイヌだから、胸を張ってい
る。（新ひだか・老年層・女性）

・（身体的能力や音楽の実力に対してとても自信を持っており）アイヌの血を引い
ているせいか、普通の人とは違う。（伊達・老年層・男性）

このように、アイヌであることについて肯定的な意識を持つ人は、子ども
の頃から親世代のアイヌ文化活動を体験しており、そうした活動に自身が参
加することは「当たり前」であると捉えているのだが、そこでは「可愛が」ら

第2部　アイヌの人々の生活の歩みと意識　145

れたり、踊りを披露することが「みんなに注目され」るというポジティブな
経験となっている。青年層の子ども時代は、アイヌの人々に対する福祉対
策が展開された時期であり、以前と比べアイヌの人々の生活の安定が図ら
れ、1980年代には北海道の学校教育で使用する副読本においてアイヌ文化
や歴史がとりあげられている。そのため、老年層や壮年層に比べてエスニッ
ク・アイデンティティを表出しやすい社会状況であったといえる。こうした
人々は自身が大人になってからもアイヌ文化の継承に携わっているが、アイ
ヌである親自身がアイヌ民族であることを子どもや周囲の人々に隠さない教
育方針であることが肯定的な意識の前提にあったこともあげられている。ま
た、先祖がアイヌの酋長であり指導的な立場にあったということや、自身の
アイヌとしての血筋の確かさが、肯定的な意識につながっているケースも見
られる。

　次に、過去はアイヌであることに対して否定的な意識であったが、現在は
肯定的な意識である人々の語りを見てみると、次の2点が見出せる。第1に、
過去にアイヌであることによって差別を受けた経験があるが、その後、アイ
ヌを取り巻く環境が変化してきたことにより、アイヌである自分自身が大切
にされていると感じられるようになったこと、第2に、被差別経験はないも
のの、アイヌであることに対して隠したりネガティブな意識を持っていたが、
大人になってからアイヌの伝統文化に携わるようになり、継承者としてアイ
ヌ文化を担うようになっていることである。

（過去は「否定的」であったが現在は「肯定的」である者）
・今はアイヌの人は素晴らしい、良い技術を持っているといわれる。和人
　の人たちに大事にされていると感じている。（中略）（昔は）和人からは汚
　いものを見るような目で見られていたことを考えると、昔に比べればア
　イヌの扱いは良くなったと感じる。（白糠・老年層・女性）
・社会人になってから、アイヌ民族の1人であることに対して誇りという
　わけではないが、大切にしたいと思うようになった。成長して大人にな
　るにつれて、嫌だなという意識が薄れてきた。ウタリ協会に入っていろ
　いろ覚えるようにとか、先祖代々受け継いでいくようにずっと言われ、

27、8歳くらいからアイヌ民族としての自覚を持つようになった。30代になり、アイヌの文化に触れることもなく普通に暮らしてきたが、親の世代がアイヌの活動をするのにも、体の調子が悪く動けなくなってきて、これからはその分を自身がやらなければならないという気持ちが芽生えてきている。今は堂々とアイヌであることを言える。(札幌・青年層・男性)

　被差別の経験は年齢層が高いほうが多いことが明らかにされているが、老年層においては、過去に「汚いものを見るような目で見られていた」などのあからさまな差別を受けている。壮年層の意識や経験は老年層に近い。しかし、青年層においては、日常生活のなかでそうした直接的な差別を経験しているわけではないものの、過去にはアイヌであることに対して「嫌だな」という気持ちを抱えていた。老年層において、現在、肯定的な意識を持つように変化したきっかけは、かつては和人から「汚いもの」のように扱われていたアイヌが「大事にされている」と感じられるようになったからである。つまり、変化したのはアイヌの人自身ではなく、周囲の人々や社会の側である。アイヌを取り巻く社会の環境が変化したことに呼応して、アイヌの人々が自身の文化や歴史の重要性に気づき、肯定的な意識を持てるようになっている。一方で、青年層が肯定的な意識を持つようになったきっかけは、アイヌの伝統文化を「ウタリ協会」で学び、協会や親戚などから「先祖代々受け継いでいくよう」に言われ、「自身がやらなければ」という伝承者としての意識が芽生えたことである。つまり、自身がアイヌであることに対して、過去には「嫌だな」という気持ちを少なからず持っていたが、アイヌ文化の学習と経験を通して自分が伝承する主体になるという立場の変化が肯定的な意識をもたらしていた。

　次に、過去はどちらでもない意識であったが、現在は肯定的な意識を持つ人々の語りを見てみると、過去にアイヌの伝統文化や生活様式を経験しておらず、かつ被差別経験もないという傾向が見出せる。このなかには和人配偶者も含まれる。アイヌの人々に対して否定的な意識を持っている者がアイヌの人と結婚して配偶者となるのは考えにくい。しかし、和人配偶者であれアイヌの人であれ、エスニック・アイデンティティが肯定的な意識に変化する

第2部　アイヌの人々の生活の歩みと意識　**147**

にあたっては、アイヌの文化や歴史に対する理解やポジティブな経験がある
と考えられる。

（過去は「どちらでもない」が現在は「肯定的」である者）

・積極的にアイヌであることを誇りに思うようになったのは、20歳のこ
　ろに阿寒で民芸品を売るアルバイトをしたことがきっかけである。ここ
　にはアイヌの人が多くおり、みんなで楽しく過ごし、アイヌでない人も
　アイヌとして一緒に過ごしたことでアイヌ民族ということから少し解放
　されたように感じた。「仲間」であることを強く感じ、アイヌであるとい
　うことが自分のアイデンティティとなった。（白糠・老年層・女性）

・（保存会での踊りやお祭りなど）楽しんでアイヌのことに取り組んでいるの
　で、和人でもアイヌでも関係なく、楽しくやれればよいと考えている。
　きっかけは、静内に来て、真歌にあるシャクシャインの像を見て深く感
　動したことだった。自分もこう（アイヌのように）なれたらなと思った。（新
　ひだか・壮年層・女性・和人）

・アイヌ民族にすばらしい文化があったことは少しでも知りたい、近づき
　たいと思った。夫にそう言うと、（アイヌの）夫は「何にも世の中に役立
　たない」と言っていた。一緒になった夫の文化に十分なことはできない
　けれど少しでも携わりたいと思った。（伊達・老年層・女性・和人）

　このように、アイヌであることやアイヌに対する意識が肯定的に変化した
背景には、まず、アイヌの「仲間」ができたという経験が見られた。生まれ
育った白糠はアイヌ多住地域とはいえ、自身をマイノリティであると感じて
いた。しかし、民芸品店で働くために移り住んだ阿寒では、一緒に仕事をす
るアイヌの「仲間」がいると感じ、「アイヌ民族」という束縛から「解放」され
たと述べられている。ここで言う「解放」とは、アイヌであるということを
あまり表出できないというネガティブな意識から、アイヌであるからこそ「仲
間」がいるという、自分のエスニック・アイデンティティを自由に表出でき
たという気持ちの変化を表していると考えられる。また、民芸品店でアイヌ
であることを「売り」にして働くという意味では、アイヌの「商品化」や「観

光アイヌ」という側面があるものの、この語りからアイヌである自身を肯定的に捉えられるきっかけであったと考えられる。

一方、アイヌの人と結婚した和人配偶者は、アイヌの歴史や文化に触れる中で、肯定的な意識をはぐくんでいた。「シャクシャインの像を見て深く感動した」や「夫の文化に十分なことはできないけれど少しでも携わりたい」という語りからは前向きな意識が見て取れる。加えて、「(保存会での踊りやお祭りなど)楽しんでアイヌのことに取り組んでいる」という行動からは、アイヌ文化を実践する立場いわば文化の担い手としての主体性を見出すことができる。これまで、和人がアイヌの人と結婚する際に差別されるという経験や、アイヌの女性がアイヌの血を「薄める」ために和人男性との結婚を望む傾向があるということが明らかにされている (菊地 2012)。しかし、和人女性がアイヌ男性と結婚し、結婚を機にアイヌ多住地域に移住する場合、「嫁ぎ先」のアイヌ・コミュニティのなかで和人女性がアイヌ男性の配偶者として認められるために、当該地域におけるアイヌの歴史や文化の理解や参画をすすめるなかで、アイヌとしてのエスニック・アイデンティティが形成され、肯定的な意識を持つようになるという側面もあるのではないだろうか。

第2項 否定的なエスニック・アイデンティティ

次に、否定的な意識を持つ人々の語りを見てみよう。過去に否定的な意識を持っている者は全体の 31.1％ (82人) を占めていたが、現在、否定的な意識を持っている者はわずか 3.8％ (10人) である。10人のうち9人は過去も現在も否定的な意識であり続けている。こうした人々の特徴として、様々な形の差別を受けてきたことがあげられる。具体的には学校や職場でのいじめや差別、結婚に反対されたり結婚後に親族のなかで差別されたりするなど、アイヌであるためにライフコースを通じてネガティブな経験を有している。過去は「どちらでもない」が現在は「否定的」である者は見られず、過去は「肯定的」で現在は「否定的」である者は1人のみであった。

(現在も過去も「否定的」である者)
・小学校・中学校・高校とアイヌであることを理由にいじめや差別を受けた。

第2部　アイヌの人々の生活の歩みと意識　149

　　現在のパートの職場でも、アイヌを馬鹿にするような空気を感じること
　　がある。これまで友だちにもアイヌのことをなかなか理解してもらえな
　　かった。(伊達・壮年層・女性)
・学校時代を通して、アイヌに対する差別が一番つらかった。小学校でも
　　中学校でも高校でもアイヌのことが教科書に出てくると周りの人たちは
　　アイヌのことを土人のようだ、とか毛深くて汚いと言う。先生はみんな
　　が言っていてもやめさせない。(札幌・壮年層・女性)
・子どもの時にアイヌと言われ、いじめられることがあって育ってきて、
　　社会に出ていじめられることがなくなったのに、結婚してから「おまえ
　　の父親がアイヌだから、おまえは純正で二世だろう」と言われガーンと
　　きた。結婚前に言われて破談になるのならわかるけれど、結婚した後に
　　言われてとてもショックを受けた。(新ひだか・壮年層・女性)
・結婚する時にはアイヌ同士の結婚だったから、家族みんなに反対された。
　　混ざりっ子の結婚だったとしても、アイヌ同士が結婚すると血が濃くな
　　るから、母親からやめるように強く言われた。(札幌・壮年層・男性)
・毛深いことでずっと深く悩んできており、つらい思いをしてきた。毛深
　　いということだけでアイヌと言われることが不愉快である。なぜ毛深い
　　ことでここまで言われなければならないのかと、強い怒りや悲しみを感
　　じる。(伊達・壮年層・女性)

　このように、否定的な意識を持つにいたる経緯には、過去に差別やいじめ
を受けた経験があり、そのときの意識や状況が現在も続いていた。学校の友
だちはアイヌを理解してくれず、教師はアイヌの子どもに対して浴びせられ
る差別的な発言を抑止してはくれなかった。青年層においてはアイヌである
ことで結婚を反対されたという語りは見られなかったが、老年層や壮年層で
は、和人のパートナーとの結婚をパートナー側の親族に反対されたり、アイ
ヌ同士の結婚は「血が濃くなる」という理由で反対されたりという経験が複
数見られた。さらに、結婚後も配偶者や親族からの被差別経験が離婚の原因
になっているという語りも見られた。また、「毛深い」ことはとりわけ女性
にとって、「見た目」の美醜に関わる事柄であり、アイヌであることを「誇り

だなんて思ったことはない」「普通に生まれてきたかった」などの意識を持ち、劣等感を抱え込まざるをえない状況から抜け出せずにいた。

第3項　どちらでもない（無意識を含む）エスニック・アイデンティティ

　過去においても現在においても、アイヌであることに対して肯定的でも否定的でもどちらでもない、あるいはアイヌであることを意識しない人々はインタビュー調査対象者全体の半数以上を占めている（過去57.6%（152人）、現在55.7%（147人））。しかし、このことは過去にどちらでもない意識であった者が現在も同様の意識であることを意味しない。現在、どちらでもないという意識を持つ人々（147人）は、過去からもともとどちらでもない意識であった者114人、否定的な意識であった者30人、肯定的な意識であった者3人から構成されている。

　まず、過去に否定的な意識であったが、現在はどちらでもない意識に変容した人々の語りを見てみると、過去に被差別経験があったものの、現在は過去に比べてあからさまな差別が減少しているという時代の変化を感じていることがあげられる。加えて、アイヌの人々が年齢を経るごとに周囲から向けられるネガティブな経験を受け流せるようになるという個人の主観が変化し、否定的な意識が薄らぎ、どちらでもない意識を持つようになっている。

（過去は「否定的」であったが現在は「どちらでもない」）
・毛深いということが、アイヌ民族であることの認識というか、コンプレックスになっている。小学校1年生の時から、毛深いことでいじめられていた。（中略）（現在は）小さい頃からそういうアイヌ文化が受け継がれて来たわけではないが、アイヌ協会の活動に触れて素晴らしいと思うようになり、みんなに理解されるようなアイヌ文化であったらいいなという思いも持っている。しかし、アイヌ文化についてシャモの前ではあまり言えない。（札幌・壮年層・女性）
・社会のなかで昔に比べれば、差別はなくなっていると思うが、たまに「あの人、アイヌの血が流れているね」とか聞くことはある。どういう意味で言っているのと思うが、別に気にしないでいる。「彫りが深いしね」「毛

深いしね」とか、「あの人毛深いけど、アイヌの血がまざっているからじゃ
ない」という一般的ないい方はたまに聞いたりする。違う言い方にして
ほしいと思う。「濃い同士が一緒になったら、子どもがかわいそうにね」
と聞くことがある。アイヌ同士一緒にならないほうがいいといってもタ
イミングもあるし、たまたまそうなだけで「あの人の子どもってかわい
そう。すごく濃いものね」など聞くとそんなこと言わなくたっていいと
思う。(新ひだか・壮年層・女性)

　このように、過去に毛深いことでいじめられたなどの被差別経験があり、
否定的な意識であったが、その後、現在はそういった差別のまなざしや言動
は少なくともアイヌの人々に向かって直接的に向けられる機会が減少してい
ると感じている。それにともなって否定的な意識は陰を潜めたが、いまだに
「あの人毛深いけど、アイヌの血がまざっているからじゃない」や「濃い同士
が一緒になったら、子どもがかわいそうにね」といった発言があると、自分
自身が言われたわけではなくとも、同胞がそうした視線に晒されていること
に悲しみを感じている。そうした状況が、「積極的にアイヌということを出
すことはない」という対応に結びついていると考えられる。また、「みんな
に理解されるようなアイヌ文化であったらいいな」という思いはあるものの、
和人の前ではアイヌ文化を語れない。過去のネガティブな経験が前向きなア
イヌ文化活動への参加を阻んでいる。こうした傾向は壮年層において多く見
られた。
　最後に、最も大きい割合を占める、過去も現在も「どちらでもない」意識
の人々の意識を見てみよう。どちらでもない意識の人々の特徴を概括すると、
次の4点にまとめられる。第1に、自身がアイヌの血筋であるということは
認識しているものの、アイヌの伝統文化や生活様式をほとんど経験しておら
ず、これからも経験したいという意識が見られない人々である。第2に、自
身がアイヌの血筋であるということは認識しており、アイヌの伝統文化を学
んだり伝承に携わったりしているが、それをごく自然なこととして行ってい
るので、とりたてて意識していないという人々である。第3に、アイヌの血
筋が「薄い」ためにアイヌであることを意識しない、あるいは和人と同化し

ているのでアイヌとしての意識がない、いわば「無意識」な人々である。第4に和人配偶者のうち、アイヌ配偶者が上記3つの特徴にあてはまる人々である。全体としては深刻な差別を経験していないことが背景にあり、青年層において顕著であった。

（過去も現在も「どちらでもない」）
・小学校の行事で伊達にあるカルチャーセンターに行き、ムックリを作る体験をした。それ以外、個人的にアイヌ文化に触れる体験をしたことはなく、周囲にもアイヌ文化を実践する人はいなかった。(伊達・青年層・女性)
・アイヌ民族も結局は日本人だからこだわらなくてもいいと思う。(札幌・青年層・男性)
・アイヌのことを意識して（文化活動を）やっているという感覚はなく、アイヌだという意識もよくわからない、普通の人が「自分は日本人だと思う」ことと同じくらい自分にとっては当たり前なこと。当たり前ということではなくて、これがすごいとかでもなくて、だからといって特別感はない、というふうに思っている。(白糠・青年層・女性)
・アイヌ民族の1人としての自覚はあまりない。高校生の時に初めて自分がアイヌであることを知らされて驚いた。(中略)親からもアイヌの血筋はほとんど薄いと言われていた。(伊達・壮年層・女性)
・妻がアイヌ民族であると意識することは基本的にない。アイヌであるか否かで区別をしたことはなく、同じ日本人だと思っている。(伊達・老年層・男性・和人)

　すべての年齢層で、アイヌであることを意識しないという人々のなかには、自らがアイヌであることを認識した上で、「日本人」なのでアイヌと和人の違いを意識しないという考え方や、過去のネガティブな経験を経て、現在は「普通に受け入れて」いるために、意識しないという考え方が含まれている。とりわけ青年層には、家庭や地域のなかでアイヌ文化の経験がなく、差別を受けた経験もなく、自身がアイヌであることを認識する機会がなかった人々が含まれている。彼らにとって、アイヌ文化は、博物館やカルチャーセンター

にあるもの、学校で学ぶものとして捉えられている。こうした人々は、血筋のみがアイヌであることを証明するのであり、エスニック・アイデンティティは存在しないと考えられる。つまり、エスニック・アイデンティティは肯定的でも否定的でもない透明な「無意識」になっている。

　一方で、アイヌの人と結婚した和人配偶者のアイヌの血筋あるいは文化に対する敬意や尊重は、アイヌの人自身のエスニック・アイデンティティを肯定的・積極的に捉える契機となりうるはずであり、また、和人配偶者自身がアイヌとして生きる可能性をも含んでいると考えられる。

第4節　エスニック・アイデンティティの未来

　前節ではアイヌの人々の現在におけるエスニック・アイデンティティを語りから概観した。それでは、アイヌの人々は今後、自身のエスニック・アイデンティティをどのように捉えていくのだろうか。まず、人々の今後の生活の意識について、アンケート調査の結果から全体を把握し、次に、インタビュー結果から具体的な語りの内容を見ていく。今後の意識については、「アイヌとして積極的に生きていきたい」「極力アイヌであることを知られずに生活したい」「とくに民族は意識せず生活したい」の3つの選択肢から最も近いものを選択する方法をとったが、いずれにもあてはまらない場合は「その他」とした。なお、表では「アイヌとして積極的に生きていきたい」を「積極的」、「極力アイヌであることを知られずに生活したい」を「消極的」、「とくに民族は意識せず生活したい」を「どちらでもない」と表記した。

第1項　アンケート調査結果の概要

　今後の意識については、図5－1の「意識あり」群（「つねに意識している」、「意識することが多い」、「時々意識する」をあわせて全体の 56.4%）を分析対象とした。その結果、各年齢層において「どちらでもない」の割合が最も高く、すべての年齢層で 70% を超えていた。一方、「積極的」の割合が最も高いのは、老年層（25.9%）であり、ついで壮年層（18.0%）、青年層（11.7%）であった（**表5－11**）。地域別に見ると、「積極的」が最も高い地域は札幌（26.0%）であり、次い

154 第5章 現代アイヌのエスニック・アイデンティティ

で新ひだか（18.7％）、むかわ（15.1％）、最も低いのは白糠（12.1％）であった（**表5－12**）。しかし、第1節で見たように、白糠は5つの地域のなかで最もアイヌであることを意識している人の割合が高い（表5－4）。つまり、アイヌであることを意識する頻度の高さが、今後のアイヌとしての積極的な生き方に結びついているわけではない。一方、アイヌの「純血性」が高いほど、今後、積極的に生きていきたいと考えていることがわかる（**表5－13**）。

また、全体のデータについて現在の意識と今後の意識をクロスしたものが**表5－14**である。ここからは、意識する頻度が高ければ、今後のアイヌとしての生き方も積極的になるという傾向が見てとれるが、全体的には「どちらでもない」割合が高く73.2％を占めている。

表5-11　アイヌであることに対する今後の意識（年齢層別）

単位：人、％

	積極的		消極的		どちらでもない		その他		合計	
	実数	構成比	実数	構成比	実数	構成比	実数	構成比	実数	構成比
青年層	25	11.7%	19	8.9%	164	77.0%	5	2.3%	213	100.0%
壮年層	64	18.0%	22	6.2%	263	74.1%	6	1.7%	355	100.0%
老年層	78	25.9%	10	3.3%	212	70.4%	1	0.3%	301	100.0%
合計	167	19.2%	51	5.9%	639	73.5%	12	1.4%	869	100.0%

資料：2008年北海道アイヌ民族生活実態調査結果より作成

表5-12　アイヌであることに対する今後の意識（地域別）

単位：人、％

	積極的		消極的		どちらでもない		その他		合計	
	実数	構成比	実数	構成比	実数	構成比	実数	構成比	実数	構成比
札幌	76	26.0%	23	7.9%	183	62.7%	10	3.4%	292	100.0%
伊達	12	14.6%	3	3.7%	65	79.3%	2	2.4%	82	100.0%
むかわ	44	15.1%	17	5.8%	230	79.0%	0	0.0%	291	100.0%
新ひだか	28	18.7%	9	6.0%	113	75.3%	0	0.0%	150	100.0%
白糠	7	12.1%	0	0.0%	50	86.2%	1	1.7%	58	100.0%
全体	167	19.1%	52	6.0%	641	73.4%	13	1.5%	873	100.0%

注）札幌・むかわ調査における「肯定的になる」は「積極的」、「否定的になる」は「消極的」と表記
資料：2008年北海道アイヌ民族生活実態調査結果より作成

第2部　アイヌの人々の生活の歩みと意識　155

表5-13　アイヌの血筋の「純血性」と今後の意識

単位：人、％

	積極的		消極的		どちらでもない		その他		合計	
	実数	構成比	実数	構成比	実数	構成比	実数	構成比	実数	構成比
父母祖父母とも アイヌ	40	26.3%	10	6.6%	100	65.8%	2	1.3%	152	100.0%
父母ともアイヌ	42	22.2%	11	5.8%	133	70.4%	3	1.6%	189	100.0%
父のみアイヌ	33	14.9%	11	5.0%	175	78.8%	3	1.4%	222	100.0%
母のみアイヌ	43	16.2%	18	6.8%	201	75.6%	4	1.5%	266	100.0%
養父母アイヌ	2	66.7%	0	0.0%	1	33.3%	0	0.0%	3	100.0%
養父のみアイヌ	0	0.0%	0	0.0%	5	100.0%	0	0.0%	5	100.0%
養母のみアイヌ	3	75.0%	0	0.0%	1	25.0%	0	0.0%	4	100.0%
和人配偶者	4	17.4%	0	0.0%	19	82.6%	0	0.0%	23	100.0%

資料：2008年北海道アイヌ民族生活実態調査結果より作成

表5-14　アイヌであることに対する現在と今後の意識

単位：人、％

現在＼今後	積極的		消極的		どちらでもない		その他		合計	
	実数	構成比	実数	構成比	実数	構成比	実数	構成比	実数	構成比
つねに意識して いる	102	48.6%	7	3.3%	98	46.7%	3	1.4%	210	100.0%
意識することが 多い	46	21.6%	20	9.4%	142	66.7%	5	2.3%	213	100.0%
時々意識する	18	4.1%	25	5.7%	390	89.0%	5	1.1%	438	100.0%
合計	166	19.3%	52	6.0%	630	73.2%	13	1.5%	861	100.0%

資料：2008年北海道アイヌ民族生活実態調査結果より作成

第2項　アンケート調査結果の概要

　以降では、インタビュー調査の結果に基づき、エスニック・アイデンティティの未来を検討していくが、まず、アンケート調査とインタビュー調査で結果が大きく異なっている点を概説する。アンケート調査では、今後の意識として「アイヌとして積極的に生きていきたい」という者は19.2％にとどまっていたが、インタビュー調査では、43.6％にのぼっている（**表5-15**）。

156　第5章　現代アイヌのエスニック・アイデンティティ

表5-15　アイヌであることに対する今後の意識（年齢層別）

単位：人、%

	積極的		消極的		どちらでもない		不明・その他		合計	
	実数	構成比	実数	構成比	実数	構成比	実数	構成比	実数	構成比
青年層	29	46.0%	2	3.2%	30	47.6%	2	3.2%	63	100.0%
壮年層	36	35.6%	1	1.0%	60	59.4%	4	4.0%	101	100.0%
老年層	50	50.0%	2	2.0%	44	44.0%	4	4.0%	100	100.0%
合計	115	43.6%	5	1.9%	134	50.8%	10	3.8%	264	100.0%

資料：インタビュー調査（2009～2014年）結果より作成

表5-16　アイヌであることに対する今後の意識（地域別）

単位：人、%

	積極的		消極的		どちらでもない		不明・その他		合計	
	実数	構成比	実数	構成比	実数	構成比	実数	構成比	実数	構成比
札幌	33	64.7%	1	2.0%	17	33.3%	0	0.0%	51	100.0%
伊達	7	14.9%	0	0.0%	39	83.0%	1	2.1%	47	100.0%
むかわ	34	55.7%	3	4.9%	24	39.3%	0	0.0%	61	100.0%
新ひだか	21	36.8%	1	1.8%	29	50.9%	6	10.5%	57	100.0%
白糠	20	41.7%	0	0.0%	25	52.1%	3	6.3%	48	100.0%
全体	115	43.6%	5	1.9%	134	50.8%	10	3.8%	264	100.0%

資料：インタビュー調査（2009～2014年）結果より作成

「とくに民族は意識せず生活したい」は、アンケート調査では73.5%であるが、インタビュー調査では50.8%である。年齢層別（**表5－15**）と地域別（**表5－16**）に見ても全体的に積極的な意識である者の割合が高い。これはインタビュー対象者がアイヌ協会を通じて選出された人々であり、アイヌ文化の保存・伝承活動や奨学金・各種貸付金の制度利用など、アイヌであることを前提とした活動に携わったり、経済的なメリットを得る立場にあるといったことが背景にあると考えられる。そういった意味でのバイアスがかかっていることを考慮する必要がある。以降ではこうした点に留意しながら、具体的な語りに基づき、アイヌとしての今後の生き方を見ていこう。

　まず、「アイヌとして積極的に生きていきたい」という人々の特徴はおおまかには2つあげられる。第1に、現在、肯定的な意識を持っているだけでなく、ライフコースのなかで、アイヌとしてのエスニック・アイデンティティ

第2部 アイヌの人々の生活の歩みと意識　157

を醸成していること、第2に、将来は自らがアイヌの伝統文化や考え方を継承したり発信したりする主体性をすでに獲得している、あるいは今後獲得していきたいと考えていることである。こうした特徴を備えている人々の層は年齢によって、また、地域によってばらつきが見られる。すなわち、壮年層で相対的に少なく、青年層と老年層には多い。また、相対的には札幌とむかわに多く（64.7%、55.7%）、伊達では少ない（14.9%）。

（「アイヌとして積極的に生きていきたい」という人々の意識）

・アイヌとして積極的に生きていきたい。自分がアイヌである、人間であることの証明になるから。精神的支えになるのはアイヌであること。(札幌・壮年層・男性)

・アイヌであることを知られて結構。死ぬまでは保存会にいてやっていきたいと思っている。アイヌとして積極的に生きていきたい。保存会の存在は自分にとってとても大きい。保存会には友だちがたくさんいるし、子どもや孫たちも入っている。(新ひだか・老年層・女性)

・アイヌだと知られると差別にあう恐れがあるかもしれないけれど、アイヌとして積極的に生きていきたいと思うのは、これから若い人の時代になりそうだから、若者のアイヌとして何ができるのかということが自分自身のなかにあることと母親の影響があると思う。母親はアイヌの活動をずっと積極的にしている。母親の様子を見ていてアイヌの活動が大事だと感じる。父親はアイヌではないが、少しは関心があるし、家族みんなが納得していて母親は活動している。母親には頑張ってほしいけれど、自分がもっと頑張らなければと思っている。(札幌・青年層・男性)

・アイヌ民族の精神文化、自然に対しての優しい心などを子どもに伝えていけたらいいなと思います。(白糠・壮年層・女性)

・アイヌの祖先の苦しみや悲しみをうやむやにはしたくないという思いがある。いろいろな事があり、辛かった過去が消えてしまうことは、祖先に対して申し訳ないことだと思う。彼らのためにも、文化継承をし、アイヌ民族の素晴らしさを死ぬまで伝えていきたい。(白糠・老年層・女性)

・アイヌ自身が外に向けて発信するという意識を持っていないとだめだと

思う。（新ひだか・青年層・男性）

・祭司をやり、アイヌとしての誇りを持って生きている。どこへ行っても
　自分をアイヌだと言う。ウタリとは言いたくない。シャモと話す時に一
　番大事なのはアイヌからシャモに溶け込んでいくことだと思う。自分か
　らシャモに飛び込んでいく。向こうから先に言われるより楽になる。ア
　イヌであることを隠すよりもアイヌであることを積極的に話す方が変な
　誤解や遠慮がなくなる。（むかわ・老年層・男性）
・今後アイヌ民族に関して政策的に認めてもらわなければならないことが
　たくさんあると感じており、もっと勉強して、札幌市や北海道へ要望を
　出して活動していきたいという気持ちがある。（札幌・壮年層・女性）

　このように、アイヌであることすなわちアイヌとしてのエスニック・アイ
デンティティが自身の「精神的支え」になっていることの背景には、自分自
身のみならず周囲の人々も将来にわたって前向きな見通しを持っているとい
う状況がある。たとえば、「保存会の存在は自分にとってとても大きい」こ
とに加え「友人や家族が参加している」、アイヌである母親の活動を「家族み
んなが納得して」いるという語りに見られる。そうした環境のなかで、アイ
ヌ民族の素晴らしさやアイヌ民族の精神文化への誇りと伝承の必要性が認識
され、積極的なエスニック・アイデンティティが醸成されている。親世代が
アイヌの文化活動に取り組む姿を見て、「母親が頑張っている。自分も頑張ら
なければという思い」や、自身が子どもたちにアイヌ伝統舞踊やアイヌの人々
の精神文化を伝承していきたいと考えている。また、「祖先の苦しみや悲しみ
をうやむやにしたくない」ために、アイヌとして積極的に生きていきたいと
いう語りもあった。このように、自分自身がアイヌ文化の主体となり、「アイ
ヌ自身が発信する」、「アイヌであることを隠すよりもアイヌであることを積
極的に話す方が変な誤解や遠慮がなくなる」という姿勢が積極的なエスニッ
ク・アイデンティティを持つ将来像につながっている。アイヌ文化の発信だ
けでなく行政に政策的に認めさせるための要望を出すということも、アイヌ
としての積極的なエスニック・アイデンティティの表れであるといえよう。
　次に、最も多い割合を占める「とくに民族は意識せず生活したい」意識を

持つ人々の語りに着目してみよう。こうした意識を持つ人々は、おおまかに2つに分けられる。第1に、そもそもアイヌであることを現在も今後も意識するつもりもなく、これまで通りに生きていきたいという人々であり、大半を占めている。第2に、アイヌとしてのエスニック・アイデンティティはあるものの、周囲への影響を考慮して、あまり民族性を出さずに生活していきたいという人々であり、老年層や壮年層に多く見られる。まず、第1のカテゴリーにあてはまる人々の語りを見てみよう。

（「とくに民族は意識せず生活したい」意識を持つ人々）
・とくに民族は意識せず生活したい。ずっとそういうふうにやってきたので、今更変えるなんて考えない。（伊達・老年層・女性）
・普通に、自然に生活していきたいから。アイヌ民族とかじゃなくて俺は地球人だっていうことで。（白糠・壮年層・男性）
・アイヌであろうが、朝鮮人であろうが、黒人であろうが、ひとりの人間としてどこの社会においても認められる世界に共通する人間の生き方があると思う。アイヌ文化はちゃんとあるけれど、アイヌ民族だからということではなく、そういう方向に憧れ希望を持っている。（新ひだか・老年層・男性）
・アイヌだからといって恥ずかしがる必要もないし、自身も恥ずかしいとは思っていない。普通に生活する上で、アイヌか和人かをとくに意識する必要がないと思う。（伊達・壮年層・女性）

　このようにアイヌとして積極的に生きるというよりは、普通に生活していきたいという考えを持っていた。アイヌ民族としてではなく「地球人」として、「ひとりの人間」として認められたい、アイヌであることは、「恥ずかしがることもない」「隠すことでもない」ので、「とくに民族は意識せず生活したい」と考えていた。つまり、エスニック・アイデンティティはほとんど有していないと捉えることができよう。一方、エスニック・アイデンティティはあるものの、周囲への配慮のためにアイヌであることを意識しないという人々のなかには、下記のような思いを持っているケースも含まれていた。

・子どものことも考えると、あえて強くアイヌということを積極的に出していくというよりは、とくに民族は意識せず生活したい。あまり積極的になると、子どもたちがかわいそうだと思う。子どもたちはアイヌのことをそんなに深く考えたことがないだろうと思うためである。(伊達・老年層・男性)

・アイヌとして知られずに生活しながらも、アイヌ文化は引き継いで活動したい。「アイヌとして積極的に生きていきたい」なんていうのはないが、文化はしていきたい。文化の継承には関心がある。アイヌ文化を積極的に子どもに教えるつもりはない。子どもたちは子どもたち自身の判断で決めることだから、自分たちのものを受け継いでほしいというふうには思わない。(新ひだか・青年層・女性)

・アイヌ民族については興味を持ち始め、文化に関わる活動をしているものの、アイヌ民族としての意識を明確に持って生きていこうといったところまでは、自分のなかではまだ定まっていない。感覚としては、アイヌ民族どうのこうのというよりも、自分の先祖から受け継いできた考えや物事は大切にしていきたいとは思っている。(札幌・青年層・男性)

・行事などは興味があるので参加しようと思うが、自分の家でカムイノミするなどの本格的なことはしないのではないかと思う。(白糠・青年層・男性)

・「私アイヌですよ」と積極的に生きることもないと思う。隠すこともしたくない。アイヌとしての活動はしていきたい。(新ひだか・青年層・女性)

　これらの語りからは、アイヌの行事やアイヌとしての文化活動に携わっていきたいという気持ちはあるが、「あまり積極的になると、子どもたちがかわいそう」、子どもたちには「自分たちのものを受け継いでほしいというふうには思わない」と配慮や遠慮をしている。つまり、子どもに迷惑をかけたくないために、アイヌとしてのアイデンティティを表面化せずに生活をするという意識である。しかし、子どもに迷惑をかけることがなければ、もっと積極的にアイヌとして生きていきたいという希望を持っていると捉えることもできる。ただ、青年層には「自分の先祖から受け継いできた考えや物事は

大切にしていきたい」「行事などは興味があるので参加」するが、「自分の家でカムイノミするなどの本格的なことはしない」というように、今後、アイヌとしてのスタンスを決めていこうという者も見られる。つまり、エスニック・アイデンティティは明確にはなっていないものの、アイヌの伝統文化を大切にしたいという思いを持っている者が多く含まれている。アイヌ文化への取り組みは大切であるという認識を持ちながら、アイヌとしてのエスニック・アイデンティティは持ちづらい状況にあるのではないだろうか。つまり、アイヌ文化とエスニック・アイデンティティが切り離されている。アイヌ文化は素晴らしいものとして持ち上げられ差別されないのに、アイヌとしての身体すなわちアイヌの人そのものは認められていないという社会の状況を反映した意識なのではないだろうか。その結果、エスニック・アイデンティティをともなわないアイヌ文化の肯定化が進行しているのである。

おわりに

　本章では、アンケート調査とインタビュー調査の具体的な語りから、アイヌの人々のエスニック・アイデンティティを世代、血筋、地域に着目しながら検討した。その結果、得られた知見を以下の４点にまとめる。

　第１に、全体としては、アイヌであることの意識はすべての年齢層において「否定的である」が一貫して減少していることである。過去に否定的な意識を持っていた人はアイヌを取り巻く社会状況が変化するなかで、エスニック・アイデンティティも肯定的な方向に変化してきた様子を確認することができた。インタビュー調査から、過去から肯定的な意識へ変化した者の割合は、白糠で約半数、新ひだか、札幌、むかわでも３分の１程度を占めていた。ただし、伊達は 2.1％のみであり、もともと否定的でも肯定的でもない意識である者が８割程度を占めており、過去から現在への意識の変化がほとんど見られないという特徴が見出せる。

　第２に、一方で、アイヌであることについて、「まったく意識しない」人々が約半数を占めている。しかし、地域に着目すると、新ひだか、むかわ、伊達では、50％前後であるのに対し、白糠ではアイヌであることを「まったく

意識しない」という者はわずか 3.1% であり、対照的である。また、世代に
着目すると、エスニック・アイデンティティの存在以前に、アイヌ文化活動
への参加の機会や興味がない人々や、親世代から告知されていないために自
身がアイヌの血筋であることを知らない人々が存在しており、若い世代で顕
著であった。こうした状況は、エスニック・アイデンティティの無意識化を
よりいっそう進行させると考えられる。

　第3に、「純血性」がエスニック・アイデンティティに与える影響には3
つの方向があることである。ひとつは、「祖父が酋長」「(両親がアイヌなので)
血統書つきのアイヌ」というように、アイヌとしての血筋の「純血性」が、エ
スニック・アイデンティティを肯定的に捉える要素となっている一方で、ふ
たつめに、「血が濃い」ことが毛深いなどの身体的特徴につながり、差別の
対象になると恐れることが否定的なエスニック・アイデンティティにもなっ
ているということである。3つめに、「血が薄い」ことは、アイヌとして積
極的に生きる必要性を感じない「無意識化」の要素になっていることである。
ただし、「血が薄い」ことがアイヌ文化を実践しない理由にはなっていない。

　このことに関連して、第4に、エスニック・アイデンティティを伴わない
アイヌ文化の肯定化も進行していると見られることである。つまり、アイヌ
伝統文化が重要なものであり、活動に参加したり継承したりするべきもので
あるという認識を持つ者が、必ずしもアイヌとしてのエスニック・アイデン
ティティを有しているというわけではない。アイヌ文化とエスニック・アイ
デンティティが切り離して捉えられている。こうした意味では、和人配偶者
がアイヌ文化の担い手となることも十分に考えられる。和人配偶者のなかに
は、アイヌとしてのエスニック・アイデンティティはないが、アイヌ文化へ
の興味・関心そして敬意・尊重する気持ちを持っている者が多く含まれてい
るからである。

　以上、4点に本章の内容は概括されるが、最後に、「はじめに」でふれた、「主
観的にはどうあれ客観的には『アイヌ民族＝先住民族』との枠を被せ難い」(河
野 1996: 168) という立場をとる先行研究におけるエスニック・アイデンティ
ティの捉え方への考察を加えて本章をしめくくりたい。

　河野は、「主観的な『アイヌ民族』の一員であるという自意識の残存につい

ては、社会的矛盾にもとづいて生起された面について配慮する必要があるが、その醸成については、社会的差別の再生産を呼び起こす向きがあるので注意を要する」(河野 1996: 168) としながらも、第二次世界大戦後から今日までの間におけるアイヌの人々の「生き方の方向性」を2つに大別し、自らを「アイヌ」もしくは「アイヌ民族」であると位置づけ、「アイヌ」としての特権を主張する「ニュー＝アイヌ」、あえて「アイヌ」としての特権を求めようとはしない立場の人々を「ポスト＝アイヌ」として、「特権」を得ようとするためにエスニック・アイデンティティを主張する人々を批判的に検討している (河野 1996)。

　本研究におけるアンケートやインタビューで表明されたエスニック・アイデンティティは、現代を生きる様々な背景や経験を経たアイヌの人々が、表出してもよいと戦略的に判断した表層にあたる部分にすぎないのかもしれない。ただ、エスニック・アイデンティティの無意識化が進行するなかでも存在している、主体的な意識を持ってアイヌの伝統文化に取り組もうとする人々の活動を支えるにあたって、エスニック・アイデンティティと「特権」を直接的に結びつけることは、肯定的なエスニック・アイデンティティ醸成に水を差すことにつながりかねない。また、本章で検討したアイヌの人々の約半数は、アイヌとしてのエスニック・アイデンティティをまったく意識せず、肯定的な意識も否定的な意識も持っていない人々である。その一方で、過去には否定的なエスニック・アイデンティティであった者が、アイヌ文化の経験やアイヌを取り巻く社会状況の変化を受けて、肯定的な方向でエスニック・アイデンティティを変化させていることが見出せた。「ポスト＝アイヌ」「ニュー＝アイヌ」という枠組みでは、こうしたエスニック・アイデンティティの存在や意識の変化を捉えることはできないのではないだろうか。

　現代に生きるアイヌの人々のエスニック・アイデンティティを前向きなものにするにあたっては、人々がアイヌの文化のみならずアイヌとしての身体を持つ人々そのものを承認し、アイヌの人々の経験を共有しようと顧慮し続けることが重要であろう。

注

1　なお、有効回答のうち、各質問項目に対して回答があったものを分析対象としているため、図表によって合計数が異なっている。

第6章

アイヌの人々のメディア環境と情報発信の現段階

小内純子

はじめに

　本章は、アイヌの人々がこれまでどのようにメディアと関わってきたのかを明らかにするとともに、アイヌの人々を取り巻くメディア環境と情報発信の現状について把握を試みるものである。ここで「メディア環境」を分析すると言った場合、何よりもまずアイヌの人々がこれまでの歴史のなかで「先住民族メディア」と呼べるようなメディアといかに関わってきたのかという点に注目する。先住民族メディアとは、「先住民族により、先住民族を主たる受け手として運営されるメディア」と定義できる。筆者はすでに、本シリーズ第1巻において、北欧の先住民族サーミのメディアの所有と利用の実態に関して論じている。先住民族メディアを所有することの意義については、前稿でまとめているので詳しくはそちらを参照してほしい。ここでは、以下の点について簡単に確認しておく。先住民族自身がメディアを所有することは、内部的には、民族としてのアイデンティティを確立し、民族としての誇りと自覚を芽生えさせ、民族としての共同行動を促すような力を持ちうる。また、外部的には、主流社会からは「見えない存在」であった先住民族の存在を可視化するという効果を持つ。たとえ主流社会の視点で情報が流れたとしても、それは先住民族に対する「ゆがめられた像」を定着させる方向に作用する場合が多い。したがって、自らがメディアを所有し、先住民族の視点から情報発信することは、そうした主流社会におけるステレオタイプのイメージを覆すという点からも大きな意味を有している。

　本研究チームは2008年度からアイヌ民族に関する調査研究に取り組んで

おり、2009 年度に札幌市とむかわ町、2012 年度に新ひだか町、2013 年度に伊達市、2014 年度に白糠町でアイヌの人々に対する面接調査を実施している。筆者がこの調査研究に参加したのは 2012 年度からでありメディアに対する調査もその時点から着手された。そのため本稿が対象とするのは、新ひだか町、伊達市、白糠町の 3 地域の調査結果である（小内純子 2013b, 2014b, 2015c, 2016b）。

　以下では、まず第 1 に、アイヌ民族がこれまでに関わってきたメディアのあり様について、戦前と戦後に分けて振り返ってみる。その上で、第 2 に現在のアイヌ関連メディアの認知度と利用状況を考察し、第 3 にメディアへの評価と情報発信について検討していく。

第 1 節　アイヌ民族とメディアの関わり

第 1 項　アイヌ民族と活字メディア

　最初にアイヌ民族の活字メディアの歴史を振り返ってみる。文字を持たないアイヌ民族にとって活字メディアは日本語で書かれたものがほとんどである。したがって、その始まりは、明治期の同化政策の下、1880 年ごろから旧土人学校が各地に設立され、日本語の習得が押し進められて以降のことである。以下では戦前と戦後に分けてアイヌ民族関連のおもな活字メディアの特徴について見ていく。

（1）戦前の活字メディア

　戦前のおもな活字メディアとしては、「ウタリグス」「ウタリ乃光り」「ウタリ之友」とアイヌ協会の機関紙「蝦夷の光」が存在する[1]。**図 6 − 1** は、戦前の活字メディアの発行時期を図示したものである。「ウタリグス」が 1920 年代前半のほかは、いずれも 1930 年代前半に発行されている。簡単に各新聞・雑誌の特徴を見てみる。

　①ウタリグス：1920（大正 9）年 12 月に創刊された（ただし創刊号は所在未判明）。「ウタリグス」は、アイヌ伝道団の機関紙である。アイヌ伝道団とは、CMS（英国聖公会海外伝道協会）の宣教師であるジョン・バチェラーを団長とす

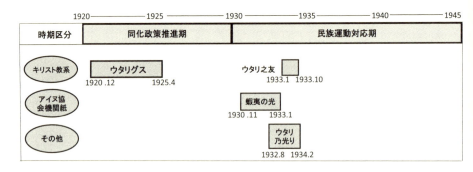

図6-1　戦前の活字メディアの発行状況

る団体で、1919（大正8）年に結成されている。1925年4月1日の第5巻第4号が所在の判明しているものでは最後の号である。当初は月刊を目指したが途中で断念している。おもな執筆者として、片平富次郎、向井山雄、バチェラー八重子、江賀寅三らが名を連ねている。

発行兼編集人の片平が、「ウタリグス新年号」（第1巻第2号　1921年1月20日発行）に寄せた「年頭に苦言を掲て吾人の自覚を促す」というタイトルの一文では、「大いに欠点を補ひ、完全なる日本民になる可きだ」とし、そのためには、無教育、貧乏、不衛生、飲酒の習慣を克服することの重要性が説かれている。同じ号で向井山雄もまた、アイヌが働いても働いても貧乏で、進歩がない要因を、①学問ないこと、②自分のことばかりを考えている点に求めている。機関紙全体を通じて、アイヌの側が抱える問題状況を克服し、よき日本人になることが説かれている。キリスト教の布教であるという性格も関係していると思われるが、第8号（1921年12月10日号）の片平の文章のなかに、「前号に自分の書いた事で、内務省警保局から注意を受けた」とあり、つねに監視されているなかで発行されている点にも留意する必要があろう。

②蝦夷の光：「ウタリグス」の最後の号から5年ほどの空白期間を経て、次に創刊されるのが北海道アイヌ協会の機関紙「蝦夷の光」である。1930年に北海道アイヌ協会が設立され、同年11月5日にその機関紙として創刊号が発行されているが、資金不足のため第4号で廃刊になっている。創刊号は

第2部　アイヌの人々の生活の歩みと意識　167

38頁、1931年3月発行の第2号が50頁、1931年8月発行の第3号が45頁であるが、1933年1月発行の第4号は7頁と少ない[2]。

　この機関紙は、「アイヌ族相互の修養の為」(第1号、23頁)、「同族の教化機関」(第2号、49頁)、「修養機関雑誌」(第4号、2頁)とあるように、アイヌの人たちの啓蒙教化を目的として発刊されたものである。とくに第1号、第2号には、北海道庁社会課長が、それぞれ「独立自主の社会人たれ」、「先ず住宅の改善を図れ」という一文を寄せているほか、第2号には道庁社会課職員の喜多章明が、「教化資料」として「最近に置ける全道土人の概況　青年よ！！先ず自己の脚下を知れ」という長文を執筆している。したがって先住民族メディアとはいえない性格を持っている。また、こうした和人の役人だけでなく、アイヌの人たちの文章のなかにも、「政府がアイヌ人の生活を高める為に特に保護法を設けて、私共を心から保護して下さつて居りますけれ共、私共の自覚が足りない為に何時も社会の一番低い、即ち下級の生活を営んで居る事は、誠に残念だと心得て居ります」(第1号、16頁)というような、今日の「自己責任論」にも通じる主張が目に付く。そうした状況から脱する為に、勤勉、禁酒、住宅改善、教育の必要性などが繰り返し述べられている。

　ただし、こうした傾向は、第2号、第3号と進むに従い、次第に薄れていくように読み取れる。たとえば、第2号の貝澤正「土人保護施設改善に就て」や小信小太朗「いつ迄も学者の研究材料たる勿れ」の文章からはアイヌ民族としての尊厳が感じられる。このように性格変化の兆しも見られたが、残念ながら2年あまりで廃刊になっている[3]。

　③ウタリ乃光り：続いて1932(昭和7)年8月30日に、勇払郡鵡川村字チンの青年団の機関紙「ウタリ乃光り」が創刊される。チン青年部は、それまで属していた井目戸青年団からアイヌ青年たちが独立して、1932年に発足した団体である。創刊号には、若者らしい情熱がほとばしっており、「意気！意気！青年の意気、向上の意気。チン青年団結成の声は覚醒への警鐘であった。更生への福音であった」と書かれている。当時、「亡びゆく民族であり保護民である」とみなされていたアイヌの復権を願っており、そのためにとくに強調されていることは、酒を克服することと一致団結することの2つである。

初代団長は辺泥和郎で、彼による執筆が圧倒的に多い[4]。辺泥は、キリスト教伝道師を父に持ち自らも伝道師の資格を有し、アイヌ青年の運動にも積極的に参加していた。辺泥は、アイヌは「帝国皇祖建国の当初よりの臣」だったとし、皇室中心主義の立場に立ち、さらに、松前藩が非同化政策をとったことが、その後アイヌが同化政策に対応することを難しくしたと述べるなど、独特の持論を展開している。機関紙としての発行は15号（1934年2月発行）までで、16号からは辺泥の個人誌となったとされるが詳細は不明である。

15号には、「ウタリーの唯一の機関紙『蝦夷の光』が廃刊されて以来互の消息（全道的）知る由もなく」とあり、志を同じくする同胞と協力したいと思っても、「何等聯絡機関がない為にその存在を知り得ない事は真に遺憾な事であります」と書かれている。この時期、活字メディアが、全道に散らばるアイヌの人たちをつなぐ媒体として、その存在意義が認められてきていたことがわかる。

④ウタリ之友：「ウタリ之友」は、片平富次郎が編集・発行人で、1925年4月に途絶えた「ウタリグス」の後継誌とみなされている。創刊は、1933年1月20日で、創刊号のバチェラー八重子の文章には、ジョン・バチェラーが古本を売って資金を捻出したことが書かれている。執筆者には、聖公会を離れた江賀寅三の名はなく、それに代わって知里高央（知里幸恵の弟、真志保の兄）をはじめ新しいメンバーが加わり、とくに若いアイヌ女性が参加した点で注目されている（小川・山田 1998: 605）。現在所在が判明しているのは1933年12月に発行された10号までで、1年で終わっており、発行期間は短い。創刊号で片平は、「亡びゆく民族として自滅するか？ 自力更生の旗を押し立てゝ、侮辱的保護法を撤廃して、立派な国民として立つか、一にウタリ青年の奮起と自覚に俟たねばならないのである」としている。たとえば、山内精二は、信仰と教育と努力が必要だとし、飲酒問題も信仰によって克服すべきと説いている。主張は「ウタリグス」と同じであるが、以前より信仰の意義が強調されているように感じられる。また、ジョン・バチェラーは、アイヌ27人を教員養成のために東京へ派遣したり、アイヌの学校を設立したとして、北海道開拓使次官（当時）黒田清隆を高く評価した記事を寄せている。なお、知里高央は、離れて生活するウタリは、胸襟を開いて語り合うこ

とができないため、この不便を補う役割を機関雑誌が担っているとし、機関紙・機関誌発行の重要性を指摘している。

なお、「ウタリ之友」と先に見た「ウタリ乃光り」とは発行時期が一部重なっている。「ウタリ之友」に辺泥が投稿していたり、「ウタリ乃光り」にジョン・バチェラーから激励が寄せられたりと、両誌は友好的な関係にあったことがわかる。

（２）戦後の活字メディア

図6－2は、戦後のおもな活字メディアの発行状況を図示したものである。キリスト教関係の雑誌はなく、アイヌ協会（ウタリ協会）の機関紙が2紙とその他に分類される雑誌が3誌発行されている。時期区分に即して見ると、民族政策停滞期に2紙（アイヌ新聞、北の光）、福祉対策展開期に2紙（先駆者の集い、アヌタリアイヌ）、民族文化振興期に1紙（アイヌタイムズ）が創刊されている。

①アイヌ新聞：戦後、最初の活字メディアは1946年3月1日に創刊された「アイヌ新聞」である。当初は、高橋真が個人的に設立したアイヌ問題研究所から発行されていたが、6号（同年6月11日発行）からアイヌ新聞社に発行所が変更されている。高橋は1920年十勝の幕別生まれで、釧路の新聞記者を務めた経験を持つ。「アイヌ新聞」は14号（1947年5月2日発行）までと号外（1946年10月15日発行）の発行が確認されている。

創刊号では、「唯一の言論機関」であると自負し、人民大衆、アイヌ同族に

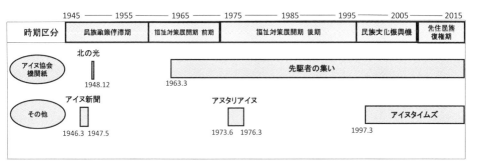

図6-2　戦後の活字メディアの発行状況

も自由と平和を与えたとしてマッカーサー元帥を支持、「不正和人」の追放が主張されている。同じ年に再結成されたアイヌ協会に対しては、基本的に支持する立場にたつ。アイヌ協会に関しては、当初から「御用協会」「選挙母体」という批判があったことを認めつつも、アイヌの一致団結こそ重要であるという視点からアイヌ協会を擁護し、全道1万7000人のウタリがアイヌ協会のもとに結集することを主張している。紙面には、「アイヌ協会の機関誌の姉妹紙」という表現や「アイヌ協会の機関誌とせられたいとの話あり」という記述も見られ、アイヌ協会との関係は密であったことがわかる。

北海道旧土人保護法に対しては、現状では保護が必要であるとし、即時撤廃に反対している。御料牧場解放に関しても、その解放の必要性は説いたが、同時に、アイヌ問題の解決には「和人対土人の"融和"こそ急務 斗争は大禁物！」という立場にたっている。天皇制を支持し、「アイヌと和人の区別をなくし、天皇の赤子として協力すべきである」としている。このように、創刊当時の過激なイメージとは異なり、主張はきわめて穏健で、保守的である。結局、アイヌ協会の機関紙とはならず1年2か月ほどで休止している[5]。

②北の光：「アイヌ新聞」が14号で終了した後、1年7か月経過した1948年12月に北海道アイヌ協会の機関紙「北の光」が創刊されている。北海道アイヌ協会は1946年2月24日に社団法人として北海道庁の指導の下で再出発している。機関紙は、協会創設から2年以上たってから創刊されており、機関紙の発行は、「多年本会の懸案とされて来た」(巻頭言)ものであった。52頁に及ぶ本格的な冊子であったが、創刊号のみで終わっている。

創刊号によれば、社団法人北海道アイヌ協会は、政治団体ではなく、社会事業団体、慈善事業団体であるとされる。アイヌ協会の使命は、「アイヌ民族の教養を高めるとともに福利厚生を図って物心両面に亘り同族の向上発展を期することにある」とし、具体的な事業として、教育の高度化、農業漁業など職業の確立、住宅の改善、療養施設の確保などがあげられている。機関紙は、各市町村の支部を通じて指導連絡を徹底するという役割を担っていた。この時期は、農地改革法の適応によって「アイヌ給与地」が不当に取り上げられるということが起きていたため、それに対する憤りや批判の文章もいくつか見られるが、「和人に同化し、理想と希望をもって進むという事は民族

の進歩を示すものである事を忘れる訳にはいかぬであろう」(25頁)という一
文が示すように、基本的には同化政策を肯定した上で、アイヌの生活を改善
し地位向上を図ることを目指していた。その点では戦前の「蝦夷の光」の路
線を踏襲している。

　③先駆者の集い：福祉対策展開期に入った1961年に、北海道アイヌ協会
は北海道ウタリ協会に改称し、その機関紙「先駆者の集い」が1963年3月
に創刊されている。創刊号は63頁に及んだが、第2号の発行はそれから8
年半後の1971年10月のことである。しかも1973年までは4頁ものが年
1回発行されただけで、福祉対策展開期前期(1961~1973年)の運動は低迷
していたことがわかる[6]。その後、発行回数やページ数が一定しない時期が
続いたが、2007年以降は1回8頁ものを年3回発行する方向が定着してい
る。発行部数は、第15号(1977年5月)の2,500部から第60号(1993年10月)
にかけて5,000部へと倍増したが、現在は4,500部である。2016年1月1
日に136号が発行されている。

　「先駆者の集い」は、1994年に当時の北海道ウタリ協会によって刊行され
た『アイヌ史』(北海道ウタリ協会アイヌ史編集委員会編1994)に第61号までが
収録されており、その総論で田端宏は、同紙の性格の変化について第28号
までは「事務連絡紙」的な性格が強かったが、「1980年代、特に『アイヌ新
法』をめぐる協会の活動の活性化にともなって変容をしめしている。『機関
紙』の姿を見せてきている」と解説している(田端1994: 9-10)。しかし、136
号までを概観する限り、「運動体の機関紙」という性格はそれほど強くなく、
アイヌ関連施策の解説や進捗状況、アイヌ協会の活動報告、イベントや研修
会の案内、アイヌ伝統工芸展の受賞者の紹介、訃報など、お知らせや報告的
な記事が多い。また、事務局はかつて北海道庁に置かれ、年度の最初の号に
北海道知事の年頭の挨拶が掲載されており、純粋な先住民族メディアとはい
いがたい面を持つ。

　④アヌタリアイヌ：これまで戦前・戦後を通じて見てきた雑誌や新聞が、
すべて同化主義の立場にたち、共通する主張が多く見られるなかで、異彩を
放つのが1973年6月1日に札幌で創刊された新聞「アヌタリアイヌ」である。
1973年1月に札幌で開催された「全国アイヌ語る会」をきっかけに、アイ

ヌの若者自身によって発行されるようになる。「アヌタリアイヌ」には「われ
ら人間」という意味が込められており、創刊号の「編集後記」には、「人々が
わたしたちを"アイヌ"と呼ぶ、その"アイヌ"という意味が、わたしたちの
生き方を拘束しているものとなっている状況」「この状況としての"アイヌ"
こそがわたしたちの問題である」という基本的な立場が表明されている[7]。

1973年6月1日に創刊され、1976年3月31日発行の第19、20合併
号まで約3年間に18回(2回の合併号を含む)発行されている。第5号までは、
平村芳美刊行会代表、佐々木昌雄編集責任という体制をとっていたが、体調
不良という理由で理論的支柱であった佐々木氏が退いて以降、女性中心で発
行されている。とくに第10号以降は女性3、4人で編集されている。専従
スタッフはおらず、ほかに仕事をしながらの作業であり、なかには勤労学生
という人もいた。発行所は札幌市に置かれた[8]。印刷は約1,000部で固定読
者を600人ほど持ち、「購読料を取って、内輪だけでなくある程度広範な読
者層を獲得しようとしたアイヌ主体の媒体は、当時としては画期的なもので
あった」とされる(東村 2000: 45)。福祉対策展開期後期(1974~1996年)を象
徴する雑誌である。

この新聞の創刊号の1面と2面には「有珠の海を汚すな! 伊達火力発電
所建設に反対するアイヌの漁民たち」という座談会の記事が掲載されており、
この運動の盛り上がりが新聞の発行に影響を及ぼしたと思われる[9]。反対運
動はその後20年余り続くが、「アヌタリアイヌ」では、随時、運動経過を知
らせる記事を取り上げている。また、第3号(1973年9月1日発行)によれば、
北海道ウタリ協会の総会で、伊達支部から「北電火力発電所強行着工に対し
て、協会として統一見解を出し、強力に反対運動を盛り上げてほしい」とい
う動議が提出されたが、「ウタリ協会は福祉団体であるから政治的発言をす
べきでない」という理由で黙殺されたという。そこから同号には、編集部に
よる「北海道ウタリ協会の体質を改めよ」という記事が掲載され、自らを福
祉団体と性格づけるウタリ協会に対する批判を展開している[10]。「アヌタリ
アイヌ」がウタリ協会とは一線を画する編集方針をとっていることがわかる。
ただし全面対決・全面否定という訳ではなく、内部からの改革を試みようと
する立場に立っていた。

「アヌタリアイヌ」は、当初月刊で８頁の新聞を目指したが、実際は約３年間で18回発行、頁数も４頁ものが多い。しかし、北電火力発電所関連の記事のほかにも、特集記事や「"エカシ・フチ"を訪ねて」「チャランケ」といった連載コラムなど読み応えのある記事が紙面を埋めている。これまでの雑誌・新聞には、「"エカシ・フチ"を尋ねて」のように、アイヌの古老の話を丁寧に聞いて、これまでのアイヌの人々の生活から学ぶような記事はほとんど見られなかった。「チャランケ」とはアイヌ語で「きちんとした話し合い・論争」を意味し、そのコーナーでは、アイヌに関わる社会的な問題が取り上げられている。

一方、毎回の「編集後記」からは財政的、肉体的、精神的に新聞を発行し続けることが容易でないことがひしひしと伝わってくる。編集の自由を守るために特定のスポンサーを持たず、購読料と寄付と身銭を切っての発行は赤字を膨らませていった。他に仕事を持っての活動が、肉体的にも大きな負担となっていたことは容易に想像できる。また、誹謗中傷や脅しも絶えず、時には警察の訪問も受けていたようで、精神的なストレスも相当なものであった。とくに1970年代は、戦後第１のナラティブ・ターン（新井2014）と言われるように、数々のテロや破壊行為がアイヌと結び付けて語られ、「アイヌ過激派」がクローズアップされた時期であり、「アヌタリアイヌ」の編集に関わる人たちも危険分子と見られていたと推測される。こうした様々な要因が絡み合って、「アヌタリアイヌ」は３年余りで幕を閉じている。

⑤アイヌタイムズ：「アイヌタイムズ」は、歴史上唯一のアイヌ語による新聞である[11]。萱野志朗を中心に1996年秋に結成されたアイヌ語ペンクラブを発行元とし、1997年３月20日に創刊される。初代会長の萱野志朗は、当時、新聞の取材に答えて、「言葉は民族のアイデンティティーを確立するための中心となる『道具』である」[12]、「アイヌ語はまだ生きているということを知ってもらい、アイヌ語を学ぶ人たちのすそ野を広げたい」[13]と創刊の目的を語っている。ペンクラブの会員は、当初アイヌ語を学ぶ20〜40代13人からなり、うち６人がアイヌであった[14]。1998年以降、会長は２代目野本久栄が担っている。

新聞は、Ａ４判12ページで年４回発行の季刊紙で、発行部数は当初1,000部であった。発行直後は反響も大きく全国から500部の購入希望があり、

ポーランドやロシアの研究者からの引き合いもあったが、その一方で道内の読者は初めから少なかった[15]。その後、発行部数は500部となり、現在に至っている。この18年間途切れることはなく、2016年4月7日に第64号が発行されている。また、最近は一部の記事がYouTubeで放送されており、執筆者が記事をアイヌ語で読み上げそれに日本語の字幕が付けられている。

この新聞の最大の特徴は、文字を持たないアイヌ語を文字で表記しようとした点にある。話し言葉をカナ表記とローマ字表記で併用し、ローマ字は必要に応じて例外アクセント表記も用い、アイヌ語にない新しい言葉には漢字をそのまま充てるなどの工夫がされている。母語話者でない会員たちが多いこともあり、編集作業は多くの困難がともない、表記方法に関しては試行錯誤が続けられた[16]。和訳をつけることは読者からの要望もあり、ペンクラブ内でも議論があったというが、「アイヌ語自体が埋没しかねない」という理由からアイヌ語のみの発行となった。しかし、第4号からは日本語訳が掲載された「アイヌタイムズ日本語版」を3か月遅れで、次号発行時に出すようになっている[17]。定期購読の場合は、Aコース：アイヌタイムズ本紙のみ、購読料1,500円（1年、4号分）、Bコース：アイヌタイムズ本紙＋日本語版付き、購読料2,300円（1年、4号分）である。ただし日本語版のみの購読はできない。一貫してアイヌ語の普及にこだわった対応がとられている。

内容は、時事問題から四季折々の話題、アイヌ民族に関わる出来事や人物に関するものまで幅広く、とくに枠は決められていない。アイヌに関する事柄を深く掘り下げるような新聞ではなく、「伝統的なアイヌ語の世界の中に、新たな表現方法を模索する運動である」（上野 2014: 106）と評価されており、アイヌ語の文字化とその普及に力を注ぐ新聞である。したがって、ジャーナリズム機能は弱い。

第2項　アイヌ民族と放送メディア

次に放送メディアに目を転じてみよう。アイヌ民族が所有する放送系のメディアとしては、エフエム二風谷放送（通称ＦＭピパウシ）があるのみである。ここでは、先住民族メディアに近い役割を果たしているSTVラジオ「アイヌ語ラジオ講座」についても合わせて取り上げる。いずれも民族文化振興期に

スタートしている。

（1）ＦＭピパウシの誕生と現在

　ＦＭピパウシが開局したのは 2001 年 4 月 8 日のことである。「ピパウシ」
とはアイヌ語で「貝のあるところ」という意味で、開設者は萱野志朗の父・
萱野茂 (2006 年 5 月 6 日没) である[18]。萱野茂は、1970 年頃から国際会議で
カナダやノルウェーなどを訪れた際、現地で先住民族が運営するラジオ局な
どを訪問し、「アイヌ民族も自前のラジオ局を持ちたい」と考えるようになる。
実現する直接のきっかけになったのは、札幌市東区でコミュニティＦＭ放送
局の立ち上げを目指していたＭさんとＫさんと知り合ったことであった。「Ｆ
Ｍラジオをアイヌ語の普及に役立てたい」という萱野の希望に応え、2 人は
ミニＦＭ放送という形でこの実現をサポートする。このように、この事業も
アイヌの人たちと和人の人たちの協力のもとにスタートしている。

　放送免許が必要で初期投資額も大きいコミュニティＦＭ放送局に対して[19]、
ミニＦＭ放送局は免許を必要とせず、機材一式 20 万円程度で購入できるた
め、簡単に開局することが可能というメリットがある。一方で、微弱電波を
用いるため可聴範囲はきわめて狭く、数十メートル四方に限定されてしまう
という限界もあったが、萱野茂が私財を投じて行う事業である以上、ミニＦ
Ｍを選択したことは現実的であった。こうして、2001 年 5 月 6 日、私立・
二風谷子ども図書館をスタジオとして、萱野茂のほか 2 人のボランティアに
よるラジオ放送がスタートする。2006 年 5 月に萱野茂が亡くなって以降は、
萱野志朗が編集局長として引き継いでいる。

　放送は月 1 回、第 2 日曜日 11 時から 12 時までの 1 時間である。無理の
ない範囲でスタートするということで月 1 回に決まった。放送がスタート
してすでに 15 年を経過し、2016 年 9 月 11 日（日）の放送で 185 回を数え
ている。アイヌ語を交えた放送で、1 時間の放送内容は、①地域のニュー
ス、②季節のお話、③インタビューコーナー、④アイヌ語一口会話(後にア
イヌ語ワンポイントレッスンに改称)、⑤朗読のコーナー (アイヌ語による英雄叙
事詩や神謡など) が基本型である。アイヌ語を中心に文化の伝承を目指してお
り、時折、多彩なゲストの参加も見られる。

176　第6章　アイヌの人々のメディア環境と情報発信の現段階

　先に指摘したように、ミニＦＭ放送の可聴範囲は数十メートル四方に限られ、直接このＦＭピパウシの発する電波を受信してラジオ放送を聴くことができるのは、二風谷子ども図書館の周辺にいる人たちだけである。この直接電波を受ける方法以外に、この放送を聴くために次の3つの方法がある。1つは、神戸市長田区にあるコミュニティ放送局「ＦＭわぃわぃ」の放送を聴く方法である。コミュニティ放送局「ＦＭわぃわぃ」では、2006年3月から電話回線を使い同時放送を行っていたが、2016年3月31日をもってコミュニティ放送局の免許を返上したため、現在はインターネット放送のみの聴取となる（日比野 2010, 2016）。毎週土曜日の18時から19時までの放送（第3土曜日以外は再放送）を聴くことができる。2つ目は、「ＦＭウィング」（帯広市）と「ＦＭいーにわ」（恵庭市）という道内の2つのコミュニティＦＭ放送局で録音放送を行っている。前者は、第3日曜日朝8時から9時、後者では毎週土曜日8時から9時（第3土曜日以外は再放送）の放送である。このうち「ＦＭいーにわ」はインターネット放送でも聴くことができる。3つ目は、HP「国際先住民族ネットワーク」の「ＦＭピパウシ」のコーナーにオンデマンド形式で保存されており、1回目からすべての放送を聴くことができる[20]。以上の3つの方法のうち一番アクセスしやすいのは3番目の方法である。

（2）アイヌ語ラジオ講座

　放送メディアについては、アイヌ語のラジオ講座が果たしている役割も大きい。STVラジオでアイヌ語講座が始まったのは1998年4月のことである[21]。民族文化振興期へ移行した時期である。その後現在まで20年近く続く長寿番組で、週1回、毎週日曜日7：00 ～ 7：15（再放送：毎週土曜日23：45 ～ 24：00）に放送されている。公益財団法人「アイヌ文化振興・研究推進機構」とSTVの連携で放送されており、テキストは無料配布されているほか、2008年4月から、STVラジオ公式ホームページでテキストと音声のダウンロードが可能となっている。また、講師の派遣などで北海道アイヌ協会の協力を得ている。

　このようにSTVラジオという主流メディアが行うアイヌ語講座は、あくまでも主流メディアが編集の主導権を持っており、「広義の先住民族メディ

ア」(伊藤・八幡 2004: 3)には含めることはできない。ただし、アイヌ文化振興・研究推進機構と連携し、北海道アイヌ協会との協力関係のもとに行われていることを考えると、先住民族メディアに近い役割を担っていると考えられる(八幡 2005: 10)。

第3項　小　括

　以上、戦前、戦後を通じてのアイヌ民族とメディアの関わりについて見てきた。そこから次のような点が指摘できる。

　戦前のメディアとして取り上げたのは4誌である。1920年12月に創刊されたキリスト教伝道のための冊子「ウタリグス」が最も早い。残り3誌はいずれも1930年代前半の創刊であり、これら4誌はいずれも同化主義、啓蒙主義、教化主義的な内容が中心の冊子である。「先住民族による先住民族に向けてのメディア」という定義に従えば、純粋な意味で先住民族メディアといえるものは「ウタリ乃光り」だけであろう。キリスト教の布教のための雑誌や行政の関与が大きいアイヌ協会の機関紙は、先住民族メディアと見ることはできない。また、4誌とも発行期間は短く、とくに1930年代前半に発行された3誌はいずれも1〜3年間と短命に終わっている。その最大の要因は財政的問題であるが、15年戦争が始まるなかで物資不足や言論統制が進んでいったことも影響していると思われる。このような状況にはあったが、全道に散らばるアイヌの仲間をつなぐメディアとして、活字メディアの必要性が認められていたことはいくつかの記事から確認できる。

　戦後については、活字メディアとして5誌、放送メディアとして2つ取り上げている。民族政策停滞期は活字メディア2誌で、2誌ともきわめて短命に終わっている。福祉政策展開期に入るとアイヌ協会の機関紙「先駆者の集い」が発行され、福祉政策展開期後期に定期的発行が定着して現在まで続いているが、一貫して北海道庁とのつながりは強い。このように戦前から1960年代までに創刊された雑誌や新聞は、啓蒙主義や同化主義を基本とし、雑誌間で主張が異なるということはほとんど見られない。そのなかで、1973年に創刊された「アヌタリアイヌ」は、アイヌ民族の置かれた「状況」を問い直す視点を有しており、先住民族メディアの新たな展開が期待される

178　第6章　アイヌの人々のメディア環境と情報発信の現段階

ものであった。しかし、経済的、肉体的、精神的問題から2年9か月で廃刊になっている。民族文化振興期に入ると、「アイヌタイムズ」が創刊され現在まで発行は続いている。放送メディアとして取り上げたアイヌ語講座とＦＭピパウシは今日まで続いているが、いずれも民族文化振興期になってから始まったものである。これまでの歴史においてアイヌの人々と放送メディアとの関わりは非常に希薄である。北欧のサーミが1930年代からサーミラジオの放送をスタートさせ、今日でも重要な先住民族メディアとして存在し続けているのとは対照的である。

　以上戦後の7つのメディアのうち、先住民族メディアといえるのは「アイヌ新聞」、「アヌタリアイヌ」、「アイヌタイムズ」、「ＦＭピパウシ」の4つである。いずれも行政からの補助金は得ておらず、その規模は小さい。

第2節　アイヌの人々のメディア接触の現状

　戦前、戦後の展開をふまえ、本節では、現在のアイヌ関連メディアの認知度と利用状況について見ていく。対象となるメディアは、活字メディアとして「アイヌタイムズ」と「先駆者の集い」、放送メディアとして「ＦＭピパウシ」と「ラジオ講座」の4つである。以下では、新ひだか町、伊達市、白糠町の3つの地域の比較検討を行うが、調査は毎年1地点ずつ行われ、前年度の調査の反省にたって調査項目を見直しながら進めたため、項目によっては3地点の比較ができないものもある点はご了承頂きたい。

第1項　活字メディアの認知度と利用状況

　まず、「アイヌタイムズ」についてである。表6−1は、「アイヌタイムズ」の認知度について、3つの地域の調査結果を示したものである。「購読して、読んでいる」という人は新ひだか町に1人がいるのみである。そもそも「アイヌタイムズを知らない」という人が、伊達市で93.6％、新ひだか町で91.2％、白糠町で79.1％を占め、全体的に認知度は低い。ただし、他の2地域に比べると、地理的に離れているにもかかわらず、白糠町は相対的に認知度が高く、地域差も見て取れる。白糠町では約2割の人が存在を知ってお

第 2 部　アイヌの人々の生活の歩みと意識　179

表 6-1　アイヌタイムズの認知度

単位：人、%

	新ひだか町		伊達市		白糠町	
	実数	比率	実数	比率	実数	比率
購読して、読んでいる	1	1.8	0	0.0	0	0.0
購読しているが、読んでいない	0	0.0	0	0.0	0	0.0
購読していないが、読んだことはある	2	3.5	2	4.3	2	4.2
アイヌタイムズは知っているが、読んだことはない	2	3.5	0	0.0	7	14.6
アイヌタイムズがあることを知らない	52	91.2	44	93.6	38	79.1
はっきりしない	0	0.0	1	2.1	1	2.1
計	57	100.0	47	100.0	48	100.0

資料：実態調査より作成

表 6-2　アイヌ関係の情報を得るメディア（MA）

単位：人、%

メディア	伊達市		白糠町	
	実数	比率	実数	比率
テレビ	24	51.1	22	45.8
新聞	13	27.7	23	47.9
ラジオ	2	4.3	2	4.2
先駆者の集い	8	17.0	10	20.8
アイヌタイムズ	0	0.0	0	0.0
FM ピパウシ	0	0.0	0	0.0
その他	7	14.9	12	25.0
とくにない	11	23.4	5	10.4
回答者数	47		48	

資料：実態調査より作成

り、2 人が「読んだことがある」という。その 2 人に感想を聞くことができた。1 人は 50 代の女性で、「アイヌ語が難しすぎて読めなかった」という。彼女は、公益財団法人アイヌ文化振興・研究推進機構が行うアイヌ語上級講座や口承文芸伝承者 (語り部) 育成講座でアイヌ語を学んできた人である。もう 1 人は 60 代の女性で、彼女もアイヌ語講座やアイヌ語のテープを聴いて学習に取り組んできている人である。彼女も、「アイヌタイムズは 1 度、友人に見せてもらって読んだけれど、難しく、1 回 1 回辞書で調べなければならないた

め読んでいない」と答えている。ある程度、アイヌ語を学習してきた層にとってもアイヌタイムズはかなり高度な内容であり、「アイヌタイムズ」がなかなか普及しない要因の1つと思われる。

その点では「先駆者の集い」の方が利用されている。これはアイヌ協会の会員のみに配布されている冊子で、本調査対象者の多くはアイヌ協会の会員であるため自宅に配られている。**表6-2**は、アイヌ関連の情報を得ているメディアについて尋ねたものである（複数回答）。その結果、「先駆者の集い」からアイヌ関連の情報を得ているという人は伊達市と白糠町でそれぞれ約2割を占める結果となった（新ひだか町ではこの調査項目は未実施）。決して高いとはいえないが、アイヌ関連のメディアのなかでは1番の情報源となっていることがわかる。

第2項　放送メディアの認知度と利用状況

表6-3は、「FMピパウシ」の認知度を見たものである。「ラジオ放送を聴いたことがある」という人は新ひだか町と伊達市にそれぞれ1人で、白糠町は皆無であった。これはミニFM放送であるため、普通のラジオ受信機で放送が受信できるのはスタジオがある二風谷子ども図書館の周辺に限られていることが影響している。伊達市や新ひだか町で「聴いたことがある」という2人の場合も、聴いたのは1回限りである。インターネットラジオで聴取することはできるが、そのことを知っている人はほとんどいない。

これに対して、「聴いたことはないがFMピパウシの存在は知っている」という人は、新ひだか町が最も高く40.4％、白糠町が20.8％、伊達市が8.5％で、地域差が大きい。新ひだか町の認知度が高いのは、「FMピパウシ」がある平取町が同じ管内にあり、これまでに何度か北海道新聞の地方版に関連記事が掲載されたことなどが影響していると思われる。また、距離的には白糠町よりも伊達市の方が格段に近いが、認知度は伊達市の方が低い。白糠町で知っている人のなかには、会合などで「FMピパウシ」の話を聞いたことがあるという人もおり、距離よりも情報を得る機会があるかどうかが関係している。

表6-4は、伊達市と白糠町におけるアイヌ語講座の認知度を、年齢層別・

第2部　アイヌの人々の生活の歩みと意識　181

表6-3　FMピパウシの認知度

単位：人、％

	新ひだか町		伊達市		白糠町	
	実数	比率	実数	比率	実数	比率
放送を聴いたことがある	1	1.8	1	2.1	0	0.0
知っているが聴いたことがない	23	40.4	4	8.5	10	20.8
知らない	33	57.9	42	89.4	38	79.2
計	57	100.0	47	100.0	48	100.0

資料：実態調査より作成

表6-4　アイヌ語講座の認知度

単位：人、％

			年　齢　層			性　別		計
			青年	壮年	老年	男	女	
伊達市	実数	聴いたことがある	5	5	6	7	9	16
		知っているが聴いたことはない	1	4	2	2	5	7
		知らない	3	11	10	5	19	24
		計	9	20	18	14	33	47
	比率	聴いたことがある	55.6	25.0	33.3	50.0	27.3	34.0
		知っているが聴いたことはない	11.1	20.0	11.1	14.3	15.2	14.9
		知らない	33.3	55.0	55.6	35.7	57.6	51.1
		計	100.0	100.0	100.0	100.0	100.0	100.0
白糠町	実数	聴いたことがある	4	10	7	9	12	21
		知っているが聴いたことはない	8	6	3	4	13	17
		知らない	3	5	2	2	8	10
		計	15	21	12	15	33	48
	比率	聴いたことがある	26.7	47.6	58.3	60.0	36.4	43.8
		知っているが聴いたことはない	53.3	28.6	25.0	26.7	39.4	35.4
		知らない	20.0	23.8	16.7	13.3	24.2	20.8
		計	100.0	100.0	100.0	100.0	100.0	100.0

注）年齢層の青年は20，30代、壮年40，50代、老年は60代以上
資料：実態調査より作成

性別に見たものである（新ひだか町ではこの調査項目は未実施）。全体的な傾向
として、「アイヌタイムズ」や「ＦＭピパウシ」に比べると認知度は高く、とり
りわけ白糠町の認知度が高い。ラジオ講座を「聴いたことがある」人と「知っ
ているが聴いたことがない」人を合わせると、白糠調査では認知度が79.2％
に達し、伊達調査の48.9％を大きく上回る。

　また、「聴いたことがある」という中身も両地区で異なっている。伊達調査
では、聴いたことがある人のほとんどは、仕事をしている時や車を運転して
いる時に、偶然耳に入ってきたという「偶然的聴取者」である。なかでも16
人中10人は漁業従事者で、船の上で、あるいは浜で作業をしている時にラ
ジオを流していることが多いため偶然耳にする機会があるということである。
これに対して、白糠町の場合は、聴こうとして聴いたという「意識的聴取者」
が少なからず存在し、現在聴いている人が5人、過去に聴いていた人が3人
存在する。これら「意識的聴取者」たちはラジオ講座の受講について、「最初
の頃から聴いている。アイヌ語は残せるものであれば残していきたいし、今
講座をやっている先生方が一生懸命で素晴らしいなと思う」（80代、女性）、「ア
イヌ語講座は日曜日に家にいる時は毎回聴いているし面白い」（60代、男性）、
「十数年前の放送開始当初からたまに聴いている。身内がアイヌ語の先生で
この講座にも出演していた」（60代、男性）と語っている。アイヌ語への関心
は高い。

　また、性別・年齢層別には、伊達市の場合、青年層（20～30代）で55.6％
の人が「聴いたことがある」としており、壮年層（40～50代）、老年層（60代
以上）に比較して高い。性別では女性よりも男性の比率が高い。これは漁業
従事者に「偶然的聴取者」が多いことの表れと見られる。一方、白糠町の場
合は、「聴いたことがある」という人（＝偶然的聴取者＋意識的聴取者）で見ると、
年齢層では青年（30歳未満）、性別では男性で高くなっているが、「意識的聴
取者」に限定すると50、60代の女性に多い。

　ここで「意識的聴取者」がラジオ講座を聴くきっかけを見ると、身近な人
がラジオ講座の講師を務めていたことをあげる人が複数いることに気づく。
これは白糠町出身の高木喜久恵が、アイヌ語教室の講師を経て、2000年と
2002年にラジオ講座の講師を務めていたことを指している[22]。アイヌ協会

白糠支部（現 白糠アイヌ協会）がアイヌ語教室開催に熱心だったことやラジオ講座の講師が地元の人であったことが、白糠町におけるラジオ講座の認知度や利用率をあげていることがわかる。

　その一方で伊達市の場合は、全体的にはアイヌ語に対する学習意欲はあまり高くはない。実際、生活館の職員によれば、希望者に無料で配られるアイヌ語講座のテキストの配布数は伊達市内では2冊ということである。また、伊達市内にはアイヌ語で日常会話ができる人がいないということで、アイヌ語を学ぶ環境としては厳しい状況にある。このことが認知度が低いという結果となって表れている。

第3節　マス・メディアの報道姿勢とアイヌ民族の情報発信

第1項　マス・メディアの報道姿勢に対する評価

　（1）否定的意見

　前掲表6−2に見るように、アイヌ関連の情報を得るためにアイヌ関連のメディアを利用している人は少なく、おもにテレビや新聞などマス・メディアからアイヌ関連の情報を得ている。そこで調査では、「新聞やテレビなどマス・メディアによるアイヌ民族の取り上げ方について、常日頃感じていることがあればお教え下さい」という質問を行った。その結果、主流メディアに対する評価にも地域差が見られ、最も否定的な意見が多かったのが新ひだか町である。

　新ひだか町では、マス・メディアの情報発信の仕方に「とくに意見はない」という人が3分の1で、その他は肯定的意見と否定的意見に分かれる。否定的意見のおもなものとしては、「白老とか、登別とか、阿寒とかの方が力を入れてますよね。ここはシャクシャイン祭りがあって、その時ちらっとしかテレビのニュースに出ない。何かあるっていったら白老とかばかり取り上げられて、静内が何もしてないみたいに見える」（40代、女性）、「場所によって、儀式とかやり方が違うんで、静内はけっこう偏っていて、長細いんで、浜の人の言葉と山の人の言葉が違ったりするんですよ」（40代、女性）というものである。前者は静内（新ひだか町）が取り上げられることが少ないことを、後

者は静内の内部の地域差に配慮することなく報道されることに対する批判である。

　一方で、ステレオタイプの報道に対する批判がある。「アイヌは自然と共生とか、一応そういうふうになってるけど、歴史とかを見れば、そうでもないんだよね。美化したり、持ち上げる人がいるから、それに乗っけられちゃうと間違ったアイデンティティを持つことになる。いろんな本とかを見たら、たとえば交易民族だったとか、戦闘力も高かったとかね、そういう歴史をアイヌ民族自体でも知らない人が多いから、だからそういう歴史が大事だなと思ってる」[23]（60代、男性）、「メディアでの取り上げられ方ですけど、アイヌに対しての一般のイメージっていうのが、鹿狩りとか、アイヌ舞踊、アイヌ語、着物とか、自然と生きていたとか、けっこうナチュラルな部分が語られるじゃないですか。自然と共に生きてるっていう本当に心優しい民族みたいな。そういう部分ばっかり汲み取られちゃうんで、その底にあるドロドロした部分なんかも少しは発信した方がいいのではないか。アイヌ文化って絶対きれいごとじゃないですよ」（20代、男性）。ここには、主流メディアが語るアイヌ民族のイメージに対する違和感が語られている。

　さらに、否定的意見のなかには、報道されることそのものに対する嫌悪感を表すものもある。「私たちにしたらそのアイヌって言葉がもうグッとくるのさ。だから、テレビでもアイヌとかウタリとかっていう言葉を聞くとガーンときちゃうから、なんか聞きやすい表現に変えてほしい。その言葉自体がすごく嫌なの」（50代、女性）というのが代表的な意見である。過去の差別の経験から発せられた言葉だと思われるが、こうした発言は他の地域では聞かれず新ひだか町のみで聞かれた。

　次いで、白糠町では、4割の人が「とくに意見はない」と答えている。意見がある人のうち否定的意見として、「もう少し前からちゃんとアイヌ文化って認めてほしかった。日本はオリンピックがあるからアイヌのことを見直すというようなことを言っているが、遅いと思っている」（20代、女性）、「アイヌ文化はもっとテレビなどで取り上げられるべきだと思う。そうすればアイヌの気持ちがわかるはず」（60代、女性）、「アイヌ民族からいえば、何の勉強もせず、本州から来てアイヌのことを語るんじゃないよ。何がわかっている

んだと思う」(60代、女性) などである。

　また、ステレオタイプの報道に対する批判の声もある。「美化されすぎではないか。つねにカムイ、自然など、良いことばかり伝えられるが、それだけではないだろう。昔の戦いの話も、つねにアイヌが被害者のようだが、アイヌの中にも強い人や弱い人などいろいろな人がいるはず」(20代、男性)、「大げさな気がする。神々がどうだとか、こうだとかって言って。そんなおおげさなものじゃないよ」(30代、女性)、という意見である。

　これに対して伊達市の場合は、6割の人は「とくに意見はない」と答えている。マスコミの報道姿勢を批判する意見は少なく、4人が、「放送内容が正確でない」(2人)、「テレビはちょっと時間が短い」(1人)、「伝え方があまりいい感じがしない」(1人) という点をあげている。また、マス・メディアに対する要望として、「お祭り以外にも報道してほしい」「もっと取り上げた方がいい」「若い人向けに取り上げた方がいい」という指摘がある。

（2）時代の変化を指摘する意見

　メディアの報道から時代の変化を感じ取っている意見も聞かれた。そうした意見は新ひだか町で最も多かった。「メディアに出るようになり、こうしてつきあってもらえる、そういう時代になったんだなと思う。アイヌのことが報道されるようになっていい時代になったと思う」(70代、男性)、「今いい時代になったから、文句言うのもバチ当たるんじゃないかな。昔からみたらね。大きな顔してアイヌなんて、話できなかったからね」(70代、男性)、「ずいぶんと時代も進歩したもんでね、今普通に小学校でも、二風谷の小学校じゃない別の地域でも、アイヌ語とか踊りとか交えて教えたりするんでしょ。授業に取り入れるっていう。すごい時代になったなあって思うね。でもそうやって普通に文化として入っていけたらいいんじゃない」(50代、女性) などである。白糠町でも、「社会がアイヌを受け入れるようになってきている」(40代、女性) と指摘する声がある。

第2項　アイヌ民族自身による情報発信の必要性について

　それでは、アイヌの人たちは自ら情報発信をする必要性をどのように考え

ているのであろうか。この点に関しては意外な結果になった。最もマス・メディアの報道のあり方に否定的な意見が多かった新ひだか町では、「自分たちで情報発信をする必要性がある」と答えた人は皆無であった。報道における地域的な偏りやステレオタイプの報道に対して鋭い批判をしていたにもかかわらず、自分たちで情報発信する必要性を口にする人はいない。その背景には次のような考えが存在している。「今の人たちは隠そうとしてる。だんだん変わってきてるとは思うけど、やっぱりまだまだ隠す」(40代、女性)、「もっとは、やらなくてもいい。アイヌというのが前面に出すぎると、風当たりも強くなるという印象がある。自分だけじゃなく自分の身内にも迷惑になる」(30代、女性)。

これに対して、情報発信の必要性を指摘した人は、白糠調査で78.6％、伊達調査で55.8％という結果になった。白糠町では「必要」とする人が非常に多い。「必要だと思う。アイヌであるということが恥ずかしいことではないということを子どもたちに教えて自信を持ってもらえるようにしたい」(60代、女性)、「アイヌ民族自身がアイヌ文化についての情報を発信すべきである。自分がアイヌであることを悲観的に思っているように感じている。そういう傾向をなくしていけたらいいと思っている」(60代、男性)、「必要だと感じている。アイヌ民族のことを知らない人がたくさんおり、間違った考え方をされている人もたくさんいる。『アイヌ民族はいるんだよ』ということをわかってもらって間違った考え方を直してもらいたい」(50代、女性)という意見である。ただし、「あまり騒ぎ立てないでほしい。アイヌ民族を優先することで、アイヌ民族ではない人たちから、『なんでアイヌばっかり』と言われるようになる」(30代、男性)という意見もあった。

伊達調査では、マス・メディアの報道姿勢に対する否定的意見は少なかったが、アイヌ自身による情報発信があった方がいいという人が約半分を占めた。ただ「あった方がいい」と言っても、どちらかというと「まあ、あった方がいいんじゃないの」、「必要かな」という程度のものが多い。具体的にその必要性を述べた意見としては、「権利回復のためには情報発信は必要だろうね」(80代、男性)、「どんどん自分自身をアピールしなきゃだめ。今の時代は、爪を隠したって誰もわからない。世界中に発信してみんなにわかってもらえ

ばいいな」(60代、男性)、「アイヌ文化には真似のできない素晴らしい部分がある。アイヌ民族は器用さもあるし、もっと積極的に情報を発信したほうがいいと思う」(60代、女性) というものである。

白糠町のアイヌの人たちの情報発信に対する積極的な発言が目立ったが、自分自身が情報発信者になるといった思いを語る人はいない。わが国の場合、先住民族の人たちが、自ら積極的に情報を発信するということに対するハードルはまだまだ高いことがうかがわれる。

おわりに

以上、これまでのアイヌの人々を取り巻くメディア環境の変化と情報発信の現段階について見てきた。最後に北欧の調査結果も参照しつつ、アイヌの人たちがおかれている状況についてのまとめを行う。

まず、第1に、アイヌの人々が所有する先住民族メディアは、北欧に比べるとその種類も少なく、規模も小さい。とくに放送メディアとの関りは近年になるまで皆無に等しい。戦前・戦後を通じて先住民族メディアと呼べるものはいくつかあったが、全道に散らばって生活するアイヌの人々を結びつけるような結節的な役割を担ったメディアは存在しなかった。また、1960年代までは、発行者が異なっても、その主張は同化主義、啓蒙主義、教化主義を基調とするものである点では共通していた。アイヌ民族の生活や文化を評価し、民族としての誇りを取り戻そうとするメディアの登場は、福祉対策展開期後期の「アヌタリアイヌ」の発行まで待たなければならない。しかしそれも短命に終わっている。

第2に、現在に関しては、アイヌタイムズ、ＦＭピパウシ、「先駆者の集い」を中心に検討したが、前2者は、和人を含む少数の人々の努力によって現在まで細々と維持されている。アイヌタイムズは約19年間年4回の発行、ＦＭピパウシは約15年間月1回の放送を、それぞれ1度も欠くことなく、堅実に続けてきた。十分な財政的支援がないなかで、長年継続してきたこと自体は非常に意義があることと評価できる。しかし、そこで発信されている情報がアイヌの人々に届いているのかというとその点はやや心許ない。アイヌ

タイムズのアイヌ語は難解であり、かつ日本語訳は次号掲載になっている点でハードルが高い。ＦＭピパウシはミニＦＭであり、ほとんどの人はインターネット経由でないと放送を聴くことができないという点がネックとなっている。したがって、現状では、アイヌの人たちは、内部的に民族としてのアイデンティティを確立したり、外部的に「見えない存在」を可視化したりしていくような先住民族メディアを所有するに至っていない。財政的支援も乏しく、かつこうした試みをサポートしていくような動きはほとんど見られない。

　第3に、先住民族メディアの認知度・利用率は全体に低いが、地域差が確認できる。伊達市は全般的に認知度や利用率が低い。新ひだか町は中間的な特徴を示し、白糠町は相対的に認知度や利用率が高い傾向にある。アイヌタイムズを知っている人が2割程度おり、アイヌ語のラジオ講座の認知度も高く、「意識的聴取者」が少なからず存在している。その理由は、①白糠町在住者がラジオ講座の講師を務めた期間があったこと、②ラジオ講座開始以前からアイヌ語教室開催に熱心に取り組んでいたことによるものと思われる。明らかに地域がそれぞれに歩んできた歴史によってメディアとの接触のあり方も異なっている。

　第4に、こうした地域差は、マス・メディアによるアイヌ関連の報道に対する評価にも見られる。アイヌ民族自身が持つメディアが十分に認知・利用されていないなかで、アイヌ民族に関わる情報は主流メディアから得られている。問題は、そうした情報をどのように評価しているかである。最も厳しく評価するのは新ひだか町のアイヌの人たちで、情報の地域的格差の問題、ステレオタイプ的な報道に対する違和感など、鋭い問題提起がなされていた。と同時に、「テレビでアイヌとかウタリとか聞くとガーンとくる」といった心情を吐露する回答も少なくない。ここでは、白糠町が中間的な傾向を示し、伊達調査では、主流メディアの情報発信の仕方に対する批判の声は大きくはなかった。

　第5に、こうした主流メディアの報道に対する批判の声は、アイヌ自身の情報発信が必要という考えに直線的にはつながらない。主流メディアへの批判がオルタナティブ・メディアを求める声とはなっていないのである。主流メディアに対して最も鋭い意見が聞かれた新ひだか調査では、オルタナティ

ブ・メディアの必要性を積極的に主張する人は皆無であった。それに対して、伊達調査では約5割、白糠調査では約8割が必要であると回答しており、とくに白糠調査では、「どんどん自分自身をアピールしなきゃだめ」といった積極的な意見が聞かれた。ただし、自分自身が情報発信の担い手になるという意識はほとんどなく、その点は3つの地域とも共通する状況であった。

　第6に、こうした地域差を生み出す要因をどう考えるかということである。1つは、地域によるアイヌ文化の根づき方の違いである。たとえば、伊達市の場合、「もともと伊達はアイヌの同化が早い地域で、日高と違ってアイヌの儀式なんてしたことがなかった。アイヌ語を喋る人もいなかった。儀式も先住民のことが言われるようになってから、ほかの地域の人に教えてもらいながら復活してきた」(60代、女性)という状況がある[24]。こうした事情が、全体的にアイヌ関連の事柄に対する関心が低い傾向を生み出していると考えられる。同じアイヌ民族といってもそれまでの生活のあり様は異なり、そのことがこうしたメディアに対する評価にも表れていると見ることができる。2つ目は、調査期間中に、毎年アイヌ民族をめぐる状況が変化しており、そのことの影響も小さくない。たとえば、2013年8月には北海道をあげて「イランカラプテキャンペーン」がスタートしており、文化庁からは「"民族共生の象徴となる空間"における博物館の基本構想」が提出されるなど、アイヌ民族を取り囲む空気が年々変化している。最後の調査は2014年に白糠町で実施された。白糠町のアイヌの人々が主流メディアから発信されるそうした情報に触れることで、アイヌ民族自身による情報発信の必要性について肯定的に考えるようになったのではないだろうか。実際、白糠町では、「社会がアイヌを受け入れるようになってきている」という声も聞かれた。こうした2つの要因が絡み合って地域差が生じる結果になったものと思われる。

　第7に、北欧と日本の先住民族メディアの現状がなぜこれほどまでに異なるのかといった点に関してである。北欧3国では国による違いはあるが、先住民族メディアは格段に充実している(第1巻5章参照)。この違いを生み出す要因の1つが、政府の財政支援の違いであることは間違いない。北欧3国では、サーミラジオやサーミテレビは公共放送の1部門として位置づけられており、財源は受信料や公共放送税で成り立っている。新聞や雑誌などの

活字メディアについては、政府の財政的支援を受けているため、政権交代によって影響を受けやすいという問題はあるが、現状では、ノルウェーで日刊紙、隔月雑誌、スウェーデンで月刊雑誌や季刊雑誌を発行し続けるだけの補助金が支給されている。こうした財政的支援がなければ先住民族メディアを維持することは北欧でも難しい。

　しかしそれだけではない。2つ目に強調する必要があることは、北欧3国では、「メディアの自由」がきちんと保障されているという点である。たとえば、ノルウェーでは、政府も、株主も、経営者も、編集者の「報道の自由」を侵してはならないことが法律に明記されている。単に、法律で定められているだけではなく、「メディアの自由」を尊重する重要性が国民的合意になっていると感じた。財政的支援は重要であるが、それだけでは不十分である。「お金は出すが口も出す」という状況では、十分な先住民族メディアの成長を期待することはできない。北欧の先住民族メディアはこの両方が保障されているからこそ充実しているのである。アイヌ民族の先住民族メディアについても、財政的支援と「メディアの自由」の保障の2つを車の両輪として検討していくことが必要である。

注

1　小川・山田（1998）の第2部には、アイヌ民族に関わるおもな雑誌や新聞として、「良友」「ウタリグス」「ウタリ乃光り」「ウタリ之友」「アイヌ新聞」の5つが抄録されている。このうち「良友」は、有珠と虻田にあった2つの土人学校の関係者が組織した団体「北海道胆振国有珠虻田土人学校良友会」の機関紙である。所在が確認されているのが、1911（明治44）年11月3日に発行された第17号のみであるため、ここでは対象から除外した。なお、小川・山田（1998）には、巻末に各雑誌に関する解題が掲載されており、関連箇所の執筆の際、参考にした。

2　第4号は、内容も代表人物の紹介のみにとどまり、喜多章明著『蝦夷地民話えかしは語る』の附録として刊行されているため、実質的には第3号までの発行と見てよい。なお、「蝦夷の光」と後出する機関紙「北の光」「先駆者の集い」（創刊号から第61号）は、1994年に当時の北海道ウタリ協会によって刊行された『アイヌ史——北海道アイヌ協会・北海道ウタリ協会活動史編』に収録されている。

3　第3号の「編集後記」のなかに、次のようなエピソードが紹介されている。「アイヌ族界の歌人バチラー八重子女史、過日札幌の某女流アイヌ学者が放送したるラジオを聞いて、悲嘆懊悩涕泣する事三日に及び、遂に世を呪ひ、世を厭ひ

て石狩川の河畔を徘徊せりと宣ふ。アイヌ民族の風俗を殊更らに粉飾してラジオファンを随喜せしめんとするシャモの常套手段なり、是アイヌを誤り、アイヌを社会より隔絶せしむる所以として、吾人遺憾を表する（以下省略）」（『蝦夷の光』第3号、43-44頁）。主流メディアが流す誤った情報に触れたバチェラー八重子の怒りがいかに大きなものであったかがうかがい知れる。

4　ペンネームで書かれたものも多く、辺泥が執筆者であると断定はできない文章もあるが、執筆内容や論調からはそうであると推測される。

5　1977年6月24日の「北海道新聞」（夕刊）9面には、「アイヌ新聞」の発行を告げる記事が掲載されている。記事によると、発行人は結城庄司で、6月15日に創刊号が出ている。アイヌ新聞社が発行所とされているが、復刊とは書かれておらず、以前の「アイヌ新聞」との関係は定かではない。所在は不明である。

6　東村岳史の時期区分によれば、第二次大戦終了後から1960年代後半までは、エスニシティ潜在期とされ、アイヌ民族復権運動の「空白期」と評価されている（東村 1995: 28）。

7　この編集後記は佐々木昌雄が執筆したものである。この点に関しては東村（2000: 47）に詳しい。

8　創刊の経緯については、平村（1973）、東村（2000）を参照のこと。

9　この運動は、1970年4月に北海道電力が伊達に火力発電所を建設すると発表したことに始まる反公害運動である。それ以来、有珠の漁民を中心に反対運動が展開され、アイヌの漁民の多くもこれに参加している。1973年6月13日には反対する漁民らを力づくで排除して工事は強行着工されるが、その後も反対運動は20年余り続いていく。

10　ウタリ協会のこうした福祉団体としての性格は、1990年代に変化してくる。1990年の先住民作業部会（国連の補助機関の1つ）に対する声明のなかで、ウタリ協会の求めるものは「福祉対策ではなく民族対策である」という主張がなされた。北海道ウタリ協会・北海道アイヌ協会の運動の推移については、大黒（1998a）を参照のこと。

11　「アイヌタイムズ」については、（上野 2014）を参照のこと。また、以下のアイヌタイムズのHPも参考にした。http://www.geocities.jp/otarunay/taimuzu.html（2016年1月31日最終閲覧）。

12　北海道新聞 1997年5月10日（夕刊）。

13　毎日新聞 1997年3月21日（朝刊）。

14　同上。

15　北海道新聞 1997年5月10日（夕刊）。

16　アイヌタイムズのHPの「アイヌタイムズ制作の状況と問題点」の項目を参照のこと。

17　北欧のサーミの雑誌には、サーミ語の記事のみで編集されているものはない。必ずその国の公用語の記事と抱き合わせで編集されている。まずはサーミに関心を持ってもらうことを重視しているからである。

18　設立の経緯については、萱野（2008）に詳しい。

192 第6章 アイヌの人々のメディア環境と情報発信の現段階

19 コミュニティＦＭに関しては、小内純子（2003, 2014a）を参照のこと。

20 HP「国際先住民族ネットワーク」（http://www.aa.alpha-net.ne.jp/skayano/menu. html）参照（2016年1月31日最終閲覧）。

21 STVはアイヌ問題に積極的に関わってきた放送局として知られる。1970年代にはアイヌ問題をテーマにラジオやテレビでドキュメンタリーを作成し、1974年には言語学者・知里真志保の生涯を描いたドキュメンタリー「海が見えない」などが評価され、ギャラクシー賞を受賞している（札幌テレビ放送創立50周年記念事業推進室2008）。

22 1947年に白糠町で生まれた高木喜久恵は、20歳頃に阿寒湖畔で夏に働いたことをきっかけにアイヌ文化に目覚める。アイヌ語は1991年に白糠支部で始まったアイヌ語教室において増田光教講師の下で本格的に学び始め、2年目からはアイヌ語教室の助手を務めるようになる。1996年からは自身がアイヌ語教室の講師となり、2000年のラジオ講座の講師への抜擢につながっていく。以上の経緯についてはシラリカコタン編集委員会（2003）に詳しい。

23 瀬川（2007）では、交易民として生きたアイヌ民族について紹介されている。

24 伊達地域のアイヌ社会の特徴については、大黒（1998b）が参考になる。

第3部

地域住民とアイヌの人々との関わり

第3部　地域住民とアイヌの人々との関わり　195

第7章

現代におけるアイヌ差別

佐々木　千夏

はじめに

　本章では、現代を生きるアイヌの人々によって語られた差別の実態に焦点を当てる。

　2016年3月、内閣府によってアイヌ民族に関する初の全国調査の結果が公表された（内閣官房アイヌ総合政策室 2016; 内閣府大臣官房政府広報室 2016b）。そこでは、アイヌに対する現在の差別や偏見に関して、対象者がアイヌの人々の場合には72.1%が「あると思う」と回答している一方で、国民全体を対象とした同様の質問では、「あると思う」が17.9%と低く、両者の間に大きな意識の差が見られている。また、差別や偏見があると思うと回答するアイヌの人々のうち、実際に差別を受けたという割合は36.6%であることが示された。ここから、アイヌの人々のなかには現在も被差別経験を持つ人がいるだけでなく、自分は経験がなくとも、周囲から被差別エピソードを見聞きするような日常があることが想像できる[1]。

　しかしながら、アイヌの人々が差別として、実際にどのような不利益や不公平を被っているかということに関しては、アイヌ女性への暴力の問題が指摘されていたり（長谷川 2001）、アイヌの人々のライフ・ヒストリー分析から貧困とそれにともなう不平等の実態が見出されていたりしつつも（中村 2009）、いまだ十分に明らかになっているとはいいがたい。「北海道アイヌ生活実態調査」（北海道環境生活部 2000, 2007, 2014）（以下、道調査とする）でも平成11年調査以来、被差別経験の有無が調査項目に加えられているものの、こうした量的な調査結果から、差別の内実を把握するのは困難である。

196　第7章　現代におけるアイヌ差別

アイヌの人々のライフ・ヒストリーを素材として、実際にどのような文脈で被差別経験が語られ、主観的に差別と解釈されているのか、その意味内容に注目することが必要であろう。

そこで、以下では、アイヌの人々が持つ被差別経験を量的および質的な分析によって把握し、アイヌ差別の現代的な特徴を明らかにしていく。その際、本章で取り上げるアイヌ差別とは、エスニシティの違いを主とした和人からアイヌの人々に向けられる民族差別だけでなく、アイヌ民族内部での葛藤や違いに依拠した民族内差別も含む。

なお、本章での差別の定義は『現代社会学辞典』の“差別”の項目―“社会におけるマジョリティ／マイノリティ関係を背景にして生ずる「遠ざけ」(忌避、排除)および、もしくは「見下し」(侮蔑、賤視)の意識、態度、表現、行為、そしてその帰結としての社会的格差のある生活実態を、社会的差別という”(福岡 2012: 486)を参考にし、広義に捉える。従来の差別論では、その定義に関して様々な議論が存在するが(佐藤 2005; 好井 2007; 山本 2009)、いずれも差別者の立場に傾斜しており、被差別者からの定義はなかなか見当たらない。しかし本章で検討するデータは、すべて被差別者が語る経験であり、被差別者の主観的解釈に基づいて差別を捉えていくという特徴がある。以下、アイヌの人々へのインタビュー調査を中心に、適宜、和人住民へのインタビュー調査の結果も参考にしながらその内実を読み解いていきたい。

第1節　民族差別――どれほどのアイヌの人々が被差別経験を有するか

まず、「アイヌであること」を理由に和人からアイヌの人々に向けられた民族差別の実態を見ていく。はじめに、「これまでの暮らしの中でアイヌであることを理由にいじめや差別を受けた経験はありますか」という質問に対して、肯定的な回答をした割合[2]をまとめたのが図7-1、図7-2である。どちらも5つの地域ごとに、それぞれ世代別、男女別に比較した。

図7-1では、新ひだか町以外の4つの地域は、より若い世代になるにつれて被差別経験率が減少している。新ひだか町においても、壮年層と老年層の数値は逆転しているものの大きな差ではない。こうした傾向から、現代に

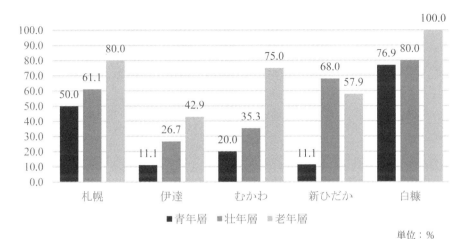

図 7-1　地域別世代別被差別経験率

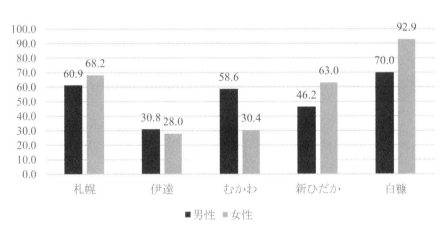

図 7-2　地域別男女別被差別経験率

おいて、基本的には若い世代が経験するアイヌ差別は減少してきており、今後もアイヌ民族への差別意識は社会的に弱まっていくのではないかと予想できる[3]。

続いて図7-2を見ると、5つのうち3つの地域(札幌市、新ひだか町、白糠町)において、男性よりも女性の方が、被差別経験率が高い。この3つの地域では、どこも過半数の女性たちが被差別経験を持っている。たとえば、

アイヌの身体的特徴である「体毛の濃さ」への指摘は、アイヌであることに加え、女性であることによってより深刻な悩みとなりやすい（小野寺 2012a; 菊地 2012）。またアイヌ女性への差別が顕在化しやすいのは恋愛や結婚の場面であり、アイヌ男性でも和人の相手（やその家族）から結婚を渋られるケースがないわけではないものの、アイヌ女性の場合、和人からもアイヌ男性からも避けられることがある（小野寺 2012a; 佐々木 2015）。

　２つの図を見比べると、それぞれの地域的な特徴も浮かび上がる。たとえば、白糠町ではどの世代の男女どちらも差別されたことがある人が多く、半数を超えており、老年層に至っては全員が被差別経験の持ち主となっている。一方、伊達市では差別されたことがあるという人が少なく、老年層でも半数に届かない。この点に関して、極端に被差別エピソードの少ない伊達市においては、大黒（1997, 1998b）の知見が参考になる。曰く、「伊達市の歴史には、アイヌ民族と和人との激しい衝突や抗争が見られない。（中略）記録を見る限り、おおむね平和的であったようである」というものであった。

　白糠町に次いで男女別ではともに過半数が被差別経験者である札幌市に関しては、対象者の出身地に着目したところ、札幌生まれは 46 人中 6 人（13.0％）と少なく、さらに被差別経験が「ある」と回答している 29 人のうち、それが札幌市内で起きたというケースはわずか 8 人（27.6％）であった。出身地に関しては、基本的には道内のアイヌ集住地域・アイヌ集落といえる場所で生まれた人々が大半であり、したがって被差別経験も小中学校を基本とした子ども時代のエピソードが多くを占めるため、アイヌ集住地域で起きたものが大半を占めている。こうしたことから、他の 4 つの地域と比べ、アイヌ集住地域とはいえない札幌調査での被差別経験率の高さは、実際にはアイヌ集住地域で起きたものと捉えてよいだろう。これらをふまえ本調査では、ある程度アイヌの人々が存在するアイヌ集住地域のほうがアイヌへの差別が起きやすいということができる。先行研究には、偏見や差別の認知度はアイヌの人口比率が高いほど小さいという知見が存在しており（松本・石郷岡・太田 1995）、本調査の結果は量的に見た場合、それにはそぐわない形となる。現実的には、アイヌの地域移動や混血化の進展によって、アイヌ人口比率自体が把握しにくくなっているため、先行研究では説明しきれない現状が生じつ

つあるのではないか。

　以上、アイヌであることによる被差別を経験しているか否かという視点からは、若い世代ほどアイヌ差別は弱まっていること、アイヌ男性よりアイヌ女性の方が差別の風当たりが強い傾向にあること、地域によって差別の強弱は様々であるが、そこには地域の歴史の影響や、アイヌの人々の割合が多いほど差別が起きやすいという傾向が見出せる。世代の移り変わりによってあからさまな差別は減少しているとはいえ、完全に消失していない以上、アイヌの人々が過去にどのような苦しみを経験してきたのか、また、現在においても、どのような不利益・不公平が残存しているのかをより掘り下げていく必要があろう。

第2節　民族差別──どのようなエピソードが語られているか

　では具体的に、アイヌの人々はどのような場面で、どのような差別を受けてきたのか。

　この点は、すでに従来の調査報告にて、被差別エピソードが語られやすい場面として、学校でのいじめや差別、恋愛や結婚時に顕在化する差別、就職時や職場での差別の3つが見出されており（野崎 2012b; 佐々木 2015 ほか）、この傾向は道調査とも同様である（**表7−1**）。ただし、3つの場面でのエピソード数を道調査と比較してみると（**図7−3**）、本調査では「就職時や職場での差別」の少なさが目立つ。以下ではこの点も検討事項に加え、各場面でのエピソード内容を順番に見ていく。

第1項　学校でのいじめや差別

　はじめに、圧倒的にエピソード数の多い「学校でのいじめや差別」である。表7−1から、本調査では被差別エピソード全体の6割程度（57.3%）が学校を舞台としていることがわかり、道調査でも同じ傾向であることから、アイヌの人々が和人から受ける差別のなかで最も語られやすいものといえる。

　以下は、あるアイヌ女性が語る小学校時代に受けた差別の記憶である。

第7章 現代におけるアイヌ差別

表7-1 地域別被差別経験の場・きっかけ（複数回答）

単位：上段（人）、下段（％）

	学校	結婚・恋愛	就職・職場	その他	合計
札幌	22	9	10	8	49
	44.9	18.4	20.4	16.3	100.0
伊達	8	3	3	2	16
	50.0	18.8	18.8	12.5	100.0
むかわ	20	8	0	5	33
	60.6	24.2	0.0	15.2	100.0
新ひだか	26	8	1	2	37
	70.3	21.6	2.7	5.4	100.0
白糠	30	9	6	5	50
	60.0	18.0	12.0	10.0	100.0
計	106	37	20	22	185
	57.3	20.0	10.8	11.9	100.0

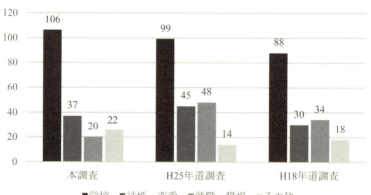

単位：個

図7-3 道調査との被差別エピソード数の比較

注）各年道調査は『北海道アイヌ生活実態調査報告書』（2007, 2014）のそれぞれより作成。平成11年調査は本人が受けた差別と他人から聞いた差別が混在しているため省き、平成25年調査、平成18年調査は「本人が差別を受けたとき」のみ採用した。その際、「結婚・恋愛」の項目には「結婚のことで」と「交際のことで」、「就職・職場」の項目には「就職のとき」と「職場で」を合算した。

・「父が木彫りという古風な仕事をしていて、いつも木くずまみれだった。
　参観日に髭はもさもさで、そのかっこうで来るのでそれでいじめられる
　ようなことがあった。どつかれたり、つつかれたり、『アイヌ、アイヌ』
　とすごくなじられて、学校から泣きながら帰ってきたこともちょくちょ
　くあった。同じ席や同じ班になると『嫌だ』と間をあけ、席を離されたり、
　匂いもしないのに『臭い』とか『気持ち悪い』と言われたりすることが多
　かった。そう言われると性格が暗くなり、立ち上がれなくなって、内面
　的には明るくて、普段は父親やまわりの親戚から『おまえはいつも元気
　でうるさいな』と言われるけれど、学校では自分自身を出せなくて、そ
　れを発揮できなかった。いくら勉強が上の方でも、運動神経が上でも、
　何かしらいじめの的にされた。」(新ひだか・壮年・女性)

　勉学や運動で努力をしても、アイヌとしての外見や根拠のない理由で差別
されてしまうという日常があり、その積み重ねが自己肯定感を低め、人間関
係も狭めていることがわかる。また、家族のなかでは自分らしさを保つこと
ができても、家族の外では、アイヌの伝統工芸を職とする家族(父)もがから
かいの対象にされる。こうした理不尽な民族差別が、人生の前半で刻まれた
彼女の苦悩には計り知れないものがある。他にも、いじめられてランドセル
を切られたという女性(老年・札幌)、小学校の運動会ではシャモ(アイヌ語で「和
人」の通称)しかリレーの選手になれなかったと語る男性(壮年・新ひだか)、中
学生の時に転校したところ、「○○からアイヌが引っ越してきた」と馬鹿に
されたという女性(老年・白糠)など、アイヌの人々が小中学校で受けた差別
の経験は、年長世代を中心に数多く語られている。
　若い世代になると、年長世代からそうした差別の実態を伝え聞いているこ
ともあり、自らアイヌであることを隠すことでいじめや差別が起こらないよ
うにしてきたという事例が目に付く。

・「小学生の頃、祖母に踊りに連れて行かれたことで、注目の的になるの
　がとても嫌だった。中学のとき、ふざけ半分でアイヌをからかわれたり、
　いじめられたりしている人を見て、自分がアイヌの家族だとばれたくな

いと思った。これらのことがトラウマとなっていて、今でもアイヌの人とかかわるのが嫌だ。」(むかわ・青年・女性)

・「学生時代、自分がアイヌだという意識があり、それが嫌で自分がアイヌであることは口にしなかった。そのことがまた嫌だったが、アイヌであることはできるだけ隠そうとしていた。高校の時に、いとこがアイヌの姓(アイヌの人々に多い姓)だったため、そのいとこのことを『自分のいとこだ』と堂々と言うことができなかったのが辛かった。いとこはアイヌであると公言しなくても地元の人には名字でわかってしまう。」(新ひだか・青年・女性)

　上記の青年女性たちは、アイヌであることを隠し続けた結果、学校に限らず、これまでの生活のなかで被差別経験は「ない」と回答している。2人とも女性であることは偶然ではないだろう。男性より女性の方が、生活に支障をきたすと判断された場合にはアイヌであることを隠蔽する傾向が見られる[4]。
　青年層で被差別経験を持つケースに目を向けると、年長世代と比べて差別の「され方」はやや異なっている。以下は、学校でアイヌの伝統舞踊を披露することになった場面を語る青年男性の事例である。

・「忘れもしないんだけどね、小学校の2年生ぐらいの時だったかな。それこそ白糠の保存会(の活動)でばあちゃんにくっ付いて踊り踊ったりっていうのを先生に言って、(略)ある日ね、先生がクラスの前で『じゃあ〇〇(青年の名前)その踊りやってみろ』っていうことになって。『やだよ』って。して『何で』って、『できないんなら、じゃあいいわ』ぐらいの感じなの。わかる？あれ。『じゃあ、いいわ、いいわ』みたいな、なんかちょっとイラッとするあれ、あの感じで言われて。俺はもう、やったって何にも伝わるもんじゃねぇと思ったから、ばかにされて終わりだなと思ったから。」(白糠・青年・男性)

　彼は歌が用意されないまま、結局は踊りを披露し、「案の定ばかにされた」と続ける。そして「あの屈辱は忘れない」と言葉を結ぶ。彼が感じる「屈辱」

とは、最終的に踊りを「ばかにされた」ことだけでなく、教員との会話のやり取りのなかに、踊りを披露する場を提供しているのに、できないのか？といった侮辱のニュアンスも感じ取っているのではないだろうか。年長世代では「アイヌであること」による外見やエスニシティそのものを対象としたあからさまな差別が主流であったのに対し、年少世代になると、混血が進んだこともあり、外見ではエスニシティは判断しにくいため、そうしたある意味単純な民族差別は目立ちにくくなっている。しかし近年、北海道内の若い世代では小中学校でアイヌ文化の学習機会も増えつつあり（新藤慶 2015）、それゆえに、「アイヌであること」が逆に注目されることもあろう。アイヌであるのにその伝統や文化を知らなかったり、披露できなかったりすることが、新たにアイヌに対する民族差別を生む可能性がある。

　ところで、マイナスの学校経験が色濃くなると、その後の進学にも影響が及んでくる。実際、アイヌの人々は和人と比べ、学歴達成が低いことが明らかにされている（野崎 2012b）。以下の事例には、学校でのいじめや差別が、進学意欲の低下を引き起こしていることがうかがえる。

・「(学校で)喧嘩して、その子が泣いて教員室に逃げて行ったら、次の日先生に呼ばれていったらね。『何でお前やった』って『アイヌ、アイヌって馬鹿にするからだ』って言ったら、『お前、アイヌだべ』ってこうだからね、先生がね。アイヌがアイヌって言われて何悪いんだって味方するからね。まあ不公平だったよね、昔はね。(もっと上の学校に進学したかったとかは？)差別が多いからね、学校(高校)は行きたくない。１日でも早く終わってほしかったからね。」(新ひだか・老年・男性)
・「中学卒業後は、愛知県の紡績工場に集団就職した。高校へ進みたいという思いはなかった。これまでの学校生活はいじめなどがあってあまり楽しいものではなく、同じように嫌な思いをするなら母の助けになるように働きたかった。」(白糠・壮年・女性)

　学校でのいじめや差別の経験が、進学を断念する方向へと導いていく。上記の男性の事例は、教員からの差別であったことがわかる。子どもの間で起

きるいじめや差別以上に、教員から差別的な扱いをされた場合、より進学意欲は削がれることになるのではないか。

　結果として、アイヌの人々は相対的に低い学歴達成とならざるをえず、第3章で確認したように、最終学歴が低いどころか、中退する割合も決して低くはない。学校での被差別経験がその後の進学か就職かという進路選択にある程度の影響を持ち、アイヌの人々のライフ・チャンスを狭めているとするならば、学校でのアイヌ差別が珍しくもない現実は見過ごせない問題であろう。

第2項　恋愛・結婚の場面での差別

　続いて、学校での被差別エピソード数よりは量的に減るものの、どの地域の調査でも全体の2割があげている恋愛・結婚の場面での差別の実態を見ていく。まず、アイヌであることによって恋愛や結婚が破談になったという事例がある。

・「20歳を過ぎた頃に17歳か18歳くらいの青森出身の女性と1年半くらい付き合ったことがあった。ある日『あなたともう付き合えません。○○○人だから』と書かれた手紙をもらった。最初は○○○人と書いてあっても何のことかわからなかった。しばらく考えてアイヌ人だから付き合えないということだとわかった。その時、『アイヌはシャモと付き合ってはだめなのか』というシャモに対する怒りがこみ上げて来た。その後もそういう差別を2〜3回くらい体験した。30歳くらいのときにも付き合った人がいて、結婚話になった。相手が身辺調査をしたようで、アイヌだからだめだということだった。」(新ひだか・壮年・男性)

・「結婚はしていなく、ずっと独身。結婚したいと思う人がいたが、相手の家族に反対された。『家族に反対された』と相手の人が言ってきたときに、怖気づいたと思って見限った。」(白糠・老年・女性)

　1人目の男性は、アイヌであることを理由に、恋愛において何度か差別を受けたばかりでなく、身辺調査によって、結局、結婚も破談となってい

る。結婚予定の相手の家族から反対にあうという2人目の女性の事例もよくあるものであり、彼女の場合は「ずっと独身」とのことだが、周囲の反対を押し切り無理やり結婚したという事例もある。結婚式は一切してはならないという条件で、籍を入れることだけ許されたと語る老年男性、結婚してもなお、その結婚を認めてもらえなかったが、子どもができたことで徐々に和解し、そうなるまでに数年は要したというまた別の老年男性の事例がある。

　こうしたアイヌ民族との結婚を避けたいという気持ちは、和人の意識にも見られる。以下、和人住民へのインタビュー調査の結果を参照する。

・「結婚だけは。親も結婚は、アイヌはやめたほうがいいんじゃないかなと言ったかもしれないし、言ってないかな……はっきりしていない。でも俺自体が結婚しようとは思わなかった。知らないで付き合っていたら一緒になったかもしれないけど。見た目でアイヌという感じの人と結婚しようとは、間違っても一緒になろうとは思わなかった。」(和人／新ひだか・老年・男性)

・「死んだ親父に『メノコでもいいから再婚するように』と言われた。『メノコでもいいから』、差別的なことだよね。心の中で冗談じゃないよと言っていたね。すごい差別しているね。潜在的だな。それは。(略)潜在的に別な人というのはあったから、だから、親父にそう言われても潜在的に冗談じゃないと心の中で蔑視してると思うんだよね。」(和人／新ひだか・老年・男性)

・「やっぱり、そんなこと言ったら悪いんだけども、ああ、ちょっと違うかなっていうのはありますよね。でも、やっぱりそういうことを口に出しちゃいけないと思うんで。……息子がお嫁さんにそういう人を選ぶんだったら、でも、息子が選んだんだったら反対しない、でも、子どもにやっぱり(アイヌの血が)出るっていうのがあるから、ひょっとしたら反対する……ちょっと、ちょっとは言うかもしれないですね。」(和人／白糠・老年・女性)

　老年層である3人は、自らの発言が差別的であるという自覚を醸し出しつ

つも、できればアイヌの人との結婚を避けたいという思いを共通して語っている。若い世代からこうした意識は語られていないため、やはり年長世代の方がアイヌ民族への偏見が強いといえそうである。その際、3人目の女性はわが子の結婚を心配している。つまり、年長世代の方がアイヌとの結婚への偏見が強いとはいえ、今後の世代交代によってそうした結婚差別が単純に消え失せていくわけではない。年長世代が持つ潜在的な偏見や価値観は、年少世代の結婚話が浮上した時に言い伝えられていくこともある。

　実際に結婚に至っても、離婚になる事例も少なくない。和人である夫の家族から「あなたの親、きょうだいを一歩たりともうちの玄関から入れないで」と言われ、耐えられなくなり離婚したという女性（札幌・壮年）、夫婦げんかをする中で4回ほど言われた「メノコ」という言葉が引き金となり、離婚を選んだという女性（白糠・老年）、アイヌの血筋を持って生まれてきた子どもを姑から「うちの孫ではない」と否定され、和人の夫にさえ「俺の子ではない」、「子は産むな」、「子どもは要らない」と言われたという女性（札幌・老年）など、離婚の事例は多い。子どもを媒介にした差別の事例が男性ではなく産んだ女性へと浴びせられる状況を含めても、アイヌ女性たちがエスニシティとジェンダーによる「複合差別」（上野 1996, 2002）を受けやすい現実が見える。

第3項　就職時・職場での差別

　では最後に、就職時や職場での差別に関しては、どのような特徴があるだろうか。

　「第1項　学校でのいじめや差別」では、学卒後、進学か就職かという岐路に立ったとき、学校での差別経験が進学意欲を低下させる一因になっていることを確認した。本項では、就職や転職の活動をしている時期と、実際に働き始めてからの職場という2つの場面に注目する。

　最初に、就職活動の段階における差別である。こちらは実際に職場に入ってからの被差別よりは数が少なく、以下、女性2人がエピソードを語っている。

・「（これまで被差別経験は）1回だけ、中学校の先生が。就職を先生に、子どもだから『どこかないですか』ってお願いするじゃないですか。その

時に、たった一言いわれたの。それでカチンときたんですけど。私みたいな子どもに、『あなたアイヌ民族だから』(と言った)。だからどうなのってこと。『アイヌ民族だから自覚しろ』っていうことなのかわからないけど。『(アイヌ民族)だからね』っていうふうに言われたんですよね。」(伊達・老年・女性)

・「一緒に阿寒で働いてた友達と面接受けに行ったらさ、私が落ちるんだよね。顔見たらあれでしょ？ そういう差別は受けてきたけどね。(バイトで、面接を受けたときに？)面接行ったら、相手が受かって私がさ。そういう差別は私がアイヌだからかなーと思って。別にそれをどうのこうの恨むわけじゃないけど、自分がそういう民族なんだからさ。差別されても仕方ないなーとは思ってるけどね。」(白糠・老年・女性)

　1人目は、就職活動期における教員からの差別である。彼女は学校で同級生からいじめられることも、恋愛・結婚時においても差別を受けることはなかったが、唯一、「中学校の先生」からこうした差別を受けたと語る。教員は明言を避けているものの、「アイヌ民族だから」という言葉の背後には、「就職は厳しい」、もしくは「就職を斡旋できない」といった含みが感じられる。

　2人目の女性は、転職をする際、アイヌである自分は不採用になったという経験を語っている。彼女は、「自分がそういう民族なんだから」「差別されても仕方ない」と続けるけれども、アイヌ民族に対する明白な就職差別がうかがえる。

　どちらも老年層の女性という共通点があるが、では、若い世代においてはどうか。

　そもそも就職時・職場における差別のエピソード数は全体の1割程度と数が少ないため、ここではある青年女性の語りを紹介する。彼女自身は、これまでに被差別経験はないという。しかし、「国や北海道に望むアイヌ政策は何か」という質問に対して、「働く場所や機会を提供し自立できるようにする」ことをあげている。

・「うちの妹が働いていた会社とかも、アイヌしか働いてないとかとみん

なに言われていて、そういう人が集まる会社とかってあるんですけど、そういう人を『使って』いるのかどうか、選んでいるのか分からないんですけど。△△（地域名）は結構あるんですよね。私も一番最初に働いたところの従業員がほとんどそうだったんです。そういうふうに集まっちゃうのかなと思って、それは感じたことがあります。（そういう職場で分化されているというか？）分化されてるのかわからないですけど、○○（会社名）というところだったんですけど、○○の社長からして（アイヌの血が）混ざってたから、みんな働きやすくていくのかわからないですけど、そういう会社というのはあるんですよね、従業員がアイヌだというのが多いところがあるから。もっと普通に、たとえば△△でいえばイオンとかにも働ければいいなと。」（新ひだか・青年・女性）

　彼女によれば、かつて働いていた職場は社長がアイヌの血筋であり、従業員もアイヌの人々が多かった。彼女の妹が働いていた会社も、「アイヌしか働いていない」、「そういう人が集まる会社ってある」という。ここから、和人とは分離されたいわゆる「アイヌ労働市場」（小内 2016）の存在がうかがえる。西田・小内（2015）によればそれは、「（アイヌの）民芸品店員」と「漁業・水産関係」が指摘されているが、「会社」や飲食店といった、一見、アイヌの歴史や伝統とはつながりの見えにくい職でもその性格が見られる部分がある。こうした「アイヌ労働市場」にアイヌの人々が漠然と水路づけられているとするならば、その根底には和人との区別、つまり民族差別があるといえるのではないだろうか[5]。本調査において、被差別エピソード全体のなかで「就職時・職場における差別」のエピソードが少ないのは、こうした「アイヌ労働市場」と一般の労働市場との棲み分けが関係しているといえそうである。

　就職後、職場での差別に関してはジェンダーによって異なる傾向がある。

　まず、男性の場合、学生時代や恋愛・結婚時の差別と比べて深刻な内容はあまり多くはない。学生時代は差別によって登校を躊躇するような場合や、その経験がトラウマになっているという事例があったが、社会人となってからはアイヌかどうかを問われ、不愉快に思う程度であったり（札幌・壮年・自動車整備工）、直接言われるわけではないが「目には見えない」「雰囲気で」の

差別 (伊達・老年・溶接工) といったものが主流である。小学校は1年生の3学期までしか通うことができなかったという老年男性 (札幌・炭鉱夫) は「お前、字も書けないのか。アイヌだな」といったあからさまな差別を受けたというが、現代では起こりにくそうな差別内容である。学生から社会人へと移行することによって、全体的にアイヌの人々への差別は影を潜めていくといえそうである。

　女性の側に目を移すと、まず、職場として語られた場所がかなり"酒場"に偏っており、彼女らが「ホステス」、「スナック」の従業員をしている (た) ことの多さが目に付く。こうした女性に特有のいわゆる水商売系の職も、「アイヌ労働市場」の一種といえよう。その際、被差別の内容としてはアイヌであることを問われることが大半である。

- 「(東京で) 床屋で働いていると毛は剃っていたしわからないと思ったけど、お客さんからよく『どこ出身なの？』と聞かれた。『北海道』と答えると『アイヌ民族？』と言われるのが嫌で『沖縄』と答えていた。…… (その後札幌にて) ホステスをしていたときもお客さんから出身を聞かれると沖縄と答えていた。『アイヌ民族だろう』と言われたこともあった。仕事をしていて辛かったのは、夜働いていたときにアイヌ民族と言われたことだった。嫌だし恥ずかしかった。」(札幌・老年・理容師〜飲食業)
- 「子どもが生まれて生活が苦しかったため、スナックで働いていた。スナックでは、客に白糠出身だと言うと『えっ？ 白糠ってこれがいっぱいいるべや』と言われ、『何それ？』と尋ね返した。すると、『アイヌよ。アイヌって臭くて汚いのよ』と言われた。そこで、ぷっつんと頭にきて『何がアイヌが臭いのよ。何かしたのか、お前に。帰れよ、お前みたいの』と客に言い放った。」(白糠・老年・飲食業)

　酒場という雰囲気で、民族性を話題に出しやすい面もあるのかもしれない。2人目の女性の場合、客と言い合いになっている様子がうかがえるが、上記以外にも、やはり「ホステス」をしていたという女性 (札幌・老年) は、学生時代の差別で「鍛えられた」と語り、「アイヌで何が悪いの？」、「見下げるよう

210　第7章　現代におけるアイヌ差別

な言葉を使うな」と言い返したという。

　アイヌ女性で唯一、酒場以外で見られた露骨な被差別エピソードは以下である。

・「職場の人が結婚式をあげることになって、そのハガキを回す役目をやっていたんですね。そうしたら発起人会で、私がハガキを回しているにもかかわらず、（式に）呼ばれていなかった。なぜ呼ばれないんだって、後輩に聞いたら『アイヌだから呼べない』って。そこまで差別するのかなって、あのときはびっくり。」（白糠・壮年）

　この事例における差別は、和人とアイヌの人々が混ざり合う職場だからこそ起こったと考えると、先に見た「アイヌ労働市場」が形成されている現実もうなずけるものがある。

　以上のように、職場での差別は学校や恋愛・結婚時におけるそれよりも数が少なく、深刻なエピソードも数としては多くないというのが特徴としてある。ただしその理由として、就職の際にアイヌの人々が「アイヌ労働市場」に導かれているという面は否定できず、そうだとするならば、その背後には一般社会でのアイヌ差別が横たわっていることを認めざるをえないだろう。

第3節　民族内差別──アイヌ社会の内部ではどういう差異化が見られるか

　これまで見てきたように、いまだに、和人からの差別の経験を持つアイヌの人々は少ないわけでない。しかし、アイヌと和人との混血が進んでいる現在、誰がアイヌ民族かということが判断しにくくなっていたり、アイヌ民族というエスニック・アイデンティティをポジティブに捉える若い世代が出現したりするなど[6]、差別を意識せずに生活しているアイヌの人々がいるのも事実である。

　そうしたなかで、アイヌ社会の内部で見られる「民族内差別」に注目する意味がある。というのは、誰がアイヌ民族かということは和人よりもアイヌの人々の間で認知されやすく、また、アイヌというエスニック・アイデンティ

ティを抱え続けるのはいうまでもなくアイヌ自身である。それゆえ、アイヌについて知識があり、語ることのできる者たちがアイヌ社会の内側で互いに偏見を持ったり、自分を卑下する状況が際立ちつつある（菊地 2013: 48）。また、アイヌとしての血筋の濃さに基づく差異だけでなく、和人養子や和人配偶者の場合など、アイヌ社会のなかでは少数派として存在する和人たちもいる（小内・梅津 2012; 小野寺 2012b）。現代では、アイヌ社会の内部にも多様性が見られ、それゆえに苦悩を抱えていたり、社会関係において衝突や葛藤が生じたりする状況も見られている。

　これまでの検討では差別を広義に捉えてきたが、民族内差別を捉える際にも、この視点が有効である。なぜなら民族内差別のあり方は、たとえば民族内部の属性の違いに言及するような客観的に把握しやすいものから、アイヌ社会内部での感情的な対立や違和感、偏見、妬みや嫉妬などの負の感情にも表れやすいからである。以下では、それら民族内差別のパターンを順に検討していく。

第1項　アイヌ社会における和人差別

　はじめに、客観的に把握しやすい民族内差別として、アイヌ社会での和人に対する差別がある。和人よりもアイヌの人々の方が多数派となる場面として、アイヌ協会などの民族活動の場が想像しやすい。アイヌの配偶者を持つ和人妻・和人夫がこうした活動に参加した際、アイヌの血筋にある者から「『シャモのくせに』という言葉が使われた」（老年・和人夫）というように、「シャモ」という言葉に差別的な意味が込められ、差異化されることが多い[7]（濱田 2012: 162）。また、「協会に入っているが、離婚してから行事に参加しづらい」（むかわ・壮年・和人妻）、「夫が亡くなったら、自分はただのシャモだから、後から入ってきた若い人たちにアイヌ文化関係の団体から抜けるべきではないかと言われた」（札幌・老年・和人妻）というように、アイヌ社会の排他的な一面も指摘されている（小野寺 2012b: 140）。このように、アイヌとの婚姻によって家族を築いている和人配偶者の立場は、子どもを含めても本人だけがアイヌの血を引いていないという点において、アイデンティティのゆらぎを経験しやすいといえるだろう。

212　第7章　現代におけるアイヌ差別

　この点について小野寺 (2012b) は、和人配偶者がダブル・アウトサイダーとしての側面を持つことを指摘する。つまり、和人配偶者がアイヌ社会においては和人として退けられ、和人社会においてはアイヌ側の人間として退けられることを意味する。その際、「アイヌの中では『日本人』として差別され、日本人の中では『アイヌの夫がいる女性』として差別される」(老年・和人妻) という語りを根拠に、ダブル・アウトサイダーとしての扱いを受けているのは主に和人妻であることも見出している (小野寺 2012b: 139-40)。こうしたことから、アイヌと婚姻関係にある和人配偶者が、民族内差別も民族差別もどちらも経験しうる複雑な立場であることを確認できる[8]。

第2項　民族内差別に見られる複合差別

　次に、アイヌであることに加え、別の属性的要素が民族内差別を引き起こしている事例に目を向ける。上野 (2002) は、階級・性別・民族・障害の4つの組み合わせと、その間の因果の方向を含め、計12通りの複合差別を検証している (上野 2002: 254-64)。本章ではすでに、アイヌ男性よりもアイヌ女性の方がより不利益を被りやすいことを確認してきたが、それは和人がマジョリティとなっている一般社会のなか、すなわち、民族差別の文脈においてであった。民族内差別、つまり、アイヌ同士の関係性のなかで生じている複合差別には以下、4つのパターンが見られる。

　≪アイヌであることと階層≫

　まず、幼少期における階層的差異を理由にしたいじめが、同じアイヌ同士のなかで生じていたという事例がある。貧困であることを理由に、同じアイヌの人に「布のかかっていない布団、皮のかかっていない布団で寝てる」とよくいじめられたという老年女性や、親が漁師だったために「ろくに洗濯もしてもらえないで」「魚臭いとかでいじめられた」と語る別の老年女性の事例がある (濱田 2012: 160-1)。

　反対に、アイヌ民族の内部では貧しい人に対する差別だけでなく、経済的に豊かな人に対する違和感や感情的な反発も存在する (濱田 2012: 161)。「年に一度の文化祭で、様々な芸事を見せ、そのたびに衣装を替えていたら、周

りから妬まれ嫌われてしまった」(白糠・老年・女性)という事例がわかりやすいだろう。ただ、こうした階層的差異に基づく民族内差別は老年層を中心としており、青年層には存在しない。アイヌの人々が日本社会のなかで相対的に低い階層であることは第3章で確認してきたが、そのアイヌ社会内部での階層的差異は現代ではかつてより見えにくくなっているといえる。

≪アイヌであることとまた別のエスニシティ≫
　次に、アイヌの人々のなかに、朝鮮民族の血筋が混ざっている人への民族内差別がある。

・「母は朝鮮人とアイヌのハーフで、アイヌから『朝鮮アイヌ』ってばかにされたこともあったから、あんまりアイヌを好んでいなかった。世界で一番ひげの濃いアイヌと、世界で一番毛のない朝鮮人が一緒になると、毛のないアイヌになる。朝鮮人とのハーフにばっかり、アイヌのくせに毛がないという。アイヌがアイヌをばかにする。」(むかわ・壮年・男性)
・「アイヌの一人だと自覚したきっかけは、結婚するときに、『アイヌ、朝鮮人、一番の貧乏』といって結婚を反対されたことだった。経済的な不平等が差別を作り、その上にあるのが人種差別。差別が二段階、三段階になっている。」(札幌・老年・男性)

　2人目の老年男性が語るように、アイヌと朝鮮民族との混血であり、さらに貧困であることが重なるということは、被差別要素が二重、三重となった複合差別である。彼は朝鮮民族の父親とアイヌの母親の子孫であるが、「生まれた頃の環境は日本人のアイヌに対する差別が激しく、アイヌの女性は朝鮮人と結婚するしかなかった。お互いに苦しい者同士が結婚したという事実がある」とも語っている。ただし、近年ではオールド・カマーとしての朝鮮民族との結婚はほぼ見られないため、「朝鮮アイヌ」に対する差別は過去のものになりつつある。

≪アイヌであることと結婚相手≫

ところで、結婚の際にアイヌ民族内部からその相手を選びたがらないという傾向がある。すなわち、アイヌ男性がアイヌ女性を結婚相手に選ばない傾向、また反対に、アイヌ女性がアイヌ男性を選ばないという傾向である。アイヌ男性側からは、「もし妻がアイヌだったら結婚しなかったかもしれない。相手の女性がアイヌだったら恋愛の対象にならないというのでは失礼だし、差別のようになってしまうが、子どものことを考えると普通の人がいい」(札幌・壮年・男性) という語りがある。「子どものこと」というのは子どもにアイヌの身体的特徴である「体毛の濃さ」や「彫りの深さ」が遺伝してほしくないという意味においてであり、それゆえに、アイヌの血を薄める戦略として、アイヌ同士が結婚を避けたがる様子が指摘されている (小内・梅津 2012; 小野寺 2012a)。

アイヌ女性の側ではより顕著であり、「アイヌのおばあちゃんたちに『シャモと結婚するんだよ』とよく言われた」というように、年長世代から和人と結婚するように教え込まれ、「物心ついたときには毛深い人とは結婚しないと思っていた。見た目でアイヌとわかる人は嫌だと思った」(札幌・壮年・女性) といった意識を形成しているパターンが目立つ。このように、アイヌ民族内部で同類婚を避けようとするあり方も、民族内差別と捉えることができるだろう。

≪アイヌであることと世代≫

最後に、年少世代から年長世代に向けられたものとして、かつてのアイヌ女性に特徴的な口への「入れ墨の文化」について言及する事例がある。

・「曾祖母は口を黒く染めていた。小さい時、曾祖母が来ると顔を見てよく泣いていた。昔は長女だけが自分の血族の財産を守るために長女だとわかるように入れ墨をされたと聞いた。自分は長女なので昔に生まれなくてよかったと思った。入れ墨の文化だけは納得できない。」(新ひだか・壮年・女性)

・「入れ墨したばあさん、見て、恐ろしくて、恐ろしくて。(中略)うちのばあさん、そんなのしてないし。親戚のばあさんにも、そんなの居ないか

らさ。怖かった、あれは。」(新ひだか・老年・女性)

「入れ墨の文化」に対する忌避や嫌悪を民族内差別と捉えるのは少し強引だが、差別的な感情に類するものではある。女性に特有な文化だからこそ、言及するのも女性のみとなっており、実際に入れ墨をした女性を見たことがある壮年層、老年層からの語りとなっている。こうした外見をもとにした差異化は、次に検討する「血筋の濃さに基づく民族内差別」とも似通った部分がある。

第3項 アイヌとしての血筋の濃さに基づく差別

では、血筋の濃さに基づく差別とはどういったものか。そのパターンとしては、アイヌとしての血筋の濃い側から薄い側への差別と、逆に、血筋の薄い側から濃い側に対するものがある。これらはとくに明確なルールがあるわけではなく、その場その場で差異が作り出される傾向にある (濱田 2012: 162)。つまり、外見に対する差別ではあるけれども、上記で検討した「入れ墨の文化」に対するものとの決定的な違いは、語り手の主観的判断によって差別が生み出されているという点である。

≪濃い側から薄い側へ≫
・「子ども同士でお互いによくわからないということもあって、同じアイヌであってもアイヌの血が薄いというだけで、同じアイヌの子を『アイヌ、アイヌ』といじめた。」(札幌・老年・女性)
・「アイヌの血の濃い人には、半分いじめるみたいな感じで、『おまえなんか和人の混血だべ』と言われる感じ。」(伊達・青年・男性)

≪薄い側から濃い側へ≫
・「和人と仲良くつきあっていたのは、自分は顔がアイヌに見えないからで、それで救われていたと思う。アイヌだとわかる外見の人がいじめられているところは小学校、中学校でけっこう目撃したことがある。先生がそれに対して何か言っているのは見たことがない。」(新ひだか・青年・女性)

・「アイヌの友達はいたが、アイヌの濃い人とは関わらなかった。友達にはなれたけども、一緒にはなりたくなかった。」(白糠・壮年・男性)

薄い側と濃い側、双方の事例をあげたが、実際には血筋の薄い側から濃い側への偏見の方が数として多く、地域や世代、ジェンダーに関係なく広く語られている。アイヌとしてより血筋の濃い側がより劣位に置かれているということは、血筋の濃さに基づく民族内差別が、和人からアイヌへの民族差別をルーツにしていることにほかならないだろう。こうして、アイヌ民族である自分(の外見)、あるいは個人のなかにある「アイヌ民族」へのイメージを基準とし、それよりも薄いか・濃いかという判断をする過程で、自分は優位に置かれているのか、逆に劣位に置かれるのかといった2つのパターンにエスニック・アイデンティティは分化されていく。

前者の事例としては、「私の子どもの年代でも、見た目、わっ、かわいそうだなって女の子もいるんですよ。もうひど過ぎ」。「差別で苦労した話を聞くと、自分自身と照らし合わせると、うちらまだまだいいんだなって」(新ひだか・壮年・女性)といったものや、「俺自身は、子どもの頃からアイヌ顔もしてないから」と語るアイヌ男性(新ひだか・壮年)が、「ほんとにアイヌってわかる女の子」は客が来なくなるので店員になるのも難しいとの持論を述べる事例がある。このような意識は、アイヌとしてより濃い側に対する差別意識につながりうるもので、「加害者」の側から語られる民族内差別ということができる。

一方、後者には、かつてアイヌとしての両親に、「母さんと父さんの子に生まれたから、私こんなにみったくなくて、毛深く生まれた」と言ってしまったことを後悔している事例(新ひだか・壮年・女性)がある。しかし同時に彼女は、「肌(外見)から差別されたり、軽蔑されたりするのは嫌だから、絶対アイヌの人としか結婚しない」という気持ちや、和人とは結婚しないのではなく「できない」というふうにも語っており、アイヌであることに否定的なエスニック・アイデンティティ、すなわち「被害者」の側から語られる民族内差別を見ることができる。

第4項　アイヌに対する否定的イメージに基づく差別

　以上のように、アイヌに対する否定的な感情が自分自身に向けられることもあれば、客観的に「アイヌ民族」を捉え、否定的なイメージを持つ人々も一定数存在する。たとえば、以下のような語りがある。

・「当時のアイヌの方のイメージとしては、着るもの、家の中がだらしないと思っていた。父はよくアイヌをばかにするとき『うちの中が汚くて、格好が汚くて、自分でもいいから髪の毛くらい切れるのに、そういうだらしないのがアイヌだ』と言っていた。飲み会の時のだらしない姿もすごく嫌だった。」(白糠・壮年・男性)
・「小さい頃に、アイヌ民族は汚いというイメージがあった。むかわのお祭りで酔っ払ってふらふらしている人がいて、だらしないイメージが残っている。酔っ払って倒れて救急車で運ばれているアイヌの人はかっこ悪いと思う。」(むかわ・青年・男性)
・「上の年代の人を見ると、みんな酒癖が悪く、アルコール中毒の人や無職の人が多いなと思っている。『だめになっている人が多いのかな』と受け止めており、その理由としては『自分がアイヌだから』と考えているせいではないかと考えている。」(札幌・青年・女性)

　こうした語りは青年層・壮年層を中心としており、自らのアイヌとしてのエスニック・アイデンティティはあまり強くなく、どちらかというと「加害者」の側からアイヌを語る立場に位置づけられる。ただし、こうした人々のなかには、外見でアイヌと判断されやすい人々が差別されているのを見かけることで、アイヌ社会内部でも「自分がアイヌであることを言い出せなかった」(むかわ・壮年・女性)というケースがある。つまり、民族差別も民族内差別も経験したくないためにアイヌであることを公表しないのである。アイヌ社会のなかにおいてアイヌ性の隠蔽をする場合、よりアイヌらしい外見の人を差異化し、差別の対象者を作りだすという構造の一翼を担ってしまう可能性がある (濱田 2012: 164)。

　加えて、アイヌ性の隠蔽という行為は、親から子どもに対して血筋の告知

を躊躇するような場面にもうかがえる。わが子への血筋の告知は「避けている」、「自分の方から子どもに伝えるというのは、今でも難しい」（新ひだか・壮年）と語る男性の事例には、親がアイヌ民族に対する否定的なイメージを持っているからこそ、告知によって子どもがアイヌというエスニック・アイデンティティをスティグマ化してしまわないかということへの憂慮が潜んでいる。そしてそれゆえ、アイヌであることを伝えられずにいる。アイヌ性の隠蔽は、親子関係に注目した場合、うかつに差別を再生産しないための方法のひとつであると捉えられる。

　以上のように、アイヌに対する否定的イメージは、アイヌ性の隠蔽という行為を導きやすいことがわかる。しかしその結果、意図せずしてよりアイヌらしい外見の人を差異化してしまったり、はたまた、うかつに差別を再生産しないための戦略としての、あえての隠蔽であったりと、両極端の結果を生み出す。前者は「加害者」として、後者は「被害者」として語られる民族内差別とみることができよう。

第5項　自己責任論としての民族内差別

　最後に、アイヌに対する否定的なイメージを肯定した上で、アイヌ民族がおかれた状況を個々の能力や態度に求めるような事例（濱田 2012: 158）を確認する。濱田は、アイヌ民族内部で差別された経験を持つ対象者たちが、周囲のアイヌに対して、厳しい評価や自己責任を指摘する事例を取り上げている。過去に民族内差別を受けたという経験や感覚が自己の正当性を高め、自らと他のアイヌ、あるいはアイヌ全体を差異化するという状況である（濱田 2012: 166-7）。こうした過去の経験に基づいた上での自己責任論を語る事例は多くないが、以下の老年男性に見ることができる。

　・「今のアイヌは甘えていると思う。今はアイヌの人たちは、昔のような差別されて学校にも行けないといった状況ではない。アイヌだからといって制度利用だけをもくろんでいるようでは、いつまでもばかにされるし、尊敬してもらえない。自立する努力をするべき。」（白糠・老年・男性）

第3部　地域住民とアイヌの人々との関わり　219

　年長世代の場合、過去にアイヌ民族がおかれていた状況と比べながら、現代アイヌに対する意見を形成しやすいといえるだろう。

　一方、若い世代には、アイヌとしてのエスニック・アイデンティティと距離をとった上での自己責任論と捉えられる語りがないわけではない。たとえば、「自らアイヌだと主張する人は、ずるい人が多い」、「自分から（アイヌ協会に）加入しようとは思わない。その援助を受けたいとも思わない」（白糠・青年・男性）という意見があり、アイヌ協会の活動からも距離をとる人々が存在している[9]。また、「アイヌであることを気にする人がいるが、なぜそこまで気にするのかと思う」（むかわ・青年・男性）、「アイヌという言葉を自ら差別的だと思っている方がおかしい」（むかわ・青年・男性）というように、やはりアイヌであることには依拠せずに、個人の責任を重視する事例が目立つ。

　しかしその際に問題となってくるのは、次のような考え方である。

・「やっぱりその血が濃いとか薄いとかって、顔を見るとわかるんですけど、ちょっとひどいというか、ちょっと濃いめの人はそういうふうに。いじめというか。結果的に、アイヌというそのものに対していじめられてたわけではないんですね。やっぱり外見だったり、ちょっと性格が少し変わってたりして、アイヌだからというのではないと思うんですよ。」（新ひだか・青年・男性）

　上記の事例には、アイヌとしての血が濃い人に差別が起きた場合、「アイヌというそのもの」に対してではなく、「外見」が「性格」と同等のものとして、自己責任として位置づけられている。濱田も指摘していることだが、アイヌの人々の間でエスニック・アイデンティティが相対的に弱くなってくると、「アイヌ民族」の個人化（濱田 2012: 168）が進行し、結果として民族内外における差別が助長されることになる可能性があるだろう。

第4節　まとめと考察

　以上、本章では現代アイヌに見られる民族差別と民族内差別について、5

220　第7章　現代におけるアイヌ差別

つの地域を総括して検討してきた。改めてこれまでの分析を振り返ると、以下のようになる。

　まず、民族差別に関しては、差別が生じやすい3つの場面についての量的把握を試みたところ、学校で起きる差別、恋愛や結婚の際の差別、就職時や職場での差別の順で、被差別エピソードが多いことがわかった。学校での差別はどの地域でも、どの世代でもまんべんなく経験されているが、その被差別経験が原因となって進学意欲を削がれている事例もあり、差別がアイヌの人々のライフ・チャンスを狭めているという意味では深刻である。恋愛や結婚においては、アイヌ男性よりアイヌ女性の方が不利益を被りがちであった。とくに新ひだか町、白糠町で顕著に見られたように、和人の側があからさまにアイヌとの結婚を避けることもあり、和人との恋愛や結婚を成就させるために、並大抵ではない苦労を経験している人もいる。そして、就職における差別は数としては多くないものの、その理由として「アイヌ労働市場」の存在が浮き彫りとなった。就職の時点でアイヌが多く従事する仕事に水路付けられている可能性があり、職場で差別が起きないのではなく、和人とアイヌの職場の棲み分けがなされているといえる。なお、アイヌ女性はいわゆる"水商売"につく事例が多く、職場においてもアイヌ男性よりアイヌ女性の方が被差別経験者が多い。

　以上のように、アイヌの人々のライフ・ヒストリーには、被差別経験が拭いがたく刻まれており、とくにアイヌ男性よりもアイヌ女性が被る不利益・不公平が目立つ。白糠町のように、どの世代も半数以上が被差別経験の持ち主で、老年層にいたっては100%の経験率という地域も存在する。また、5つの地域のうちアイヌ集住地域とはいえない札幌調査においても、その内実は、道内のアイヌ集住地域で生まれ、現在は札幌に住んでいるという対象者が大半であったため、アイヌ差別はアイヌ集住地域で起きやすいと見ることができた。

　さらに、もう一方で把握することができたのは、民族内差別の状況である。混血が進むことによってアイヌ社会内部にも多様性が見られはじめ、アイヌ社会におけるマイノリティに対して、あるいは血筋の濃さやそれに基づく外見への主観的判断によって、アイヌ同士がお互いに差異化しあう状況が生じ

ている。その際、アイヌとしての血筋の薄い側から濃い側への差別が優勢であり、和人からアイヌに対する民族差別の論理が民族内差別にそのまま持ち込まれているといえる。結果として、アイヌ社会のなかに「被害者」と「加害者」という立場が見られるようになっている。和人妻としてアイヌ社会に生きる女性が、民族差別も民族内差別もどちらも被りうる複雑な立場であることも明らかとなった。さらに若い世代を中心に、アイヌとしてのエスニック・アイデンティティと距離をとる人々が増えていることによって、「アイヌ民族」の個人化が進み、アイヌであることに対する差別も自己責任として片づけられるような状況が生み出されてもいる。

　以上のように、民族差別と民族内差別が入り混じる現代のアイヌ差別を、どう解釈したらよいだろうか。一つには、今後、ますますアイヌと和人との混血が進み、世代交代によって民族差別は徐々に影を潜め、その代わりにお互いにアイヌであることを認知しやすい民族内差別がより強まっていくのではないかという考え方がありうる。しかし本章で見てきたように、アイヌとしての若い世代では、たしかに民族差別の経験の量は減っているかもしれないけれども、差別の内容は形を変えて、アイヌであるからこその立場を周囲から期待されてしまうという文脈で、アイヌの若者から苦悩が語られてもいた。こうしたことをふまえれば、アイヌ差別が民族差別から民族内差別へと単純にスライドしていくとはいいがたい。

　もう一つの考え方として、民族内差別は民族差別と表裏一体の関係にあり、和人からの民族差別がいまだに根強いからこそ、その影響がアイヌ同士の間に波及し、互いに差異化しあう状況を生み出し、民族内差別として湧き起ってきているという見方も成り立つ。そうだとすれば、民族内差別は、いまもなお和人からの差別や偏見がアイヌの人々を苦しめていることの証左である。この見地に立てば、民族内外を含むアイヌ差別をなくすためには、和人とアイヌの人々との関係性における民族差別を解消していくしか道はない。本章の冒頭で示したように、現代のアイヌに対する差別や偏見には、社会的関心が集まりつつある。しかしその際に、大きなズレとして生じていたアイヌと和人双方の意識の差——現在でも、アイヌの人々の方が圧倒的に多くアイヌへの差別や偏見があると回答している——が、なぜ生じているかというとこ

222　第7章　現代におけるアイヌ差別

ろから改めて考察していく必要があるのではないだろうか。

注

1　アイヌの人々を対象とした同調査では、差別や偏見が「あると思う」理由（複数回答）として、「家族・親族・友人・知人が差別を受けている」（51.4%）、「アイヌが差別を受けているという具体的な話を聞いたことがある」（51.2%）という結果が示されている（内閣官房アイヌ総合政策室 2016）。

2　インタビューのなかで被差別を感じさせるエピソードがあっても、本人がアイヌであることを理由とした差別を受けたことは「ない」と断言するような場合、被差別経験を持つ者としてはカウントしていない。また、インタビューは半構造化面接法で行われたので、この質問以外の場所で、話の流れのなかで差別されたことがあると語られている場合には「ある」にカウントしている。

3　なお、「北海道アイヌ生活実態調査報告書」でも、「物心ついてから今までに何らかの差別を受けたことがあるか」という質問において、「最近6、7年」に「ある」割合は「平成11年調査」（12.4%）→「平成18年調査」（2.1%）→「平成25年調査」（1.9%）と減少傾向にある。

4　たとえば幼少期から、「アイヌっていうことを言っちゃいけない」と育てられてきたという女性は、「一般の人の中では言わないように。言うと差別（される）っていうのを小さい時から見てきてる」と語っている（新ひだか・壮年・女性）。また、身内に対して「絶対、旦那さんの前でアイヌの話をしないで」と釘を刺し、結婚相手にさえアイヌであることを徹底して隠していた叔母のことを語る女性（札幌・壮年）の事例もある。

5　こうした「アイヌ労働市場」への「水路づけ」に関して、あるアイヌ男性は次のような見解を述べる。「アイヌ民族は引っ込み思案になってしまう人が多い。むりに会社員にならなくても、自営業という道もある。会社員になるということは和人と一緒に働かなくてはいけないということで、そういう気概をもって飛び込もうと思えない人が多いのだろう」（伊達・老年）。彼は、アイヌ民族の生活水準の低さを改善するためには雇用対策というより教育が重要であると考えており、アイヌも和人も同じ日本人だけれども遺伝子が違うということをしっかり認識した上で、若い頃から技術と勉強を身につけられれば、アイヌ民族だからと自分を卑下する必要もなく、和人と対等に渡り合っていけるし、民族としての誇りも持っていられるのではないかという意見を語っている。

6　たとえば、被差別経験がない青年層からは、自分がアイヌ民族であることは「自慢」、「ちょっとかっこいいかな」（札幌・女性）という語りがあり、彼女はアイヌ民族であることをどんどん売り込みたいとも述べている（菊地 2012: 152）。また、自分の世代ではアイヌであることを極力隠してきたのに、息子はアイヌであることを誇りに思い、身体にウタリのマークのタトゥーを入れていると語る女性（新ひだか・壮年）は、「信じられない」と述べている。こうしたエスニック・アイデンティティに焦点を置いた分析については第5章を参照されたい。

7 このように、「シャモ」という言葉がアイヌ社会では和人に対して、侮蔑的な意味を込めて使われているというのが通説的理解ではあるものの、「和人」や「シャモ」といったアイヌによる呼称の用法は、実際には判然としない部分が多い。この点については小川（1997: 5）に詳しい。

8 アイヌ社会に生きる和人としては、和人配偶者のほかに和人養子のパターンがある。本調査でも対象者のなかに和人養子としての立場が見られたが、和人養子であることによってアイヌ社会で民族内差別を受けるという様子は確認できなかった。

9 本調査は、アイヌとしての対象者を基本的には北海道アイヌ協会を通じて選定しているため、協会員である人々が大多数を占める。そのため、本章で見たアイヌ差別のあり方も、一定のバイアスがあることを付言しておきたい。しかし本調査では、住民調査のなかから選定されたけれどもたまたまアイヌの血筋であったというケースをアイヌとしての対象者に置き換えているため、わずかながらアイヌ協会の会員ではないアイヌとしての対象者も含まれてはいる。アイヌの人々が有する被差別経験や差別そのものへの意識は、アイヌ協会の内外で異なる可能性があるため、今後、この点は検討する必要があるだろう。

第8章

和人住民から見たアイヌの人々との交流
—— 「学校」「職場」「日常生活」「結婚」の場面に注目して

小野寺　理佳

はじめに

　本章では、和人住民とアイヌの人々との交流を取り上げる。その際、和人がアイヌの人々を差別する側に位置づいてきたことから、アイヌの人々の被差別経験の主な場面とされる「学校」「職場」「日常生活」「結婚」の4つに焦点を当て、そこにおける和人側から見た交流状況を探る。

　以下、第1節においては、アンケートデータに基づいて、交流状況の全体像を描く。次に、第2～5節においては、「学校」「職場」「日常生活」「結婚」という4つの場面における交流状況を見る。第6節では、それらの交流状況をふまえて、和人住民がアイヌの人々とより差別のない交流をしていく上で何が必要かを考える。分析にあたって、和人住民の交流認識のありようを把握するためには、インタビューデータを検討することが必須である。したがって、2節以下においては、アンケートデータとインタビューデータの両方を得ることができた3地域、新ひだか、伊達、白糠に限定して検討を進める。

第1節　交流状況の全体像

　まず、アンケートデータから、交流状況の全体像を量的に把握しよう（**表8−1**）。交流有（「よくある」「たまにある」の合計、以下同じ）の数値を世代別（青年層：20～30代、壮年層：40～50代、老年層：60代以上とする）に見ると、各地域共通して、おおむね上の世代になるほど交流有の比率が高まる傾向が認められ、和人住民としてアイヌの人々との交流活動を担っているのはおも

第3部　地域住民とアイヌの人々との関わり　225

表8-1　各地域における交流状況 度数（%）

調査地		よくある	たまにある	あまりない	ほとんどない	合計
新ひだか	青年	13(15.3)	12(14.1)	16(18.8)	44(51.8)	85(100.0)
	壮年	45(24.9)	58(32.0)	30(16.6)	48(26.5)	181(100.0)
	老年	56(25.5)	82(37.3)	42(19.1)	40(18.2)	220(100.0)
伊達	青年	1(1.2)	3(3.5)	10(11.8)	71(83.5)	85(100.0)
	壮年	9(4.4)	13(6.4)	34(16.7)	147(72.4)	203(100.0)
	老年	21(7.2)	37(12.6)	43(14.7)	192(65.5)	293(100.0)
白糠	青年	2(4.1)	3(6.1)	8(16.3)	36(73.5)	49(100.0)
	壮年	18(13.7)	33(25.2)	29(22.1)	51(38.9)	131(100.0)
	老年	25(11.1)	55(24.3)	62(27.4)	84(37.2)	226(100.0)
むかわ	青年	12(17.4)	8(11.6)	13(18.8)	36(52.2)	69(100.0)
	壮年	30(19.1)	50(31.8)	28(17.8)	49(31.2)	157(100.0)
	老年	69(29.7)	87(37.5)	44(19.0)	32(13.8)	232(100.0)
札幌	青年	0(0.0)	4(3.1)	6(4.6)	121(92.4)	131(100.0)
	壮年	1(0.5)	4(1.8)	11(5.0)	205(92.8)	221(100.0)
	老年	1(0.5)	6(3.1)	10(5.2)	176(91.2)	193(100.0)

注）不明・無回答を除く。以下、全表において同じ。
資料：実態調査より。以下、全表とも同じ。

に老年層であることが確認できる[1]。

　この世代差は、1つには、ライフスタイルの変化によるものと考えられる。すなわち、これまでの各地の調査結果によれば、交流の内容は、「職場付き合い」と「近所付き合い」の2つに集中しており、青年層と壮年層では「職場付き合い」、老年層では「近所付き合い」が主なところとなっている[2]。つまり、選好的な交流よりも、職業生活や地域生活に関わっての交流の方が多くなっている。そこで、交流の内容に着目してライフスタイルの変化を描いてみると、青年層には独身者の割合が高く、学業や仕事など地域にあまり関与しない生活を送る者が他の年代に比して多いため、学生時代からの付き合いが継続され、就職後はそこに職場の付き合いが加わる形となる。壮年層では職場の付き合いが中心となりつつも、家族を持つことで地域での付き合いを持つ機会が増え、老年層になると退職世代であることから、職場付き合いよりも近所付き合いの比重が高まってくる、と考えることができる。2つには、ライフスタイルはもちろん、学歴、職業の種類、アイヌ認識などが世代によっ

226　第8章　和人住民から見たアイヌの人々との交流

て異なることによって、アイヌの人々と出会う場所へのアクセスの可能性が
違ってくるためと考えられる。

　続けて、交流有の数値の地域差を見ると、新ひだかでは54.7%、伊達では
14.5%、白糠では33.5%、むかわでは55.9%、札幌では2.9%であり、札幌
における交流がとくに低調である。札幌は、相対的に多くのアイヌの人々が
居住する地域という意味では道内有数の「多住地域」といえるが、大都市で
あることからアイヌの人々の人口比はきわめて低い。また、札幌は、アイヌ
の人々が市内の特定の地域に集まって生活している地ではないため「集住地
域」とはいえない。その意味で、他の4地域(いずれも郡部)とはかなり異な
る様相を示しているといえるだろう。以下、こうした全体像をふまえて3地
域の各場面における交流状況を見ていこう。

第2節　学校での交流

　はじめに、学校での交流を振り返る。学校は、アイヌの人々により被差別
経験の場面として最も多くあげられる場所である。インタビューデータ[3]の
うち、学校場面について語られた箇所を整理すると、3地域に共通している
ことが2点ある。1点目は、アイヌのクラスメートについては、「自分たち
とは違う人々」という認識があり、彼らに対してある種の違和感が持たれる
ことがあっても、ただちにそれが差別につながることはなく、「普通に」「仲
良く」付き合っていたと語る者が多いことである。2点目は、子どもは大人
の言動をよく観察しており、アイヌの人々に対してどのような感情が向けら
れているのか、とりわけ否定的な感情には敏感であったことである。多くの
場合、大人とは親であるが、担任教師の場合もある。

　発言内容を具体的に見ていくと、「差別はなかった」と語る者さえ少なか
らずいる。和人住民は、日常生活のなかで、アイヌの人々の容貌的な特徴や
アイヌの人々が集住する地区の存在をすでに承知しており、また、前述のよ
うに、大人たちがアイヌの人々に向ける視線やアイヌに関して口にする言葉
から、彼らがアイヌの人々をどのような存在として認識しているのかを敏感
に感じ取っていた。しかし、社会における差別の存在に気づきながらも、そ

れは大人の世界のこととして処理され、学校（子ども）の世界は社会（大人）とは別の世界であったことが強調されている。それは、学校にいた自分が差別の問題とは無縁であることを暗に主張することにもなっているように思われる。たとえば、アイヌの子どもの登校拒否や長期欠席のことを知っていたこと、アイヌのクラスメートの体臭がきつかったこと、それらはあくまでも自分が見聞きしたひとつのエピソードとしてあげられるのであり、差別と結びつけてこれらのことが省みられることはない。彼らの多くは、アイヌの人々やアイヌの世界に対しては、傍観者として位置づいており、その発言には、アイヌの人々への無関心、彼らが抱える事情への無頓着といった心理を垣間見ることができる。

　「それが別にどうということはなかった。本人も「アイヌだ」と言うわけでもないし、まわりや先生も何か言うわけでもなかった」（伊達・青年・男性）

　「普通に気が合うのは仲良くしたし。話をしたことがないのは話をしないし。アイヌの人だから特別どうのこうのということはなかった。……（クラスのいじめとかは）ないですね。差別的な行為はあったんでしょうけどね。まあ、区別というかね。相手にすれば差別なんでしょうけど」（新ひだか・壮年・男性）

　「小学校ではクラスにアイヌの同級生がいた。漁師の子どもが多かった。アイヌの友だちと一緒に遊び、家を行き来したりしていたし、食事をご馳走になったりした。喧嘩があってもアイヌだからということではなかった。差別や蔑視やいじめはなかった」（伊達・老年・男性）

　「単なる同級生として普通に付き合っていた。ただ就職の時はアイヌの人は大変で、成績はとても優秀だったけれど自分の思うようなところに就職できなかったようだった。就職で不利だったこと以外に特別印象に残っていることはない」（伊達・老年・女性）

228 第8章 和人住民から見たアイヌの人々との交流

　さて、上記、全体的な傾向をふまえて地域ごとの特徴を拾うと、新ひだかでは、学校生活における交流は他2地域に比して密であった様子がうかがわれる。これは、新ひだかの場合、アイヌのクラスメートの占める比率が相対的に高かったからである。しかし、その分、親の差別的な発言や態度に触れる機会も多く、大人の世界と子どもの世界の間でつねに揺れながらアイヌのクラスメートとの距離を微調整している姿が認められた。とはいえ、たとえば、小学校時代にクラス全体がアイヌの家庭に関わったという経験が語られる際も、「私はそういうのも疎いから」という言い方で、差別の存在に直接言及されることはない。

　　「そこ（アイヌ部落）に住んでいた同級生がいて、途中から学校に来なくなったの。家庭的なことなのか、学校でいじめられたからなのか。かなり濃いの。みんなから軽視されていたのかわからないけど、私はそういうのも疎いから。……学校の中でけっこう話し合ったことがあった。どうやって学校に連れてきたらいいのか。そういう問題があったことがあった。みんな順番、順番で担当を決めて、今日はあんたたちが迎えに行く番、今日はあんたたちが迎えに行く番。……みんなでなんとか学校へ連れて来ような、みたいな感じで。みんなで助けようみたいな感じで。でもやっぱり、学校に来なくて」（新ひだか・壮年・女性）

　これに対して、伊達と白糠におけるアイヌのクラスメートとの交流は、新ひだかと比べれば、量的にも質的にも濃いとはいえないものであり、傍観者としての発言がより多い。子どもにとって親の発言や態度（とりわけ差別的な発言や態度）は自分の手本ともなるものであるが、とくに伊達では、親の差別的発言にふれた回答が少ない。このことは、アイヌの存在が、新ひだかほどには和人社会の関心事項になっていなかったことを示唆する。その一方で、白糠の壮年層・老年層においては、学校の教師が率先して差別的な言動（「アイヌの屁臭いな。1里行っても臭い。2里行っても臭い。3里行って、鼻の頭を見たら糞がついてた」と発言したり、廊下に机と椅子を出して教室に入室させなかったり）

第3部　地域住民とアイヌの人々との関わり　229

をしていたことが忘れられない出来事として語られている。教師に反論しない・できないという状況下で、子どもたちが傍観者でいなければならなかったケースといえるが、このように苦々しい記憶として語られる例はわずかしかない。

　こうして見てくると、無関心、無頓着であることは、和人とアイヌの交流をフラットな関係として考えることをつねに意味するわけではないことがわかる。無自覚の優位意識に支えられた無関心、無頓着の場合が多かったといえるだろう。アイヌの人々が語る学校での被差別経験と、和人住民が語るおおよそ平凡な学校生活とは、このように対照的なものであった。

第3節　職場での交流

　続いて、職場での交流を見る。職場もアイヌの人々にとっては差別を経験することの多い場所となっているが、学校と比較すると差別の頻度も程度も高くはないとされている（菊地 2012; 佐々木 2016）。まず、3つの地域の和人住民の職業と交流状況をアンケートデータにより確認しよう（**表8−2**）。和人住民全体においてホワイトカラー職に就く者は多数派とはいえない状況であるが、各地域とも、若い世代ほどホワイトカラー職従事者の比率が高くなっている。青年層と壮年層は老年層に比してより高い教育水準にある場合が多いことから、ホワイトカラー職に就く比率がより高くなっているものと思われる。アイヌの人々との交流の主担者である老年層ではホワイトカラー職の割合が他の2世代に比べて 10 ポイント以上低い。

　これをふまえてホワイトカラーとブルーカラーの別による交流有の比率を見ると、新ひだかと伊達においては、壮年層と老年層のブルーカラー職従事者において交流有の数値がより高い傾向が認められる。このことは、これらの職種においては、アイヌの人々と同僚あるいは取引関係者として付き合う機会がより多く得られることを意味する。アイヌの人々が水路づけられるいわゆる"アイヌ労働市場"の存在が指摘され、その代表例として「民芸品店員」と「漁業・水産関係」があげられている（小内透 2016）ことと合致する。

　ただし、白糠全体としては、ホワイトカラー職の数値がブルーカラー職よ

230　第8章　和人住民から見たアイヌの人々との交流

表8-2　職業

調査地		ホワイトカラー職	ブルーカラー、ホワイトカラーの別×交流有
新ひだか	青年	46.0%	ブルーカラー 29.6% ＜ホワイトカラー 43.5%
	壮年	43.1%	ホワイトカラー 51.1% ＜ブルーカラー 66.1%
	老年	31.5%	ホワイトカラー 65.2% ＜ブルーカラー 68.0%
伊達	青年	54.7%	ホワイトカラー 0.0% ＜ブルーカラー 6.9%
	壮年	50.7%	ホワイトカラー 7.1% ＜ブルーカラー 14.7%
	老年	36.4%	ホワイトカラー 25.0% ＜ブルーカラー 38.8%
白糠	青年	41.9%	ホワイトカラー 7.7% ＜ブルーカラー 16.7%
	壮年	43.2%	ブルーカラー 39.1% ＜ホワイトカラー 48.6%
	老年	26.2%	ブルーカラー 53.3% ＜ホワイトカラー 68.8%

注）1.「交流有」とは交流が「よくある」「たまにある」の合計の数値である。以下、全表において同じ。
　　2. ホワイトカラー：「事務的」「専門・技術的」「管理的」、ブルーカラー：ホワイトカラー以外の職（保安的、販売的、技能工・生産工程、運輸・通信的、農林水産的、サービス的）、ただし「その他」を除外して集計した。

り高いという結果となっている。ホワイトカラー職のうち専門・技術的職業と管理的職業の「交流有」は、3地域とも、世代が上がるにしたがって高まる傾向が認められることから、そこでの交流には、同僚あるいは取引業者としての付き合いだけではなく、アイヌの人々を雇用・指導・監督する立場としての付き合いも含まれると考えられる。白糠の場合、こうした形での付き合いが他2地域に比してより盛んに行われていると推察することができるだろう。

　さて、職場での交流についての発言を概観すると、地域を超えて共通する点は3点ある。1点目は、職場での交流の多くは一時的なもので、同僚としての付き合いが個人的な友人関係に進展することは少ないということである。2点目は、アイヌの人々と一緒に働いた思い出を語る和人住民の多くは、ブルーカラー労働者が出入りする場所で仕事をしていたことである。これについては上で述べた説明のとおりである。3点目は、職場での交流を語るのは男性が圧倒的に多いことである。これは、女性が家事や育児の主たる担い手であり、家事の一環あるいは子育てつながりとしての交流をおもに担っているためと考えられる（**表8-3**）。

　発言内容を見るならば、職場での付き合いから私的で親密な交流に発展し、

第3部　地域住民とアイヌの人々との関わり　231

表8-3　ジェンダー

調査地		性別×交流有	交流有と回答された交流内容の上位2つ a. 男性　　b. 女性
新ひだか	青年	女性 25.6%＜男性 33.3%	a. 職場＞学生　　b. 職場＞学生
	壮年	男性 52.3%＜女性 61.1%	a. 職場＞近所　　b. 近所＞職場
	老年	女性 58.3%＜男性 67.6%	a. 近所＞職場　　b. 近所＞職場
伊達	青年	男性 2.3%＜女性 7.1%	a. 趣味／学生＞ ---　　b. 近所／職場＞ ---
	壮年	女性 10.5%＜男性 11.4%	a. 職場＞趣味　　b. 職場＞近所
	老年	女性 15.5%＜男性 24.1%	a. 近所＞職場　　b. 近所＞学生
白糠	青年	男性 9.6%＜女性 11.1%	a. 学生＞近所／職場　　b. 近所／職場／学生＞ ---
	壮年	男性 36.7%＜女性 40.9%	a. 職場＞学生　　b. 職場＞近所
	老年	女性 27.6%＜男性 43.1%	a. 近所＞職場／趣味／学生　　b. 近所＞職場

注)1. 交流内容の上位2つを掲げる際は「その他」を除外した。同率のものが複数ある場合は／(スラッシュ)、該当するものがない場合は ---- で示した。
　 2. 交流の内容：「近所」は「近所付き合い」、「職場」は「職場付き合い」、「趣味」は「趣味の付き合い」、「子ども」は「子どもを介した付き合い」、「学生」は「学生時代からの付き合い」。「インターネットを介した付き合い」は該当者ゼロであった。

それが継続している数少ない例は、いずれも第一次産業関係者によるものである。

　「うちらは漁師だから、船頭さんから、もう主要な人方みんなそっち系統の人なんです。だから、特別、一緒の生活、ご飯炊きさんもみんなそう、その家族とかで。だから、でも一応言われたのは「うちはそういう人たちと一緒に仕事してるんだから、アイヌとかっていう言葉は使っちゃいけないよ」っては、ここに来た時に言われてたのね。それでも、特別、苦にもしないで一緒に仕事を、うん、うちは魚取ってくれるひとは何であろうが、いい人なんだからっていう感じでやってるから」(白糠・老年・女性)

　ただ、そこにも、自分を優位においてアイヌの人々のことを語る態度が見られる。「そっち系統」「そういう人たち」「何であろうが」という表現は、アイヌの従業員を対等に見る言い方であるとはいいがたい。アイヌの人々との親しさを強調するが、その親しい関係は、和人の側にアイヌを受け入れる器

量があったから成立している、との本音が心ならずも表れた言葉といえる。その他の発言はおおむね一時的な交流としてアイヌの人々とともに仕事をしたこと（していること）を思い出す内容であり、彼らとの関係はそれほどの思い入れなく語られる。

　　「アイヌの人で建設会社を作っていて、うちあたり、燃料、ガソリンとか、そういうのを現場に運んで行ったり。そういう人が成功しているから、そういう人の会社の新年会に招待されたり、会社の運動会だからと行ったり。……この辺ならごく普通ですね。日常。好んでも好まなくても」（新ひだか・老年・男性）

　　「（土木の現場には）いました。ひとりだけ。ちょうど白糠の人だったんですよね。ですから亡くなった時は葬儀にも行きましたけども。普段付き合ってる、仕事上の付き合いだけですから、普段から付き合って何かしてるという感じではないですよね。仕事上の関係だけですね」（白糠・老年男性）

　その際、和人住民は、アイヌの外見的な特徴を指摘し、その存在を意識していたことや職場に差別があったことに言及もするが、自身が仕事をするにあたって差別的な言動をしたとの発言は見られない。かといって、親しくなるわけでもなく、アイヌの人々との間にはつねに一定の距離が置かれていた。つまり、和人住民の多くは仕事の場面でも傍観者的な立場にいたといえる。アイヌの人々からは、職場において「アイヌであること」をたずねられることや、直接問われてはいないが暗にそのことが持ち出されることも被差別経験としてあげられている（佐々木 2016）が、和人住民の側にはそうした認識は見られず、彼らが気が付かないままにアイヌの人々を傷つける言動をしてきた可能性は十分にある。たしかに、「自分は気にならない」という立場には、相手がどう思っているのかということへの関心が薄く、その無関心こそに問題があるという気づきは認められないからである。

　一方、ホワイトカラー職である役場職員と小学校教員のなかには、アイヌ

の人々と関わるなかで、和人とアイヌの不均衡な関係について考えるように
なった者もいる。職務上アイヌ差別に対処しなければならない立場にあった
という意味で、その記憶は懐かしい思い出であると同時に、それなりに重い
経験として受けとめられている。役場職員は、ウタリ福祉に不満を持つアイ
ヌの人々から「逆差別だ」と罵声を浴びせられた苦い経験[4]を語り、教員はク
ラス運営や保護者との関係の難しさを語る。とはいえ、教員のなかには、こ
うしたことに無関心・無頓着な者もおり、アイヌの人々へのスタンスは一様
ではなかった。

　　　「小学校に赴任してアイヌの子どもがいるクラスの担任になった。
　　　……生徒のお父さんからアイヌ民族への差別、アイヌのことやアイヌ語
　　　について、いろいろ教えてもらい、アイヌの文化のことを知るようになっ
　　　た。……わだかまりは和人の側にはなくても、アイヌの人の中にはある
　　　のかもしれない」(伊達・老年・女性)

　　　「普通にやっていたから、あんまり感じなかったね。注意して見れば、
　　　アイヌ民族だなってことはわかるしね。子どもたちも、そういうのはと
　　　くに、アイヌ民族だからどうのっていう、そういう指導はしなかったか
　　　らね。みんな仲良くするよっていう、そういう方針でやっていたからね」
　　　(白糠・老年・男性)

　以上、職場での交流に関わる発言を見ると、職種によって交流のありよう
は多様であった。仕事をするなかでアイヌの人々に対する認識が深まった
ケースもあった。しかし、全体として見ると、偶然の出会いに近いような関
わりであった場合は相手への関心が深まらないままの表面的な付き合いがな
され、多少とも関係性が密であるところでは無自覚の優位意識が発揮される、
そうした交流のありようが常態としてあったと考えることができる。

第4節　日常生活における交流

　次に、地域における日常生活に焦点を当てる。はじめに、交流をよくする「地域」住民としての条件を、アンケートデータより確認すると、地元生まれ・育ちの者において、アイヌの人々が集住する地区（伊達の有珠地区、白糠の白糠地区）に暮らす者において、定住志向のより強い者において、近所付き合いをより親密にしている者において、自治会活動への積極性がより高い者において、交流有の数値がより高いという結果であった（**表8−4、8−5**）。そして、交流をおもに担っている年長世代、とくに老年層に関してこれらの条件を見ると、定住志向の強さ、近所付き合いの親密さ、自治会活動への熱心さにおいては、他世代に比して老年層にその傾向が強かった。老年層とすれば、自身が将来とも暮らしていく地域への愛着や関心が高ければ、隣人であるアイヌの人々との付き合いへの関心あるいは責任感が高まると考えられる。

　インタビューデータを見ると、3地域に共通する点としては2点ある。1点目は、日常生活における交流に関しては、学校や職業の場面に比較すると、地域による違いがより明確に表れていることである。とくに、新ひだかと、伊達・白糠2地域との間で対照的な内容となっている。2点目は、職場での交流とは異なり、日常生活における交流に関する語りには、ジェンダー的偏りはとくに認められないことである。これについては、3節で述べたように、女性の交流内容において「近所付き合い」が一番である場合が相対的に多いことによって説明されよう。日常生活を主婦が活躍する余地が大きい場であると考えるならば当然のことといえる。

　発言内容を整理していくと、新ひだかにおいては、和人住民とアイヌの人々が出会う機会が日常生活のあちこちにあり、家族ぐるみの近所付き合いに否応なく巻き込まれるなかで濃密な交流を持ってきた経験が語られる。彼らが経験してきたのは、近隣住民同士助け合わなければ生活や仕事が成り立たないなかで、アイヌの人々との付き合いは必要なものであり当然のこととされる世界である。食料の差し入れをしてもらったこと、赤ん坊だった自分の子守をしてもらったこと、農作業や漁業の手伝いに行ったことなどの記憶が語

られる。このような環境においては、個人的な交友関係と近隣の交流が重なりあった結果として、交流が長期的なものとなりうると考えられる。

　　「別にここのうちらの自治会ではそういうアイヌだとか和人とかという意識はないから、みんな毎日会っているからさ。若い頃から、ここの家を建てる前からここの自治会にはいたんですよ、僕」(新ひだか・壮年・男性)

　　「私たちももう農協に買い物に行ったって姉の友だちにも会うけど、普通通りに挨拶して話もするし、同級生は「遊びに行くよ」って、普通につきあうから。つまはじきするわけでもないから」(新ひだか・壮年・女性)

　その際、新ひだかのいわゆる「顔の見える交流」が成立していると思われるところでは、個別的な交流のエピソードが語られるため、差別的な態度は一見ないように思われる。

　　「私はここで生まれ育って、そして借家していた時にアイヌの人が新婚で入って来て、その人たちとずっとおつきあいしていて、今でもだから、そこのじいちゃん、ばあちゃんも亡くなったけれど、子どもさんたちとはおつきあいしていますけれどね。……その娘さん息子さんたちは、普通の人たちと結婚して、そして帰って来てそこで生活するようになったから、もう本当に、そういわれれば今あまりそういう感じはなくなってきている」(新ひだか・老年・女性)

　　「ここに、引っ越してきたらね、ここの裏みんなそうなんだよ。半分そう。奥さんがね。内地の人って、そういう人わからないでもらうんだから。だからけっこう多いですよ」(新ひだか・老年・女性)

　しかしながら、たとえば、上記エピソードを語る新ひだかの老年女性たちは、「その娘さん息子さんたちは、普通の人たちと結婚して……」「そういう

人わからないでもらうんだから」という言い方をしている。この「普通」「そういう人」という語は、アイヌの人々を和人と同列には見ていない、正確にいうなら、劣位に置いていることを示しているといえないだろうか。このエピソードは日頃の交流の話として語られているだけに、こうした分け隔てる感覚の根は深いといわざるをえない。

　一方、伊達と白糠においては、両者の距離が相対的に遠く、存在を認識しながらも互いの生活のなかに入り込むような付き合いには発展しない状況において、「アイヌの人々の存在と特徴を知っていること」あるいは「アイヌの人々を見たことがあること」を語るにとどまっている。

　　　「直接アイヌの方と接する場面はほとんどない。……特別意識はないが、集団になってしまうと、アイヌ民族と近代的な人と自然に集団になって分かれるような気がする」(伊達・壮年・男性)

　　　「自分の住んでいる辺りは、子どもの頃からアイヌの人たちが住んでいた。子どもの時には、アイヌの人は身体的な特徴として体毛が濃かったり、体臭があったりすることは全然気にしなかった」(伊達・老年・女性)

　　　「アイヌの人がいるということは親に聞いたことがあって、何かアイヌの人がものを売りに来たことがあるんだよね。当時、親はね、ああいう人の持ってきたものを触っちゃいけない、汚いから、と言われたような記憶が何となく残っているね」(白糠・老年・男性)

「友だちの親がアイヌで漁師さんだと、魚を持ってきてくれた」(伊達・老年・女性)という言葉のように、親しい付き合いがあったことを語る者は例外的である。これは白糠も同様で、アイヌの人々の存在を知ってはいたものの、親しく付き合ったという思い出を語る者はほとんどいない。これらアイヌの存在を傍観者として語る言葉のなかには、学校や職場の場面において見られたのと同様の無関心や無頓着を見て取ることができるが、とくに、上記、伊達の壮年男性の発言は、和人を「近代的な人」と呼ぶことによって、結果的

第3部　地域住民とアイヌの人々との関わり　237

表 8-4　地域への根づき方

調査地		来住時期	居住地区	定住志向
		a. 地元生まれ・育ち b. 地元生まれ・育ちの有無×交流有	各地区居住の有無×交流有	a. 定住したい b. 定住希望有無×交流有
新ひだか	青年	a. 50.6% b. 非・地元 21.4% ＜地元 37.2%	静内 27.6% ＜三石 36.9%	a. 42.9% b. 無 28.6% ＜有 38.9%
	壮年	a. 54.2% b. 非・地元 48.8% ＜地元 63.9%	三石 47.5% ＜静内 59.0%	a. 57.5% b. 無 51.8% ＜有 65.1%
	老年	a. 35.5% b. 非・地元 59.1% ＜地元 69.3%	静内 61.4% ＜三石 70.0%	a. 83.6% b. 無 27.3% ＜有 67.2%
伊達	青年	a. 38.1% b. 非・地元 3.8% ＜地元 6.2%	黄金／稀府／東／中央／有珠 　0.0% ＜市街 7.3% 　＜長和 20.0%	a. 52.4% b. 無 0.0% ＜有 9.3%
	壮年	a. 33.5% b. 非・地元 9.6% ＜地元 13.2%	関内／長和／大滝 0.0% ＜東 5.1% 　＜稀府 11.1% ＜市街 11.4% 　＜中央 13.5% ＜黄金 14.3% 　＜有珠 71.5%	a. 66.7% b. 有 9.1% ＜無 28.6%
	老年	a. 21.3% b. 非・地元 16.1% ＜地元 30.7%	中央 8.8% ＜大滝 14.3% 　＜市街 15.1% ＜黄金 15.4% 　＜東／長和 20.0% ＜稀府 21.1% 　＜有珠 63.2% ＜関内 71.5%	a. 84.9% b. 無 0.0% ＜有 20.5%
白糠	青年	a. 51.0% b. 非・地元 8.4% ＜地元 12.0%	茶路／庶路 0.0% ＜白糠 19.2%	a. 34.0% b. 無 11.8% ＜有 18.8%
	壮年	a. 42.7% b. 非・地元 37.3% ＜地元 41.1%	茶路 15.4% ＜庶路 31.8% 　＜白糠 47.3%	a. 58.6% b. 有 42.7% ＜無 46.1%
	老年	a. 37.1% b. 非・地元 34.8% ＜地元 36.1%	庶路 27.2% ＜茶路 30.0% 　＜白糠 41.6%	a. 77.0 % b. 無 20.0% ＜有 41.4%

238　第8章　和人住民から見たアイヌの人々との交流

表8-5　地域における諸活動

調査地		近所付き合い a. 互いの家を行き来している b. 付き合い密度×交流有	自治会活動 a. 積極的に参加している b. 活動への積極度×交流有
新ひだか	青年	a. 3.6%　　b. 無 20.0% ＜挨拶 25.0% 　　　　　　＜行き来 33.3% ＜世間話 42.2%	a. 7.1%　　b. まったく 22.2% ＜あまり 33.3% 　　　　　　＜積極的 33.4% ＜ある程度 36.3%
	壮年	a. 4.5%　　b. 無 0.0% ＜挨拶 57.7% 　　　　　　＜世間話 61.7% ＜行き来 62.5%	a. 20.1%　b. まったく 37.0% ＜あまり 47.7% 　　　　　　＜ある程度 63.9% ＜積極的 66.6%
	老年	a. 15.2%　b. 無 25.0% ＜挨拶 50.0% 　　　　　　＜世間話 66.6% ＜行き来 78.8%	a. 27.4%　b. まったく 20.0% ＜あまり 47.0% 　　　　　　＜ある程度 65.2% ＜積極的 70.0%
伊達	青年	a. 2.4%　　b. 無 / 行き来 0.0% ＜挨拶 1.7% 　　　　　　＜世間話 18.8%	a. 1.2%　　b. 積極的 0.0% ＜まったく 2.8% 　　　　　　＜ある程度 5.3% ＜あまり 6.8%
	壮年	a. 4.0%　　b. 無 / 行き来 0.0% ＜挨拶 10.8% 　　　　　　＜世間話 13.6%	a. 5.9%　　b. あまり 6.2% ＜まったく 10.9% 　　　　　　＜ある程度 13.9% ＜積極的 16.6%
	老年	a. 13.6%　b. 無 0.0% ＜挨拶 13.6% 　　　　　　＜世間話 15.6% ＜行き来 48.7%	a. 18.2%　b. あまり 4.9% ＜まったく 7.1% 　　　　　　＜ある程度 20.8% ＜積極的 37.8%
白糠	青年	a. 6.1%　　b. 無 / 世間話 0.0% ＜挨拶 11.1% 　　　　　　＜行き来 33.3%	a. 4.2%　　b. 積極的 / ある程度 0.0% 　　　　　　＜まったく 11.8% ＜あまり 15.8%
	壮年	a. 3.9%　　b. 行き来 20.0% ＜挨拶 23.8% 　　　　　　＜世間話 54.5% ＜無 66.7%	a. 16.8%　b. まったく 7.7% ＜あまり 37.1% 　　　　　　＜ある程度 42.6% ＜積極的 50.0%
	老年	a. 12.8%　b. 挨拶 25.3% ＜無 33.4% 　　　　　　＜世間話 37.7% ＜行き来 53.5%	a. 32.1%　b. まったく 16.7% ＜あまり 24.3% 　　　　　　＜ある程度 35.9% ＜積極的 43.1%

注) 1. 近所の人たちとの交流：「無」は「付き合い無し」、「挨拶」は「道で会えば挨拶する程度」、
「世間話」は「会った際に世間話をする」、「行き来」は「互いの家を行き来する」
　　2. 自治会の活動や行事：「積極的」は「積極的に参加している」、「ある程度」は「ある程度
参加している」、「あまり」は「あまり参加していない」、「まったく」は「まったく参加して
いない」

にアイヌをそうではない人々として位置づけてしまっており、和人側がアイヌ個人ではなくアイヌ民族をどのように捉えているのかを示す象徴的なものといえよう。

　このように、全体をながめて見ると、傍観者であるにせよ、あるいは、親しく付き合っていると語るにせよ、和人住民が同じ生活圏で暮らすアイヌの人々に対する理解を深める様子は見受けられず、多くは、迷いなく自分をアイヌより上位に置きながら日常生活を送っていたと推察される。アイヌに向けられた差別的な態度に対して批判的な声も聞かれたが、そうした発言はご

くわずかであった。

第5節　アイヌの人々との結婚

さて、結婚は個人の自由な選択の結果であるが、同時に、家族や親族にとっての一大事でもある。したがって、結婚をめぐる発言のなかでは、つねに、建前と本音がせめぎ合っており、必然的に、差別的な本音が表れる可能性は高まる。これまで、アイヌ女性は、アイヌであることと女性であることという二重の差別を受けてきているが（小野寺 2012a）、和人住民の語りのなかで交流（接触）に関わってアイヌのジェンダーに言及されるのはおもに結婚に関わる場面である。

結婚をめぐる発言を一覧すると、3地域の共通点として、1点目は、結婚をめぐるダブルスタンダードの存在があげられる。すなわち、一般論としては、和人とアイヌの結婚を否定することはないにもかかわらず、身内の結婚を想定した場合は、アイヌとの結婚への不安をあげ、アイヌの人々に対する忌避感情が消えない、というものである。結婚の場面以外における交流に関しては、アイヌの人々に対する和人住民の無関心、無頓着、無自覚の優位意識が目立っていたのに対して、結婚問題に関しては、ある意味では「開き直って」本音を主張した結果としてのダブルスタンダードを見出すことができる。2点目は、このダブルスタンダードは青年層・壮年層よりも老年層においてより明快に見出されることである。青年層においては未婚者も相対的に多く、自身の結婚についてまだ具体的なイメージが持てないこと、しかしその一方で、結婚をめぐる価値観は多様化しつつあることなどから、老年層のような反応を示す者は相対的に少ないものと考えられる。

それでは、このダブルスタンダードを具体的に見ていこう。アイヌの人々との結婚をあからさまに貶めるような発言は見られない。「今はもう3世代くらい経っているから、ほとんど和人だ、アイヌだという感覚はなくなってきていると思う」（伊達・老年・男性）という言葉が示すように、「同化」が進んでいることをもって差別を過去のこととして語る者もいる。また、配偶者としてのアイヌ女性の容貌の美しさを羨望したり、アイヌと和人の夫婦から生

まれる子どもの可愛らしさをほめたりもしている。この場合、アイヌの人々、とくに女性において容姿に関する悩みを持つケースが多いこと（菊地 2012）を考えるならば、「ほめる」こと自体がアイヌの人々にとっては差別として受け取られる可能性があるわけだが、和人住民はそうしたことには無頓着なままである。

　　「ものすごくきれいな人だった。アイヌはきれいな人が多い。あれ、と思うくらいきれい」（新ひだか・老年・男性）

　　「目鼻立ち、顔立ちがはっきりしていて、顔つきが和人とは違うので、アイヌの血が多少入っていればわかった。女の子だときれいな子が多かった」（伊達・老年・男性）

　ところが、結婚問題が身内の結婚の話となると、彼らの態度は用心深くなる。彼らの心に引っ掛かっていた（いる）のは、結婚によって自分の家族が差別される側になってしまう（かもしれない）ことへの恐れである。自分の身内の結婚に関して発せられる否定的な言葉には、アイヌの人々を下に見る差別的な本音を見て取ることができる。アイヌの人々が和人との結婚を望むことについて、その否定の仕方が相当に侮辱的な場合もある。

　　「アイヌの人はシャモの人にくっつきたいんだわ。どうしてなのかな。俺の弟だってね。弟の嫁さんアイヌなんだよ。もうくっつきたくて、みんなそれは駄目だと言うわな。反対というよりも、そんなの誰も相手にしなかったわな。知らない間にそうやって、くっついてしまっているから」（新ひだか・老年・男性）

　外見に関わるこだわりは配偶者となる者と結婚によって誕生する子どもへの不安として語られる。とくに、子どもの外見に関する不安は大きい。なぜなら、それは、その結婚の影響が世代を経て継承される可能性を意味するからである。

「見た目が 100% アイヌだなとわかったら、「ここから出ていきなさい」
と言うだろうね。見た目にあんまりわからないようだったらいいけどね。
だからその人がハーフやクォーターだったら許せるけどね。両親がアイ
ヌだったらやめておけと言うだろうね」(新ひだか・老年・男性)

　「あのね、やっぱり見ているとだんだん出てくるんだよね。年齢とと
もに。小さい時は全然変わらないかな、可愛いなと思っていても、その
人が結婚したとか、年齢、年が経つとなんとなく出てくるもね。性格じゃ
なくて顔。顔はやっぱり普通の人とは違う」(新ひだか・老年・女性)

　ここからわかることは、今の時点では、彼らにとって問題なのは、血の濃
さよりも外見的な特徴の濃さであるという事実である。その外見上の特徴が
美しさとして表れるとしても、それが自分の家族の安寧を乱すなら歓迎され
ない。彼らはまさに建前と本音の間で揺れ動いており、その心情が語られる。

　「それだけ根深いものがあるんだよね。人間の生きている中で、淵と
いうものがあるじゃない。表面はなだらかなんだけど、どこかに深みみ
たいなのがあって、あるじゃない。そこにあたらなかったらそのまま行
けるんだけど、見なくて済んだらいいのに、見ちゃうと真実がわかっちゃ
う。……自分としては差別というのは、これは仕方ないと。これは最初
に言ったように自分とは異なる人たちがいるんだということ。それを受
け入れることが出来るかということ」(白糠・老年・男性)

　その際、アイヌの人々との結婚がどの程度現実的な問題として受けとめら
れているかどうかは、住民が暮らす地域で和人とアイヌの人々との交流が日
常的にどのくらい行われているかによって異なってくる。地域ごとの特徴を
探るならば、アイヌの人々との交流が突出して多い新ひだかにおいては、ア
イヌの人々との結婚問題は他2地域に増してより現実的な問題として捉えら
れていた。自己の利害関係に敏感な捉え方になるため、「アイヌ差別が依然

存在するから」「アイヌとわかる特徴を持った子どもは差別されるから」とい
う理由をあげて結婚を望まないとはっきりと語る者が目立つ。逆に、日頃自
分の生活圏においてアイヌの人々と行き会う頻度がより低ければ、和人とア
イヌの結婚の話題を聞く機会もより少なく、自分自身の問題としてそれほど
具体的に捉えられることはない。そうした事態に直面する可能性が低いとの
認識がある場合には、伊達のように、そこまで直截的な態度は表明されない
という違いが認められた。

第6節　交流への構えは変わるか

　ここで、あらためて、各場面での交流における世代差を確認するなら、青
年層における交流有の数値は3世代中最も低かった。しかし、交流する者が
多ければよいということではなく、重要なのは、そこでどのような交流が行
われるかである。青年層の発言内容を見るならば、無関心、無頓着と並んで、
年長世代に比較すると偏見の度合いが低い傾向も認められる[5]。

　　「彫りが深くて、「ああ、アイヌなんだな」という人はいるし、別にア
　イヌだからどうということはもうないと思う。民族がどうこうより、そ
　の人がどうかということ」(伊達・青年・男性)

　　「結婚や恋愛の時に民族性で差別することは好きではない。……恋愛
　はいつ、どのタイミングで、誰を好きになるかはわからない。たまたま
　好きになった人が外国人や他の民族だったとしたら、それは自由なので、
　それを侵害する権利は誰にもない」(伊達・青年・男性)

　　「父親や父方祖父母はアイヌに対する差別的な見方をしており、アイ
　ヌの人に対して「あちらさん」という言い方をしていた。アイヌの人は
　近くに住んで交流はあったけれど、下に見ているようなところがあって、
　子どもの時にそれがとても嫌だった。そういうふうにはしなかったし、
　したくないと思っていた」(伊達・青年・女性)

このことに関しては、多様性を当然のこととする認識が青年層では他世代に比してより浸透しており、それゆえにアイヌを特別視しない者が増えているとの解釈が可能であろう。事実、被差別経験を持つアイヌは世代が若くなるほど減る傾向にあるといわれる（佐々木 2016）。若い世代における和人とアイヌの人々の関係性は確実に変容しつつあるといってよい。背景には、混血が進んだことにより、アイヌとしての外見的な特徴が目立たなくなり、以前に比べて気づきにくくなってきたという事情もある。

　それでは、一般に交流の作法は上の世代から受け継がれるものであるとしたら、青年層はより差別的でないものの見方、価値観をどこで得たのだろうか。そのヒントがインタビューのなかにある。そこでは、アイヌについて知る機会に恵まれたことによって差別的な意識を乗り越えた経験（乗り越えるきっかけを獲得した経験）が語られている。つまり、学校は、差別がなされる場所であると同時に、差別を乗り越えさせる場所ともなっているのである。

　　「（差別が起こらない人権尊重の社会をつくるべきだと思うようになったのは）
　　学校でアイヌのことを習った時だと思う。4年生くらいの頃だと思う。
　　（アイヌ語・アイヌ文化などを守るべきということも）同じ頃に考えるように
　　なった。消えていなくなってしまったらそれまでなので、昔から続いて
　　いたことは守り、次の代へ教えて行ったほうがいいというのは、学校で
　　勉強している段階で考えていたように思う」（伊達・青年・女性）

　同様の発言は青年層以外からも聞かれる。もっとも、老年層はアイヌについて教科書で学んだわけではなく、アイヌの歴史や生活に詳しい教師個人から知識や情報を獲得し、自らの興味関心を育てている。その意味で、老年層の学びとは、そのような教師に出会うかどうかという偶然性に支配されたものである。こうした点、青年層と老年層の経験の内実は大いに異なるものの、学校教育が一定の影響力を持っていることはたしかといえそうである。

　　「その人の授業だと社会科の時間に教科書から離れるんだけど、それ

がすごく楽しくて面白かったと記憶にあるんですよ。身近にアイヌの友だちがいるんだけど、「この人たちって一体何？」って考えたこともなかった。でもきっと彼らの中には、俺らのじいさん、ばあさん、ひいじいさんの方が白糠はずっと古いんだぞ、ときっとどこかにあったんだと思うんですよね」(白糠・老年・男性)

　「高校時代の先生が、アイヌの人たちがほんとうに質素にぎりぎりの生活をしていたという生活風景を撮っていた。それを見ていて、観光タクシーに乗って、実際にアイヌの人と関わるようになったら、その時にギャップを感じた。でも根底には萱野茂さんの話を聞いたら、アイヌの人が遠慮していたという部分が見え隠れしていたので、そこら辺はわれわれももう少し広い心で、受け入れるように、北海道の人間はとくにそうあるべきだと思う。個人としては先住民族に感謝すべきことはすべきだと思う」(伊達・老年・男性)

　それでは、学校教育は本当に交流への構えに影響を及ぼしうるものなのだろうか。よく知られているように、2000年より段階的に始められた「総合的な学習の時間」においては、地域との連携がひとつの大きな柱とされ、地域社会への理解を深める取り組みが行われてきた。それを受けて、北海道では、アイヌの人々の歴史・文化など北海道の特色を効果的に生かす内容での指導が推進されてきた。教育委員会によってアイヌの歴史・文化に関する指導資料が作成配付されたり、小中学生向けの副教材が発行されたりもしている[6]。こうした流れのなかで、3つの地域においても様々なアイヌ学習が行われてきている[7]。今の若い世代についていえば、ほとんどがこの種の学習を経験していると考えてよいだろう。

　交流を規定すると考えられる諸条件のうち、学校教育に着目してアンケートデータを確認すると、たしかに学校教育は交流を促進させる条件であり、なおかつ、青年層と年長層とを明快に分かつ要件でもあることがわかる。**表8-6**によれば、アイヌについて学んだり体験したりした経験を持つ者の比率は、青年層において最も高く、老年層においては最も低い。とくに、歴史

第3部　地域住民とアイヌの人々との関わり　245

表8-6　学校教育

調査地		a. 学校でアイヌの歴史学んだ b. 学んだ経験有無×交流有	a. 学校で文化体験した b. 文化体験有無×交流有
新ひだか	青年	a. 59.5%　b. 無 18.8% ＜ 有 38.3%	a. 12.7%　b. 無 27.5% ＜ 有 50.0%
	壮年	a. 30.5%　b. 無 54.3% ＜ 有 66.6%	a. 4.7%　b. 無 55.9% ＜ 有 87.5%
	老年	a. 10.2%　b. 無 63.1% ＜ 有 75.0%	a. 1.5%　b. 無 62.7% ＜ 有 66.6%
伊達	青年	a. 57.3%　b. 無 2.9% ＜ 有 6.4%	a. 18.1%　b. 無 4.4% ＜ 有 6.7%
	壮年	a. 38.7%　b. 無 8.4% ＜ 有 12.0%	a. 8.6%　b. 無 10.5% ＜ 有 11.8%
	老年	a. 18.1%　b. 無 17.6% ＜ 有 24.5%	a. 5.1%　b. 無 18.4% ＜ 有 35.7%
白糠	青年	a. 40.0%　b. 無 ＝ 有 11.1%	a. 30.4%　b. 無 9.4% ＜ 有 14.3%
	壮年	a. 27.0%　b. 無 30.4% ＜ 有 51.6%	b. 11.7%　b. 無 36.4% ＜ 有 53.3%
	老年	a. 8.3%　b. 無 33.3% ＜ 有 41.1%	a. 3.8%　b. 無 34.7% ＜ 有 50.0%

を学んだ経験における青年層と老年層の数値の較差が大きいことが注目される。全体として、学んだ経験や体験がある者において交流有と回答する比率がより高い傾向が認められる[8]。そして、「職場付き合い」と「近所付き合い」が交流内容の中心であるなかで、学んだ経験や体験がある者においてのみ「趣味の付き合い」が交流有の比率の筆頭あるいは2番目を占めるケースが見られるという結果（小野寺 2016）を考え合わせると、学校教育においてアイヌの歴史を学んだ経験や文化体験を持つことは、アイヌの人々との交流の幅を広げ、個人的な結びつきのきっかけを提供すると考えることができよう。個人的な交流、つまり選好的な交流の増加は、アイヌの人々に対する無関心や無頓着な言動の減少につながることが期待できる[9]。

おわりに

　以上、4つの場面における和人住民とアイヌの人々との交流を見てきた。最後にそれらを簡単にまとめ、交流に関わる先住民政策への示唆を探る。
　世代に注目するなら、アイヌの人々との交流が盛んであるのはとりわけ老年層であり、それはすべての地域において共通していた。一方、青年層における交流は3世代のなかで最も低調であった。また、和人住民の様々な社会的条件に注目して交流状況を見るなら、アイヌの人々と共に働く可能性が高

い職業に就く住民にとっては、アイヌの人々との間に仕事仲間としての交流が生まれやすかった。ただし、仕事上の付き合いは男性が主であり、女性においては近所付き合いの方が多いという特徴が見られた。他には、地域の活動への熱心な参加が、隣人としてのアイヌの人々との交流をより盛んにしていた。

しかし、「職場付き合い」や「近所付き合い」という形での交流は、個人的な交友のきっかけとなる可能性を持つとはいえ、どちらかといえば必要に迫られて開始・継続される類の交流であり、選好的に求められる交流とは異なるものである場合が多い。学校における交流も、身内の恋愛や結婚を機に始まる交流も同様である。その意味において、相対的に多くの交流（接触）があるところに、より差別的でない関係性が築かれるとはかぎらない。事実、交流有の数値に地域差はあるものの、交流について和人住民が語る言葉には、アイヌの人々に対する無関心や無頓着、無自覚の優位意識、結婚についてはダブルスタンダードが表れており、アイヌの人々への理解、共感、責任といったものを見出すことは難しかった。

したがって、今後、アイヌの人々との交流を促進する際には、交流に臨む和人住民の構えを変えていく必要がある。体系的な知識として伝えられ、博物館展示などの各種メディアにアクセスするきっかけを提供しうるという意味において、学校教育は重要な役割を負っているといえるだろう。

ここに、交流に関わる先住民政策への示唆を探るならば、学校教育をとおしてアイヌについての知識と体験を獲得する過程において、人権、先住民族としての自立や自己決定という視角を取り入れることがさらに重要となってくるだろう[10]。ただし、アイヌに関する知識を得たがゆえに差別が生じる場合もある（菊地 2012）ため、アイヌについて知ることが交流につながるようなプログラムのさらなる充実が望まれる。学びと体験が交流を促し、交流することが知識と体験への関心を深めるという循環を整えることが、より多彩で差別のない交流が成立する基本的な条件となると思われる。

注

1　白糠の場合、老年層よりも壮年層において交流有の比率が若干高くなってい

るが、その差は大きいものではない。

2　詳細は小野寺（2013, 2014, 2015a, 2015b, 2016）を参照。

3　以下のとおり、和人住民インタビュー対象者の年齢・性別構成には偏りがあるため、同趣旨の発言の数を世代別、性別に比較することはしていない。

表 8-7　世代別男女別和人住民インタビュー対象者数

調査地	青年層	壮年層	老年層	性別合計（人）	合計（人）
新ひだか	男性 4 女性 0	男性 7 女性 4	男性 17 女性 8	男性 28 女性 12	40
伊達	男性 3 女性 2	男性 4 女性 0	男性 15 女性 9	男性 22 女性 11	33
白糠	男性 3 女性 3	男性 2 女性 2	男性 8 女性 5	男性 13 女性 10	23
合計（人）	15	19	62	96	96

注）本人がアイヌである場合や和人配偶者などアイヌと近い関係にある者は除外した。

4　聞き取りによれば、アイヌの人々のための施策を行うことを、アイヌを「異民族」として特別視することであるとして、これもまた差別であると責める者がいた（小野寺 2015a）。

5　内閣府大臣官房政府広報室が 2013 年に実施した「アイヌ政策に関する世論調査」によれば、「アイヌへの差別や偏見の有無」に関しては、「平等ではないと思う」とする者の割合は 20 代で最も高く、その割合は、年代が高くなるに従って低下傾向にある（内閣府大臣官房政府広報室 2013）。

6　第 1 章参照。

7　白糠町では、1997 年より、小学校において「ふるさと教育」が始まり、2008 年以降、町内の全校にアイヌ文化学習が広まっている（白糠町教育委員会および小・中学校校長へのインタビュー（2015 年 2 月 23 〜 24 日）より）。また、新ひだかや伊達においても、様々な形でアイヌについての学習が行われている。たとえば、新ひだかではイオル再生事業体験交流事業、伊達では白老町にあるアイヌ民族博物館の見学やアイヌ文化出前講座が実施された。また、教師の差別的言動（2 節）や無関心・無頓着（3 節）のように、学校の教員の持つ影響力が大きいことを考えるなら、教員がアイヌ文化を学ぶ機会の確保も重要な課題である。たとえば、白糠では、新しく赴任した教員（その他、町役場の新人も）を対象として、アイヌの石碑など町内の教育関係施設をまわる機会を設けているとのことである。ただ、校内研修をするまでは至らず、教員は、アイヌ文化学習を担いながら自身も学んでいくという形になっている（上記インタビューより）。「出前講座」のようにアイヌの人々やアイヌ文化に詳しい人々を招いて学ぶことも重要ではあるが、教師自身の力量を高めるためのプログラムの充実が求められよう。北海道教育委員会 HP 、新ひだか町 HP、伊達市 HP、白糠町HP 参照。

248　第8章　和人住民から見たアイヌの人々との交流

8　白糠は、たとえば白糠アイヌ文化保存会による学校への出前講座のように、啓蒙的な実践活動がより浸透している地域といわれる。にもかかわらず、そのことが交流に必ずしも結びついていなかったことが指摘される。白糠はアイヌの人々によって語られる被差別経験が相対的に多い地域でもある。この地域における交流のありようについてはさらなる検討が必要となろう。

9　内閣府大臣官房政府広報室が2016年に行った「国民のアイヌに対する理解度に関する世論調査」によると、アイヌの人々に対する差別や偏見を無くすために必要なことを問う質問に対する回答（複数回答）の最上位が「アイヌの歴史・文化の知識を深めるための学校教育」であった（内閣府大臣官房政府広報室 2016a）。

10　たとえば、伊達の黄金小学校のアイヌ文化出前講座（2016年）は「社会科だけでなく、人権教育の一環としても実施した講座」と位置づけられている。伊達市 HP より。

第9章

和人住民のアイヌ文化の知識と体験

上山　浩次郎

はじめに

　序章でふれられているように、和人住民とくにアイヌ多住地域の和人住民のあり方は、アイヌ政策のあり方に影響を及ぼす。その点において、和人住民の生活と意識を明らかにすることには重要な意義がある。

　この点に取り組む場合、和人住民が持つアイヌ文化に関する知識と体験のあり方を検討することが大きな意味を持とう。なぜなら、和人住民のアイヌ文化に関する理解は、アイヌの人々がおかれてきた歴史や現在の状況に関する関心や理解を促すだけでなく、それらの進展がアイヌの人々が尊重される社会の実現のための前提となりうるからである[1]。

　そこで、本章では、アイヌ多住地域の和人住民が持つアイヌ文化に関する知識や体験のあり方を明らかにしたい。

　以下では、まず、アイヌ多住地域の和人住民はどのような内容のアイヌ文化をどの程度知識として持っているのか、また実際にどのような形でアイヌ文化を体験しているのかという点を明らかにする。ただし、その際、こうしたアイヌ文化にどのような経路を通して接しているのかというアイヌ文化の情報源についても明らかにする。こうしたアイヌ文化に接する機会の現状を明らかにすることが、現在の和人住民のアイヌ文化への知識と体験のあり方の特徴を明らかにする上で重要な意味を持つと思われるからである。

　そして、その上で、こうした知識や体験が、どのような和人住民において得られやすいのか、また、アイヌ文化に接する機会としての情報源が、どのような和人住民に利用されやすいのかという規定要因に関しても分析を行お

う。こうした知識や体験・情報源の規定要因に関する知見は、和人住民のアイヌ文化に対する理解を促す方策を考える上での基本的な視点を提供すると思われるからである。

これらを通して、本章では、アイヌ多住地域の和人住民のアイヌ文化の知識と体験のあり方を明らかにし、その上で、それらの今後を展望してみたい。なお、分析の際には、序章でふれた住民へのアンケート調査（除：アイヌの人々および和人配偶者など）と和人住民へのインタビュー調査を用いる。

第1節　先行研究

和人住民が、どのようなアイヌ文化の知識と体験を持っているのかという論点は、十分に焦点が向けられてきたとはいえない。ただし、近年のアイヌ施策の展開を受けて、内閣府がアイヌ政策に関する世論調査を行っている（内閣府大臣官房政府広報室 2013, 2016a）。

そのうち、内閣府大臣官房政府広報室（2013）では、アイヌという民族を知っていると回答した者に対し、アイヌ文化についてどのようなことを知っているか尋ねている。それによれば、「衣服や服飾品を彩る独特なアイヌ文様があること」が71.4％となっており、アイヌ文様の認知度が最も高いことがわかる。続けて、「アイヌ語という独自の言語を用いていること」が5割程度、口承文芸・民話、古式舞踊、民族楽器、工芸品に関して知っていると回答する者がそれぞれ4割程度である一方で、「アイヌ独自の信仰・儀式があること」は36.6％となっている。

また、そこでは、アイヌ文化に限らないアイヌの事柄全般に関する知識の情報源についても尋ねている。それによれば、「テレビ・ラジオ」が51.0％、「学校の授業」43.8％となっており、これら2つが和人住民の主要な情報源となっていることがわかる。これらに続いて、「新聞」28.8％、「雑誌・書籍・パンフレットなど」26.2％、「博物館などの施設見学」18.5％、「家族、知人」11.4％となっている。

このように見ると、和人住民のアイヌ文化に関する知識は、おもにアイヌ文様やアイヌ語に関するものであり、そして、それらはテレビなどのメディ

アや学校教育によって得られたものだといえる。ただし、これらは、全国を対象にしたものであり、その意味でアイヌ多住地域の和人住民のアイヌ文化への関わりを直接的に示しているとはいいがたい。

その点、籾岡（2007a, 2007b, 2008）では、アイヌ多住地域（平取町、旭川市、釧路市、白老町、新ひだか町）の住民（含：アイヌの人々）に対するアンケート調査がなされている。そこでは、アイヌ文化振興法などに対する意識や評価が尋ねられている。

それによれば、アイヌ文化振興法を「よく知っている」者が各地域で 22.7 〜 25.4 ％であるのに対し、「わずかに聞いたことがある」が 56.1 〜 57.8 ％であることが示されている。また、こうしたアイヌ文化振興法の情報源としては、新聞とテレビが主要な情報源であること、学校の授業はほとんど情報源として機能していないことなども明らかにされている。

ただし、これらの知見は、アイヌ文化振興法という法律に関するものであり、アイヌ文化それ自体に関する和人住民の知識の程度を示しているわけではない。その意味で、アイヌ多住地域のアイヌ文化への関わりは十分に明らかにされているとはいいがたい。

そこで以下、アンケート調査とインタビュー調査に基づきながら、アイヌ多住地域の和人住民のアイヌ文化の知識と体験のあり方を検討してみたい。

第2節　アイヌ文化の知識と体験とその地域的特色

第1項　アイヌ文化の知識と体験

まず、**表9－1**を見ると、知っているアイヌ文化があると回答する者は52.6 ％であり、その意味で、アイヌ文化の知識を持つ者は半数を超えている。次に、具体的に、どのような内容のアイヌ文化の知識を持っているのかといえば、「口承文芸・歌踊り楽器・工芸」が 40.2 ％と多くを占めていることがわかる。続けて値が高いものを見ていくと、「祭祀」が 23.1 ％、「アイヌ語」が 17.7 ％、「生活様式」9.1 ％、「精神文化」で 6.1 ％となっている。

こうしたアイヌ文化に関する知識は、多くの場合、アイヌの事柄に関する施設・展示物や情報メディアから得られている。**表9－2**から、アイヌ文化

を知っていると回答した者に対して、その知識の情報源を尋ねた質問への回答を見よう。そこでは、最も多く回答されているのが「施設や展示物」で51.4％、次に高いのが「情報メディア（本・テレビ・ラジオ・インターネットなど）」で42.1％となっている。その他の情報源としては、「アイヌ文化を普及している団体」21.6％、「学校の授業や行事」18.8％であり、「家族や親戚」「近所の人」「友人」は9.2〜10.4％にすぎない。

これらのうち情報源として「施設や展示物」が最も多く回答されている点は、アイヌ多住地域の特徴といえよう。先に見たように、内閣府大臣官房政府広報室 (2013) では、アイヌ文化のみに限らないものの、アイヌの事柄に関する情報源として「博物館などの施設見学」は18.5％にすぎなかったからである。この背景には、アイヌ多住地域を中心として北海道各地には、道外と比べて、アイヌ（文化）関連の施設や博物館が多く存在していることがあろう[2]。

ただし、他の地域と比べてアイヌの人々と接する機会が多いと推測されるアイヌ多住地域の和人住民といえども、アイヌ文化の知識は、多くの場合、施設見学や情報メディアなどによっていわば間接的に得られたものであるという点は強調しておいてよいだろう。

事実、こうした点を反映し、アイヌ文化を実際に体験したことがある者はそれほど多くはない。再度、表9－1から体験・参加したことがあるアイヌ文化を見ると18.3％と2割を切っているからである。体験したアイヌ文化の内容を見ると、「口承文芸・歌踊り楽器・工芸」12.8％、「祭祀」5.9％などにすぎない。

また、こうした和人住民のアイヌ文化の体験は、具体的には、アイヌ文化に関する施設展示会などへの観光見学やそれにともなうアイヌ文化体験への参加などという形をとる。実際、アイヌ文化の体験をした和人住民のインタビューを見ると、以下のような語りが見られる。

「（実際にムックリをやってみたことがあるのですか？）ええ。平取（平取町立二風谷アイヌ文化博物館）へ行った時にね、これはちょっと音出すのが大変と思いました。」（新ひだか町・女性・老年層）

第3部　地域住民とアイヌの人々との関わり　253

表9-1　アイヌ文化の知識と体験

単位：%、人

		あり	祭祀	精神文化	アイヌ語	口承文芸・歌踊り楽器・工芸	生活様式	回答者数
ア イ ヌ 文 化 の 知 識	新ひだか町	51.7	29.1	6.0	15.4	36.5	11.8	468
	伊達市	45.0	17.6	4.9	14.6	34.2	6.5	535
	白糠町	50.0	22.4	5.4	15.1	40.1	12.2	392
	札幌市	59.0	17.5	7.9	24.7	49.6	7.8	554
	むかわ町	56.7	30.4	6.3	17.7	39.6	8.3	480
	合計	52.6	23.1	6.1	17.7	40.2	9.1	2,429
	χ二乗検定	***	***		***	***	**	
ア イ ヌ 文 化 の 体 験	新ひだか町	16.9	9.5	2.1	2.4	9.3	3.3	420
	伊達市	15.7	5.0	0.2	1.7	11.2	1.9	484
	白糠町	18.8	5.5	2.2	2.8	11.6	5.5	361
	札幌市	20.1	1.6	0.8	1.8	18.1	2.9	513
	むかわ町	20.0	8.6	1.5	4.3	12.5	3.9	465
	合計	18.3	5.9	1.3	2.5	12.8	3.4	2,243
	χ二乗検定		***	*	+	***	+	

注）「祭祀」：「カムイノミ（動物や物の霊送り）などの祭事」「伝統的な婚礼・地鎮祭・新築祝い」
　　「伝統的な葬儀・先祖供養」「イナウを捧げる」
　　「精神文化」：「神聖な場所への祈り」「海・川・山でのタブーや約束事」「まじない・トゥス
　　（巫術）」「夢見を大事にする」
　　「口承文芸・歌踊り楽器・工芸」：「ユカㇻなどの口承文芸」「歌と踊り・楽器」「工芸（編み
　　物・刺繍・織物・木彫）」
　　「生活様式」：「伝統的狩猟・農法・漁法」「伝統的な料理」
*** p ＜ .001　** p ＜ .01　* p ＜ .05　+ p ＜ .1

　「観光や催し物の時しかアイヌ文化に接することはない。登別や白老は他から知り合いが遊びに来た時に、連れていく観光地という感じだった。登別熊牧場にも案内したりした。他には網走に北方民族博物館があり、北方民族だからアイヌの人たちばかりではないが、年に何回か勾玉作りや木彫り体験ができる。木彫りの体験に参加したが、その時にはアイヌの人が教えてくれて、お話したりした。」（伊達市・女性・老年層）

　「地域の文化祭の中にアイヌ刺繍のサークルが刺繍のサンプルを出し

254　第9章　和人住民のアイヌ文化の知識と体験

表9-2　アイヌ文化の情報源

単位：％、人

	家族や親戚	近所の人	友人	学校の授業や行事	アイヌ文化を普及している団体	情報メディア（本・テレビ・ラジオ・インターネットなど）	施設や展示物	回答者数
新ひだか町	10.3	14.0	15.3	12.4	25.6	36.0	50.0	242
伊達市	6.2	3.3	5.4	16.6	16.6	46.1	51.0	241
白糠町	9.7	7.1	12.2	20.9	36.7	37.2	42.9	196
札幌市	7.0	3.1	4.0	27.2	7.6	51.1	56.9	327
むかわ町	16.5	19.1	16.9	14.7	28.3	36.8	52.6	272
合計	9.9	9.2	10.4	18.8	21.6	42.1	51.4	1,278
χ二乗検定	***	***	***	***	***	***	*	

*** p ＜ .001　** p ＜ .01　* p ＜ .05　＋ p ＜ .1

　ていて、それを体験したんです。おもしろそうだなという程度ですが。」
（白糠町・女性・青年層）

第2項　地域的特色

　ただ、こうしたアイヌ文化の知識と体験のあり方には、地域的な特色も見られる。再度、表9−1と表9−2を見よう。

　まず、札幌市の場合、アイヌ文化の知識を持つ者が最も多いという特徴がある。表9−1によれば、アイヌ文化の知識を持つ者は59.0％と5地域のなかで最も多い。また、アイヌ文化の情報源として「情報メディア」や「施設や展示物」をあげる者も最も多いという特徴もある。たとえば、表9−2を見ると「情報メディア」は、その他の地域が36.0〜46.1％に対し、51.1％と半数を超えている。ここから、札幌市には、たしかにアイヌ文化の知識を持つ者は多いものの、その内実は、施設見学や情報メディア視聴から得られたものが多いという特徴があると判断できよう。

　こうした点の背景には、札幌市は、明治初期にはアイヌの人たちがわずか

しか住んでいなかったものの、現在では、札幌市アイヌ文化交流センター（サッポロピリカコタン）などの施設や、「札幌市アイヌ施策推進計画」のもとで伝統楽器の演奏や古式舞踊の披露などの「アイヌ文化交流センターイベント」、アイヌ語・手芸・工芸・料理などの「アイヌ文化体験講座の実施」などが実施されていることがあろう（札幌市 2010: 10-1）。

　次に、新ひだか町とむかわ町では「祭祀」的なアイヌ文化の知識を持つ者が相対的に多くなっているという特徴がある。表９－１を見ると、新ひだか町で 29.1％、むかわ町で 30.4％と３割程度の者が「祭祀」的なアイヌ文化の知識を持っているのに対し、その他の自治体では 17.5 〜 22.4％にすぎないからである。また、アイヌ文化の情報源として、「家族や親戚」「近所の人」「友人」などの「インフォーマル」で「パーソナル」な経路を通じてアイヌ文化の情報を得ている者が相対的に多い。たとえば、「近所の人」を見ると、新ひだか町で 14.0％、むかわ町で 19.1％であるのに対し、他地域では 3.1 〜 7.1％にすぎない（表９－２）。

　これらの背景には、新ひだか町では、シャクシャイン法要祭（1959 年〜）が、むかわ町では、「ししゃもカムイノミ」（1986 年〜）が行われていることがあろう。実際、アンケート調査の「あなたは普段、アイヌの人たちと交流がありますか」という設問の自由回答に対して、むかわ町の和人住民のなかには「地域のアイヌカムイノミ（年間５回程度）」という回答が見られる。

　さらに、白糠町では、アイヌの伝統的な料理を含む「生活様式」的なアイヌ文化が 12.2％と５地域のなかで最も高く回答されている。また、アイヌ文化の情報源として「アイヌ文化を普及している団体」が 36.7％と５地域で最も多い。これらの背景には、「味技（あじわざ）フェス白糠」でアイヌ料理に触れる機会があること（上山 2015: 190-1）や、「白糠アイヌ文化保存会」（シラリカコタン編集委員会 2003: 65-8）の活動が関連していよう。

　加えて、伊達市の場合には、アイヌ文化の知識を持つ者が 45.0％と最も少ないという特徴がある。また、アイヌ文化の情報源を見ても、他の地域と比べて特徴的な情報源があるとはいいがたい。この点は、伊達市の場合、同化が早く進んだ地域であると解釈できる点やアイヌの人々の居住地が有珠地区にほぼ限定されていた点が背景にあろう。また、

256 第9章 和人住民のアイヌ文化の知識と体験

　　「伊達市は伊達政宗については一生懸命やっているけれど、アイヌに
　　対する取り組みについては聞いたことがない。」(伊達市・女性・老年層)

と述べる者も見られる。

第3節　アイヌ文化の知識と体験・情報源の規定要因

第1項　アイヌ文化の知識と体験の規定要因

　ただ、こうしたアイヌ文化の知識と体験は、地域以外の要因によっても違
いが見られよう。そこで、回帰分析を行いその規定要因を検討する。**表9－
3**に用いる変数を示した。

　表9－4に、アイヌ文化の知識の有無に関する分析結果を示した。被説明
変数は、「アイヌ文化の知識」「アイヌ文化の知識(宗教儀礼)」「アイヌ文化の
知識(生活文化)」とした。

　そこからは、第1に、学歴が高いほど、アイヌ文化の知識を持つことがわ
かる。「アイヌ文化の知識」を被説明変数とした場合、「大学短大等」の回帰
係数が0.444となっている一方、「中学」の回帰係数が-0.580となっているか
らである。この分析結果から予測される確率(割合)を**図9－1**に示した。そ
れによれば、「中学」で36.9％、「高校」で54.5％、「大学短大等」で62.0％となっ
ている。こうした傾向は、「アイヌ文化の知識(宗教儀礼)」「アイヌ文化の知
識(生活文化)」でも同様に見られる。

　次に、第2に、職業を見ると、「ホワイトカラー系」の者ほど、アイヌ文
化の知識を持っている。「アイヌ文化の知識」を被説明変数とした場合、「ホ
ワイトカラー系」の回帰係数が0.243となっている。こうした傾向は、学歴
と同じく、「アイヌ文化の知識(宗教儀礼)」「アイヌ文化の知識(生活文化)」に
おいても同様に見られる。

　こうした傾向が見られる背景の1つとして考えられるのが、公務関係の仕
事に就く者のなかで、アイヌ文化に携わる者が存在することかもしれない。
たとえば、以下のような語りが見られる。

第3部　地域住民とアイヌの人々との関わり　257

　　「役場の中の職場で広報の仕事に配置になった時に、アイヌの行事だ
　とかに取材に行くようになった。（中略）アイヌ三大祭（「ふるさと祭り」「し
　しゃも祭り」「フンペ祭り」）には行っていますし、他のたぶん一般の人は
　やったことないだろうけど、イナウ（祭具）作りちょっと手伝ったり。ま
　あ、うまくはできなかったけど。」（白糠町・男性・壮年層）

　また、自治体議会の議員も、カムイノミなどの宗教儀礼に参加するという
形でアイヌ文化に触れる機会があるようだ[3]。議員の方のインタビューでは
以下のような語りが見られる。

　　「現在議会に務めているため、立場上、案内をもらってカムイノミに
　行くようになった。議会に入って初めて、儀式に参加した。それでは
　そういう儀式があることも全然知らなかった。」（伊達市・男性・老年層）

　こうした自治体の職務や議員活動は、アイヌ多住地域において、とくに顕
著に見られると推測でき、その意味で、こうした傾向はアイヌ多住地域の特
徴といえるかもしれない。
　他方、第3に、世代の場合、アイヌ文化の内容によって傾向が異なる。す
なわち、「アイヌ文化の知識（宗教儀礼）」では、「老年層」ほど、そうした知識
を持つ傾向が見られる一方、「アイヌ文化の知識（生活文化）」では、「老年層」
ほど、そうした知識を持たない傾向が見られる。図9-1によれば、「アイ
ヌ文化の知識（宗教儀礼）」では、「青年層」で21.1%、「壮年層」で23.4%、「老
年層」で28.7%と「老年層」ほど値が高くなっている一方で、「アイヌ文化の
知識（生活文化）」では、「青年層」で52.2%、「壮年層」で50.8%、「老年層」
で41.9%と「老年層」ほど値が低くなっているからである。このように、年
齢が高くなるほど「宗教儀礼」的な知識を持ちやすく、「生活文化」的な知識
を持ちにくい。
　しかし、ここで最も注目すべきは、第4に、アイヌの人たちとの交流があ
る者ほど、アイヌ文化の知識を持っているという点だろう。たとえば、「ア

258　第9章　和人住民のアイヌ文化の知識と体験

表9-3　用いる変数と記述統計量

		被説明変数	
		アイヌ文化の知識	アイヌ文化の体験
アイヌ文化の知識	ある	55.1	
アイヌ文化の知識（宗教儀礼）	ある	26.9	
アイヌ文化の知識（生活文化）	ある	47.5	
アイヌ文化の体験	ある		19.4
アイヌ文化の体験（宗教儀礼）	ある		7.0
アイヌ文化の体験（生活文化）	ある		15.4
将来体験したいアイヌ文化	ある		
将来体験したいアイヌ文化（宗教儀礼）	ある		
将来体験したいアイヌ文化（生活文化）	ある		
アイヌ文化の情報源	家族や親戚 近所の人 友人 学校の授業や行事 アイヌ文化を普及している団体 情報メディア 施設や展示物		
性別	男性	47.3	47.3
世代	青年層 壮年層 老年層	19.5 36.7 43.8	20.7 37.6 41.7
生まれた場所	自治体内 道内 道外	43.0 46.3 10.7	43.7 45.5 10.8
居住歴	15年以下 16〜30年以下 31〜45年以下 46〜60年以下 61年以上	16.9 16.7 26.2 23.9 16.4	17.4 16.9 26.6 23.6 15.5
近所付き合い	ある	44.0	43.0
自治会参加	ある	54.7	53.8
アイヌの人との交流	ある	30.7	30.2
居住希望	いまの場所にずっと住みたい 別の場所に移りたい 別の場所に移る予定がある わからない	70.3 11.6 4.6 13.4	69.7 11.6 4.7 13.9
学歴	中学 高校 大学短大等	13.0 45.2 41.8	12.3 45.6 42.1
職業	ホワイトカラー系 グレー＆ブルーカラー系 第一次産業 無職学生	28.5 26.6 7.4 37.5	29.1 27.4 7.6 35.8
地域	新ひだか町 伊達市 白糠町 札幌市 むかわ町	20.9 22.7 15.8 23.2 17.5	20.2 22.0 15.8 23.4 18.6
ケース数		1571	1443

＊説明変数に用いる変数には効果コーディングを用いた。

第3部　地域住民とアイヌの人々との関わり　259

情報源	将来体験したいアイヌ文化	備考
	50.0	・宗教儀礼：「カムイノミ（動物や物の霊送り）などの祭事」「伝統的な婚礼・地鎮祭・新築祝い」「伝統的な葬儀・先祖供養」「イナウを捧げる」「神聖な場所への祈り」「海・川・山でのタブーや約束事」「まじない・トゥス（巫術）」「夢見を大事にする」のいずれかがあり＝1、なし＝0
	16.3	・生活文化：「アイヌ語」「ユカラなどの口承文芸」「歌と踊り・楽器」「工芸（編み物・刺繍・織物・木彫）」「伝統的狩猟・農法・漁法」「伝統的な料理」のいずれかがあり＝1、なし＝0
	24.6	
	7.5	
	20.1	
9.6		
8.4		
9.9		
20.4		
21.8		
44.2		
50.8		
47.3	46.8	
20.1	21.4	青年層：39歳以下
37.4	38.4	壮年層：40-59歳
42.5	40.2	老年層：60歳以上
41.1	44.4	
48.0	45.1	
10.9	10.5	
17.3	17.8	
17.0	17.1	
26.3	26.4	
23.8	23.6	
15.6	15.2	
46.7	42.1	
58.3	52.9	
35.1	29.1	
73.8	69.2	
11.2	12.0	
5.1	4.8	
9.9	14.0	
8.9	12.3	
44.1	45.3	
47.0	42.4	
31.4	29.9	ホワイトカラー系（管理的職業、専門・技術的職業、事務的職業）、グレー＆ブルー
24.1	27.8	カラー系（保安的職業、販売的職業、技能工など、運輸・通信的職業、サービス的職業）、
6.9	7.5	第一次産業（農林水産的職業）、無職学生
37.5	34.8	
20.7	19.8	
19.6	22.0	
15.4	15.9	
25.1	23.6	
19.3	18.7	
866	1366	

260　第9章　和人住民のアイヌ文化の知識と体験

表9-4　アイヌ文化の知識の規定要因

		アイヌ文化の知識			宗教儀礼			生活文化		
		B	標準誤差		B	標準誤差		B	標準誤差	
	青年層	0.122	0.114		-0.179	0.135		0.157	0.114	
世代	壮年層	0.028	0.085		-0.049	0.098		0.101	0.085	
	老年層	-0.150	0.117		0.228	0.131	+	-0.258	0.117	*
アイヌの人との交流	ある	0.243	0.069	***	0.301	0.074	***	0.139	0.068	*
	ない	-0.243	0.069	***	-0.301	0.074	***	-0.139	0.068	*
	中学	-0.580	0.115	***	-0.366	0.132	**	-0.692	0.123	***
学歴	高校	0.136	0.078	+	0.046	0.089		0.160	0.081	*
	大学短大等	0.444	0.091	***	0.320	0.102	**	0.532	0.092	***
	ホワイトカラー系	0.243	0.104	*	0.387	0.116	***	0.246	0.103	*
職業	グレー＆ブルーカラー系	-0.069	0.101		-0.113	0.117		-0.112	0.101	
	第一次産業	-0.341	0.158	*	-0.336	0.176	+	-0.277	0.159	+
	無職学生	0.167	0.104		0.063	0.116		0.143	0.104	
定数		-0.050	0.117		-1.307	0.136	***	-0.370	0.118	**
N		1571			1571			1571		
-2 対数尤度		2044.123			1707.265			2051.642		
Cox-Snell R2 乗		0.072			0.074			0.075		
Nagelkerke R2 乗		0.096			0.108			0.100		

注）その他の説明変数（性別、生まれた場所、居住歴、近所付き合い、自治会参加、居住希望、地域）は省略

*** $p < .001$　** $p < .01$　* $p < .05$　+ $p < .1$

イヌ文化の知識」を被説明変数とした場合、「アイヌの人との交流がある」が0.243となっている。図9－1を見ても「アイヌの人との交流がある」者で63.5％、「アイヌの人との交流がない」者で51.7％となっている。こうした傾向は、「アイヌ文化の知識（宗教儀礼）」「アイヌ文化の知識（生活文化）」でも同様に見られる。

　こうしたアイヌの人々との交流を通じたアイヌ文化の知識のあり方は、インタビューからも確認できる。たとえば、以下のような語りが見られる。

　　「アイヌ刺繍をしている（アイヌの）お友達とかいっぱいいるので。踊り

第3部 地域住民とアイヌの人々との関わり 261

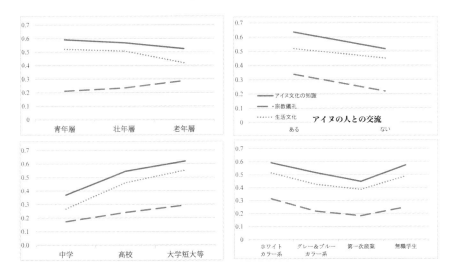

図9-1 予測確率（アイヌ文化の知識の規定要因）

とかも『習うかい』と言われるくらいの仲のいいお友達もいます。（中略）刺繍はすごいしたいです。やっている教室みたいなところに連れて行ってもらったから。アイヌの人たちに教えている講座に連れて行ってもらったんです。伝承するために若い人に教えているところをちょっと見学させてもらったんです。」（新ひだか町・女性・壮年層）

次に、同じく**表9-5**と**図9-2**からアイヌ文化の体験に関する回帰分析の結果を見よう。そこからは、職業を除いて、先に見たアイヌ文化の知識とほぼ同様の知見が得られる。すなわち、学歴が高いほど、アイヌの人との交流があるほど、アイヌ文化を体験している一方、他方で世代によってはアイヌ文化の内容によって傾向が異なる。

ただし、ここで注目すべきは、「アイヌの人との交流がある」の回帰係数の大きさが、アイヌ文化の知識と比べて大きい点かもしれない。たとえば、「アイヌ文化の体験」を例に値を確認すると、「アイヌの人との交流がある」で0.572となっているからである。図9-2から予測される割合を見ると、「アイヌの人との交流がない」者は13.0％であるのに対し、「アイヌの人との交

262 第9章 和人住民のアイヌ文化の知識と体験

表 9-5 アイヌ文化の体験の規定要因

		アイヌ文化の体験			宗教儀礼			生活文化		
		B	標準誤差		B	標準誤差		B	標準誤差	
世代	青年層	0.342	0.144	*	-0.670	0.331	*	0.461	0.152	**
	壮年層	-0.143	0.111		0.135	0.213		-0.052	0.119	
	老年層	-0.199	0.154		0.534	0.264	*	-0.409	0.173	*
アイヌの人との交流	ある	0.572	0.091	***	0.711	0.141	***	0.523	0.101	***
	ない	-0.572	0.091	***	-0.711	0.141	***	-0.523	0.101	***
学歴	中学	-0.120	0.161		-0.195	0.227		0.039	0.182	
	高校	-0.106	0.108		-0.161	0.162		-0.172	0.122	
	大学短大等	0.226	0.120	+	0.356	0.179	*	0.133	0.133	
職業	ホワイトカラー系	0.210	0.133		0.231	0.218		0.185	0.142	
	グレー＆ブルーカラー系	-0.093	0.136		-0.233	0.226		-0.117	0.149	
	第一次産業	-0.252	0.212		-0.315	0.310		-0.153	0.235	
	無職学生	0.135	0.137		0.316	0.204		0.085	0.153	
定数		-1.134	0.144	***	-3.050	0.269	***	-1.364	0.155	***
N		1443			1443			1443		
-2 対数尤度		1325.986			611.216			1149.327		
Cox-Snell R2 乗		0.063			0.08			0.06		
Nagelkerke R2 乗		0.101			0.202			0.105		

注) その他の説明変数（性別、生まれた場所、居住歴、近所付き合い、自治会参加、居住希望、地域）は省略

*** p ＜ .001 ** p ＜ .01 * p ＜ .05 ＋ p ＜ .1

流がある」者は31.9％となっている。このことは、アイヌ文化を実際に体験することは、アイヌ文化の知識を得ることに比べて、アイヌの人を含めた直接的な人間関係の豊富さに多くの影響を受けていることを示唆している。

第2項　アイヌ文化の情報源の規定要因

　続けて、**表9－6と図9－3**からアイヌ文化の知識の情報源の規定要因を見よう。そこからは、アイヌ文化の情報源ごとに特徴的な規定要因が存在することがわかる。

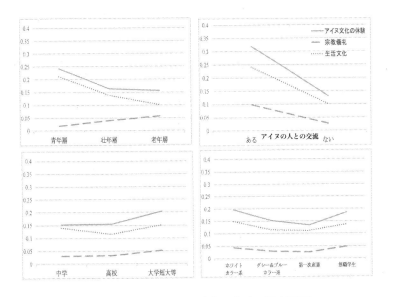

図 9-2　予測確率（アイヌ文化の体験の規定要因）

　まず、第1に、「施設や展示物」「情報メディア（本・テレビ・ラジオ・インターネットなど）」という「公開」された情報源は、学歴が高いと、そうした情報源を通してアイヌ文化の知識を得ている。たとえば、「施設や展示物」を見ると、「中学」が -0.426 となっている。図9－3の分析結果から予測される割合を見ると、「中学」で36.5％、「高校」で49.6％、「大学短大等」で54.8％となっている。こうした点は、一般に学歴が高い者ほど、アイヌ民族や文化の問題に限らず様々な社会事象に関心を持つだけでなく、文化施設やメディアなどを利用する蓋然性が高まる点が関係していよう。

　次に、第2に、「家族や親戚」「近所の人」「友人」という「インフォーマル」で「パーソナル」な経路については、「アイヌの人との交流がある」者ほど、そうした経路を通じてアイヌ文化の知識を得ている。たとえば、「近所の人」の場合、「アイヌの人との交流がある」は 0.791 となっている。

　加えて、第3に、「学校の授業や行事」に関しては、世代が若いほど、学校教育を通じてアイヌ文化の知識を得ている。「青年層」が 1.449 であるのに対し、「老年層」が -1.587 だからである。図9－3から予測される割合を

264　第9章　和人住民のアイヌ文化の知識と体験

表9-6　アイヌ文化の情報源の規定要因

		家族や親戚 B	標準誤差		近所の人 B	標準誤差		友人 B	標準誤差		学校の授業や行事 B	標準誤差	
世代	青年層	0.260	0.265		-0.862	0.453	+	-0.329	0.315		1.449	0.198	***
	壮年層	0.143	0.198		0.339	0.283		-0.265	0.227		0.139	0.163	
	老年層	-0.403	0.272		0.523	0.337		0.594	0.277	*	-1.587	0.265	***
アイヌの人との交流	ある	0.556	0.163	***	0.791	0.188	***	1.118	0.185	***	-0.003	0.135	
	ない	-0.556	0.163	***	-0.791	0.188	***	-1.118	0.185	***	0.003	0.135	
学歴	中学	0.863	0.244	***	0.220	0.254		0.524	0.243	*	-0.060	0.329	
	高校	-0.542	0.182	**	-0.305	0.188		-0.270	0.177		-0.139	0.196	
	大学短大等	-0.322	0.200		0.085	0.216		-0.254	0.204		0.199	0.201	
定数		-2.380	0.331	***	-2.697	0.330	***	-2.215	0.278	***	-1.705	0.252	***
N		866			866			866			866		
-2対数尤度		471.100			395.014			441.340			675.034		
Cox-Snell R2乗		0.084			0.115			0.128			0.208		
Nagelkerke R2乗		0.179			0.262			0.27			0.327		

		アイヌ文化を普及している団体 B	標準誤差		情報メディア（本・テレビ・ラジオ・インターネットなど） B	標準誤差		施設や展示物 B	標準誤差	
世代	青年層	-0.172	0.210		-0.533	0.152	***	-0.054	0.148	
	壮年層	-0.072	0.149		0.212	0.115	+	0.003	0.112	
	老年層	0.243	0.195		0.321	0.154	*	0.051	0.151	
アイヌの人との交流	ある	0.159	0.105		-0.380	0.094	***	-0.111	0.090	
	ない	-0.159	0.105		0.380	0.094	***	0.111	0.090	
学歴	中学	-0.277	0.208		-0.468	0.191	*	-0.426	0.178	*
	高校	0.036	0.137		0.134	0.119		0.110	0.113	
	大学短大等	0.241	0.155		0.334	0.131	*	0.316	0.126	*
定数		-1.809	0.219	***	-0.690	0.171	***	-0.083	0.166	
N		866			866			866		
-2対数尤度		792.390			1114.497			1155.550		
Cox-Snell R2乗		0.126			0.082			0.05		
Nagelkerke R2乗		0.193			0.11			0.067		

注）その他の説明変数（性別、生まれた場所、居住歴、近所付き合い、自治会参加、居住希望、地域）は省略
　　*** $p < .001$ ** $p < .01$ * $p < .05$ + $p < .1$

第3部 地域住民とアイヌの人々との関わり 265

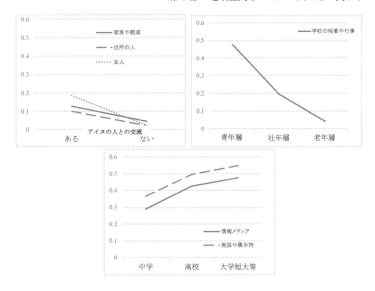

図9-3 予測確率（アイヌ文化の情報源の規定要因）

見ると、「老年層」で4.1％にすぎないのに対し、「壮年層」で19.6％、「青年層」になると47.6％にもなる。このことは、近年になればなるほど、学校が和人住民にとってアイヌ文化の情報源としての役割を持つようになってきていることを示唆しよう。

　こうした点は、北海道教育委員会が、1984年に小中学校教員用に『アイヌの歴史・文化に関する指導の手引き』や1992年に高等学校用教育指導資料として『アイヌ民族に関する指導の手引き』を作成配布したこと、札幌市教育委員会が1985年に『アイヌの歴史・文化等に関する指導資料』を作成配布した（米田 1996: 147）こと等の学校教育における取り組みが反映されていると解釈できる[4]。さらに、アイヌ文化振興・研究推進機構（「アイヌ文化財団」）も2000年に『アイヌ民族に関する指導資料』、2001年に小中学生向けの副教材として『アイヌ民族：歴史と現在』を発行している[5]。

　こうした学校教育での取り組みは、調査対象地でも見られる。たとえば、札幌市では、先にふれた『アイヌの歴史・文化等に関する指導資料』（札幌市教育委員会編 2008）に学校研究委託事業等による研究成果をふまえた授業実践例を示すとともに、「アイヌ民族に関する指導についての教員研修——札

幌市民族教育に関する研修会」事業のなかでいくつかの実践発表が行われている[6]。ここからは、こうした実践発表が可能な程度、アイヌの歴史や文化に関する実践が行われていることが示唆されよう。また、むかわ町では、宮戸小学校で2014年に、むかわアイヌ協会の協力を得ながら、総合的な学習の時間を利用しアイヌ文化の学習が行われた。そこでは、アイヌ語の学習、ムックリ演奏などが行われている[7]。さらに、鵡川中央小学校でも、2016年に鵡川アイヌ文化伝承保存会と連携し、アイヌの人たちの歌や踊りの体験、ムックリの演奏体験を行っている[8]。加えて、白糠町では、町内の全小中学校でアイヌ文化・アイヌ語の講話、アイヌ楽器演奏やアイヌ古式舞踊の体験、アイヌ料理の体験などのアイヌ文化学習が行われている[9]。

このように見ると、近年になるほど、学校教育が和人住民にとってアイヌ文化の情報源としての意味を増してきているといえよう。

第4節　今後におけるアイヌ文化への関わり

では、こうした和人住民は、今後もアイヌ文化に関わろうと考えているのだろうか。**表9-7**を見よう。そこからは、将来体験したいアイヌ文化がある者が25.9%存在していることがわかる。アイヌ文化の内容別に見ると、「口承文芸・歌踊り楽器・工芸」が14.0%と最も多く回答されている。続けて高いのは、伝統的狩猟や料理などの「生活様式」で8.1%、「精神文化」で5.6%となっている。

では、こうした将来体験したいアイヌ文化は、どのような要因によって規定されているのだろうか。**表9-8**と**図9-4**を見よう。

まず、第1に、アイヌ文化の知識と体験の場合と同様に、現在アイヌの人との交流がある者ほど、将来体験したいアイヌ文化があると答えている。たとえば、「将来体験したいアイヌ文化」の場合、「アイヌの人との交流がある」が0.294となっているからである。

しかし、知識や体験の規定要因では見られなかった傾向も確認できる。すなわち、第2に、道外出身者ほど、将来体験したいアイヌ文化がある。「将来体験したいアイヌ文化」の場合、「道外」が0.305となっているからである。

表 9-7　将来体験したいアイヌ文化

単位：%、人

		あり	祭祀	精神文化	アイヌ語	口承文芸・歌踊り楽器・工芸	生活様式	回答者数
将来体験したいアイヌ文化	新ひだか町	17.4	2.7	2.7	3.2	8.0	6.0	402
	伊達市	23.9	4.0	6.5	4.4	13.8	7.5	477
	白糠町	18.3	2.9	3.7	4.3	9.2	4.6	349
	札幌市	40.2	7.8	9.6	8.2	22.7	12.4	498
	むかわ町	25.9	4.5	4.3	3.4	13.6	8.4	440
	合計	25.9	4.6	5.6	4.8	14.0	8.1	2,166
	χ二乗検定	***	**	***	**	***	***	

注)「祭祀」:「カムイノミ（動物や物の霊送り）などの祭事」「伝統的な婚礼・地鎮祭・新築祝い」「伝統的な葬儀・先祖供養」「イナウを捧げる」

「精神文化」:「神聖な場所への祈り」「海・川・山でのタブーや約束事」「まじない・トゥス（巫術)」「夢見を大事にする」

「口承文芸・歌踊り楽器・工芸」:「ユカラなどの口承文芸」「歌と踊り・楽器」「工芸（編み物・刺繍・織物・木彫)」

「生活様式」:「伝統的狩猟・農法・漁法」「伝統的な料理」

*** $p < .001$　** $p < .01$　* $p < .05$　+ $p < .1$

表 9-8　将来体験したいアイヌ文化の規定要因

		将来体験したいアイヌ文化			宗教儀礼			生活文化		
		B	標準誤差		B	標準誤差		B	標準誤差	
生まれた場所	自治体内	-0.128	0.134		0.167	0.201		-0.296	0.141	*
	道内	-0.177	0.109		-0.605	0.168	***	-0.128	0.113	
	道外	0.305	0.146	*	0.438	0.202	*	0.424	0.150	**
アイヌの人との交流	ある	0.294	0.096	**	0.272	0.149	+	0.224	0.101	*
	ない	-0.294	0.096	**	-0.272	0.149	+	-0.224	0.101	*
学歴	初等	-0.175	0.169		-0.702	0.363	+	-0.238	0.182	
	中等	-0.055	0.111		0.220	0.214		-0.112	0.119	
	高等	0.230	0.122	+	0.482	0.223	*	0.350	0.129	**
アイヌ文化の知識	あり	0.191	0.076	*	0.052	0.120		0.226	0.081	**
	なし	-0.191	0.076	*	-0.052	0.120		-0.226	0.081	**
アイヌ文化の体験	あり	0.819	0.088	***	0.613	0.124	***	0.699	0.090	***
	なし	-0.819	0.088	***	-0.613	0.124	***	-0.699	0.090	***
定数		-0.809	0.157	***	-2.688	0.280	***	-1.150	0.165	***
N		1366			1366			1366		
-2 対数尤度		1286.14			649.234			1179.314		
Cox-Snell R2 乗		0.16			0.058			0.13		
Nagelkerke R2 乗		0.238			0.139			0.205		

注) その他の説明変数（性別、居住歴、近所付き合い、自治会参加、居住希望、職業、地域）は省略

*** $p < .001$　** $p < .01$　* $p < .05$　+ $p < .1$

268　第9章　和人住民のアイヌ文化の知識と体験

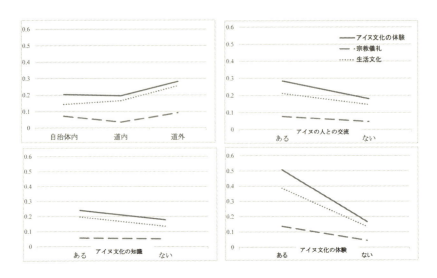

図 9-4　予測確率（将来体験したいアイヌ文化の規定要因）

こうした点は、もともとアイヌ文化に馴染みがなかった者ほどそうした文化に興味を持ちやすいことを示唆しているのかもしれない。

だが、第3に、現在アイヌ文化の知識がある者や、体験をしたことがある者ほど、将来もアイヌ文化に関わりたい傾向も見られる。たとえば、「アイヌ文化体験あり」は 0.819 となっている。その意味で、現在のアイヌ文化の知識と体験は、将来のアイヌ文化への関わりに影響を与えているといえよう。

おわりに

アイヌ多住地域の和人住民のなかで、アイヌ文化の知識を持つ者は半数程度だった。しかし、こうしたアイヌ文化を実際に体験している者は2割に満たなかった。こうしたアイヌ文化の知識と体験の内実は、施設や観光地の見学、情報メディア視聴などの情報源から得られている場合が多かった。とくに、アイヌ文化の情報源として施設や観光地での見学が大きな位置を占めている点はアイヌ多住地域の特徴と考えられた。

また、こうしたアイヌ文化の知識と体験には、地域ごとの特色が見られた。

新ひだか町やむかわ町では宗教儀礼的なアイヌ文化が、札幌市では歌や工芸品などのアイヌ文化が、白糠町ではアイヌ料理などが多く見られる一方、伊達市では全体的にアイヌ文化の知識と体験が少なかった。

さらに、学歴が高い者やホワイトカラー系の職業の者ほど、アイヌ文化の知識や体験を得ていた。とくに、公務や議会関係の仕事に就く者ほどアイヌ文化の知識を持つという点は、アイヌ多住地域の特徴と考えられる。また、そもそもアイヌの人との交流がある者ほど、アイヌ文化の知識や体験を得ていた。加えて、若い世代ほど、学校教育を通じてアイヌ文化に触れるようになってきてもいる。

将来体験したいアイヌ文化がある者は4分の1程度だった。こうした希望を持つ者は、道外で生まれたという意味でもともとアイヌ文化に触れる機会が少なかった者だけでなく、現在すでにアイヌ文化の知識や体験を持つ者で多く見られる。

以上のように見ると、和人住民のアイヌ文化の知識と体験は、第1に、アイヌ文化関連の施設や情報メディアのあり方に大きく影響されている。和人住民の知識や体験は、そうした情報源を通じて得られていることが多かったからである。とくに、アイヌ文化関連の施設は北海道内に多く存在しており、その意味で、こうした施設がアイヌ文化の情報源として重要な位置を占めている。

また、第2に、和人住民のアイヌ文化に触れる機会として学校教育の役割が近年になるほど大きくなってきている。若い世代ほど、学校を通じてアイヌ文化の知識を得ていたからである。こうした背景には教育委員会などの取り組みが存在していると推測できる。逆に、こうした取り組みの結果として、学校教育がアイヌ文化の情報源としての役割を増してきたといってもよい。

このように見れば、今後の和人住民のアイヌ文化の知識や体験のあり方は、アイヌ文化関連の施設・情報メディア・学校教育などのフォーマルな機会のあり方によって大きく枠づけられよう。この点をふまえると、今後アイヌ文化の普及啓発を行う上では、これらの内実をどのようなものにしていくか検討することが重要な課題となろう[10]。

ただし、第3に、アイヌの人々との交流がある者ほど、アイヌ文化の知識

と体験を得てもいた。その意味で、アイヌの人々との直接的な人間関係が、和人住民のアイヌ文化の知識と体験のあり方に大きな影響を及ぼす。ここからは、アイヌ文化の普及啓発において、アイヌの人々との交流を増やすことが重要な意味を持つことが示唆されよう。

こうした交流を増やす場合、第8章でふれられているように、アイヌ（文化）に関する学びと体験がアイヌの人々との交流を促し、そうした交流がアイヌ（文化）に関する知識と体験への関心を高めるという循環が重要な意味を持つだろう。アイヌ文化の知識や体験をしている者ほど将来もアイヌ文化を体験したいと考えていた点をふまえると、そうしたアイヌ文化に関する継起的な関心を、人々との交流にもつなげる工夫が必要となろう。

とはいえ、いずれにせよ、アイヌ文化に関する知識や体験のあり方は、アイヌの人々との交流だけでなく、和人住民が持つアイヌ政策評価のあり方にも影響を及ぼす（第10章）。その意味においても、和人住民のアイヌ文化への関わりには注目していく必要がある。

注

1 実際、いわゆるアイヌ文化振興法（「アイヌ文化の振興並びにアイヌの伝統等に関する知識の普及及び啓発に関する法律」）は、こうした目的を持って施行されたといえる。アイヌ文化振興法については、公益財団法人アイヌ文化振興・研究推進機構のHP（http://www.frpac.or.jp、2017年2月4日確認）、参照。

2 北海道のアイヌ文化関連の施設や博物館については、関口・田端・桑原・瀧澤編著（2015: 付録24-35）に詳しい。

3 なお、むかわアイヌ協会へのヒアリング調査（2016年9月7日）によれば、むかわ町で行われる「ししゃもカムイノミ」などの祭事には、むかわ町長やむかわ町議会議長などが招待されている。

4 なお、現在、札幌市教育委員会の『アイヌ民族の歴史・文化等に関する指導資料』は第5集（2008年）まで発行されている。

5 2015年には、『【教師用指導書】アイヌ民族：歴史と現在』も作成されている。公益財団法人アイヌ文化振興・研究推進機構のHP（http://www.frpac.or.jp、2017年2月4日確認）、参照。

6 この事業は、1982年から、市立学校教職員を対象に、アイヌ民族の歴史・文化等について理解を深め、指導力の向上に資するため行われている。札幌市アイヌ民族に関する教育HP（http://www.city.sapporo.jp/kyoiku/top/education/ainu/ainu_minzoku.html、2017年2月4日確認）、参照。

7 苫小牧民報 2014 年 7 月 2 日

8 北海道教育委員会の HP 内の資料（http://www.dokyoi.pref.hokkaido.lg.jp/hk/ibk/ H28suisinnsiryou_seika_mukawatyuuousyou.pdf、2017 年 2 月 4 日確認）、参照。

9 白糠町教育委員会及び小中学校長へのヒアリング調査（2015 年 2 月 23 〜 24 日）から。

10 それゆえ、博物館などでのアイヌ文化の展示に関する取組み（須永 2016 など）や、本文中でふれたような学校教育における研究実践は、今後さらに重要性を増すことになると思われる。

第10章

地域住民のアイヌ政策に対する意識

濱田　国佑

第1節　問題の所在

　1997年7月に「アイヌ文化振興法」が制定されたことにより、「アイヌ文化の振興並びにアイヌの伝統等に関する国民に対する知識の普及及び啓発を図るための施策を推進する」ことが法律によって明確に定められることになった。この結果、法律の趣旨に基づいてアイヌ文化の振興・普及を図る各種の政策が推進されることになった。

　2000年代以降の動きを見ると、2007年の国連総会において「先住民族の権利に関する国際連合宣言」、翌2008年には「アイヌ民族を先住民族とすることを求める決議」が衆議院および参議院において採択されている。これを受け、内閣において「アイヌ政策のあり方に関する有識者懇談会」が開催されることになった。その後、有識者懇談会による「アイヌ政策を総合的に企画・立案・推進する国の体制の整備やアイヌの人々の意見等をふまえつつアイヌ政策を推進し、施策の実施状況等をモニタリングしていく協議の場等の設置が必要」との答申が提出され、2009年に内閣官房長官を座長とする「アイヌ政策推進会議」が設置されることになり、現在に至っている。

　「アイヌ政策推進会議」では、2011年以降、政策推進作業部会を設けて、アイヌ文化の振興・普及を図る政策のあり方について検討を行っている。その結果、2014年6月に国立のアイヌ文化博物館、民族共生公園の設置などを定めた「アイヌ文化の復興等を促進するための『民族共生の象徴となる空間』の整備及び管理運営に関する基本方針」が閣議決定された。このように、現在は「アイヌ政策推進会議」が中心となって、アイヌ文化の振興・普及に

関する政策の体系が立案・実行されているといえる。

　こうしたアイヌ文化の普及・振興に関わる政策が行われてきた一方で、アイヌの生活支援に関する政策が、もう1つの柱としておもに北海道によって担われてきた。1972年に、北海道によって初めて「アイヌ生活実態調査」が行われ、1974年度から「北海道ウタリ福祉対策」が行われることになった。1974年度に開始された第一次「北海道ウタリ福祉対策」では、「アイヌの人たちの自立を助長促進し、社会的・経済的地位の向上を図るため、生活環境の改善、社会福祉の充実、職業の安定、教育文化の向上及び生産基盤の整備等を積極的に推進する」ことを目的とし、「住宅資金の貸付」「雇用対策」「教育対策」「福祉対策」などの政策が行われている。

　以降、第1次から第4次まで合計28年間にわたって「北海道ウタリ福祉対策」が実施された後、2002年度以降は「アイヌの人たちの生活向上に関する推進方策」と名称を変え、「生活の安定」「教育の充実」「雇用の安定」「産業の振興」に関する各種の政策が実施されている。

　このようにアイヌ関連の政策に関しては、アイヌ文化の普及・振興およびアイヌに対する生活支援という2つの観点から実施されている。しかしながら、この間に実施されてきた一連のアイヌ政策については、理解が十分に得られているとはいえない状況であり、アイヌ関連政策やアイヌ民族に対して否定的な態度をとる人も少なくない。たとえば2014年8月には、札幌市議会議員によって「アイヌ民族はもう存在しない」という主旨の文章がインターネットに投稿され、マスコミなどによって大きく取り上げられることになった。また、同じ年の11月には、北海道議会議員も道議会の予算委員会において「アイヌが先住民族であるかについて疑念がある」と発言している。さらに、アイヌ民族やアイヌ文化に対して、疑問を投げかけるような内容の書籍もいくつか出版されている。その多くは、アイヌ政策や国・地方公共団体による補助金を「利権」として糾弾するものであり、あからさまに差別意識を表明するものや、事実誤認に基づいて一方的な批難を展開するものも多い。こうした現状を考えると、アイヌ民族を対象にした政策については、否定的な意識や感情が根強く存在しているといえるだろう。

　本章では、北海道の5つの市町（新ひだか町、伊達市、白糠町、札幌市、むかわ町）

における地域住民調査の結果をもとに、北海道の地域住民がアイヌ政策に対してどのような態度をとっているのか、また地域間や回答者の属性によってどのような差異が見られるのか、さらには政策に対する意識の規定要因、意識が形成されるメカニズムについて検討を行う。

第2節　先行研究

　エスニック・マイノリティに対するシティズンシップの付与に関しては、これまで多くの理論的な検討や考察が行われてきた。これらの理論的な考察の多くは、シティズンシップを単一のものとしてではなく、複数の領域によって構成されるものとして捉えている。たとえばマーシャルによると、シティズンシップは市民的権利、政治的権利、社会的権利の3つの領域によって構成される (Marshall 1992=1993)。また、カースルズ＝ミラー (Castles and Miller 1993=1996) は、これらの3領域に加え、文化的権利をシティズンシップの構成要件としてあげている。実際、エスニック・マイノリティに対してシティズンシップが付与される場合、すべての領域において一元的に権利が付与されたり、逆に全面的に拒否されたりすることは少ない。個別の事情を勘案した上で、領域によって異なる取り扱いが行われるのが一般的である。こうした状況が存在するため、エスニック・マイノリティのシティズンシップに関しては、それを一元的に取り扱うのではなく、多元的なものとして領域別に検討を行うことにある程度の妥当性があると考えられる。

　ただし、マジョリティは、エスニック・マイノリティの権利を必ずしも多元的に捉えていないとの指摘も見られる。カナダのサスカチュワン州における調査データを用いて、先住民および各種の先住民政策に対する態度の規定要因を分析した研究では、先住民政策に対する態度は互いに強く関連しており、結局は先住民に対する「特別扱い」をするか否かという1つのアジェンダに収斂すると指摘されている (White, Atkinson, Berdahl and McGrane 2015)。このように、マジョリティによる評価や態度という点に着目した場合、マイノリティに対する権利の付与は、多元的、個別的に判断されているわけではなく、「特別扱い」をしているか否かという、一元的な物差しによって測られ

第 3 部　地域住民とアイヌの人々との関わり　275

ている可能性があるといえるだろう。

　こうしたエスニック・マイノリティに対する態度、あるいはエスニック・マイノリティを対象にした政策や権利付与といった問題に関して、これまでどのような研究が行われてきたのだろうか。日本において、エスニック・マイノリティに対する権利付与意識を扱った研究の多くは、外国籍者を対象にしたものであり、先住民への態度、あるいは先住民としての権利や先住民政策に対する意識を扱った研究は少ない。たとえば永吉 (2014) は、日本人の外国籍者への権利付与意識を分析し、その意識のあり方を「排除型」、「周辺化型」、「自立型」、「多文化型」に分類している。その上で、どのような人がそれぞれの類型になりやすいか、各類型への所属を規定する要因について分析しており、主観的な経済状況が良い人が必ずしも寛容なわけではなく、多文化型に比べてむしろ排除型になりやすいこと、また地方参政権の付与に否定的な周辺化型にはなりにくいなどの傾向を見出している。

　一方、海外の研究に目を移すと、大規模な標本調査データに基づいて、先住民への態度の規定要因を分析した研究が行われている。たとえば、オーストラリア西部の地域住民を対象にした研究では、アボリジニに対する態度の規定要因が分析されている。その結果、学歴が相対的に低い場合、アボリジニに対する否定的態度が強まること、またその一方で、先住民に対する共感や罪の意識が否定的態度を弱めることが明らかにされている (Pedersen, Beven, Walker and Griffiths 2004)。

　また、カナダ・サスカチュワン州における調査データを用いた研究では、先住民政策への支持に関しては、偏見のレベルのほかに、政府が果たすべき役割の大きさに関する一般的な態度も影響を与えており、その関係はより高い教育を受けた人々の間で、より強くなるという傾向が明らかにされている (White, Atkinson, Berdahl and McGrane 2015)。

　以上のような、大規模標本調査データに基づく計量的な研究だけでなく、インタビューデータを用い、よりローカルなコミュニティレベルの文脈に焦点を当てて、地域住民の態度を説明しようとした研究も存在する。カナダ・オンタリオ州北西部にある人口 8,000 人規模の町を対象にして、白人入植者と先住民との関係を分析した研究では、先住民との接触によって古典的な

偏見は低減するものの、集団間の序列における白人の優越という感覚は決してなくなっていないこと、また構造的不平等に起因する問題を自己責任として先住民自身に転嫁する傾向があると指摘されている。さらに、こうした傾向は「良い」先住民と「悪い」先住民の選別、同じイデオロギーを持つ人々の同類結合、政治的話題の忌避などのプロセスによって維持・強化されることになる（Denis 2015）。

このように、先住民や先住民政策に対する態度を扱った研究においては、先住民との接触は古典的な偏見をある程度緩和する効果は持つものの、必ずしもレイシズムの低減にはつながらないこと、学歴が低い場合に否定的態度が強まること、また学歴が高い場合は、小さな政府が望ましいと考える、より一般的な政治的態度の影響を強く受けやすいといった傾向が明らかにされてきたといえる。

第3節　調査対象地域の概要

第1節でも述べたように、本章では北海道の5つの市および町において実施した地域住民調査の結果を用いて、アイヌ政策に対する支持の状況について検討を行う。なお、調査を実施した年は異なっており、新ひだか調査は2012年、伊達調査は2013年、白糠調査、札幌調査、むかわ調査は2014年にそれぞれ調査を実施している[1]。

5つの調査地域のうち、人口に占めるアイヌ協会支部会員数の割合が最も高いのはむかわ町である。むかわ町については、2013年4月1日時点で、アイヌ協会の支部会員数が211名であると報告されている（北海道アイヌ協会 2013）。2010年の国勢調査におけるむかわ町の人口は9,746人であるため、全人口のおよそ2.2％がアイヌ協会の支部会員ということになる。同様にして人口に占めるアイヌ協会の支部会員の割合を確認してみると、新ひだか町では0.6％、白糠町では0.27％、伊達市では0.18％がアイヌ協会の支部会員であることがわかる（表10−1）。これらの4地域に関しては、北海道のなかでも、アイヌ協会の会員の割合が比較的高い地域であり、アイヌ集住地域とみなすことができる。

一方、札幌市については、アイヌ協会の支部会員の数自体は多いものの、人口

第3部　地域住民とアイヌの人々との関わり　277

表 10-1　各地域におけるアイヌ協会会員数および人口比

	アイヌ協会 支部会員数（人）	人口に 占める割合（%）
新ひだか町	153	0.60
伊達市	64	0.18
白糠町	25	0.27
札幌市	209	0.01
むかわ町	211	2.16

※北海道アイヌ協会ホームページ掲載資料から作成（北海道アイヌ協会 2013）。
　支部会員数は 2013 年 4 月 1 日現在の値である。
※人口比は 2010 年国勢調査データにより計算した。

表 10-2　各地域におけるアイヌとの交流頻度（%）

	白糠町	伊達市	新ひだか町	むかわ町	札幌市
よくある	11.5	5.3	23.7	26.0	0.4
たまにある	22.2	9.1	31.0	32.4	3.2
あまりない	24.9	14.9	18.0	17.8	5.1
まったくない	41.4	70.7	27.3	23.7	91.4
合計	100.0	100.0	100.0	100.0	100.0

に占める割合は 0.1％にも満たない値であり、きわめて小さい。したがって、アイヌの多住地域ではあるものの、アイヌ集住地域とはみなせないと考えられる。

　このような、それぞれの地域におけるアイヌの居住状況の違いは、地域住民調査の結果にも現れている。**表 10-2** は、調査の対象となった 5 つの地域において、アイヌとの交流頻度を尋ねた結果を示したものである。これを見ると、むかわ町、および新ひだか町ではアイヌとの交流頻度が高く、札幌市ではアイヌとの交流がほとんど存在しないという傾向が確認される。このように、各調査地域において、アイヌの居住状況および日常的な交流の程度はかなり異なっているといえるだろう。

第4節　各地域における政策支持の状況

第1項　各地域における回答分布

　以上のような 5 つの調査対象地域において、国や道によって進められてい

278　第10章　地域住民のアイヌ政策に対する意識

表10-3　各地域における回答の分布（%）

	白糠町	伊達市	新ひだか町	むかわ町	札幌市
差別のない社会をつくる	58.9	62.0	55.3	49.4	66.9
アイヌ語・アイヌ文化を守る	45.8	47.6	38.6	29.3	41.8
雇用対策の拡充	8.7	11.2	10.0	14.7	30.5
教育支援の拡充	6.9	9.4	10.0	12.1	27.6
経済的援助の拡充	5.2	7.5	6.7	8.0	15.4
土地・資源の補償	8.4	15.0	9.0	9.2	20.3
アイヌ民族に関する正しい理解の提供	45.3	53.8	42.2	32.9	54.6
特別な政策を行うべきではない	27.2	23.6	37.1	36.8	21.1

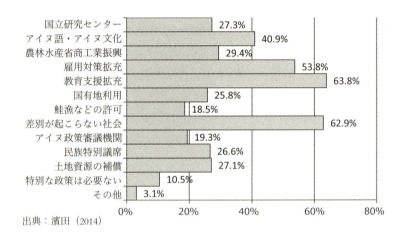

出典：濱田（2014）

図10-1　アイヌの人々を対象にした調査における政策支持の状況

る各種のアイヌ関連政策は、それぞれどの程度の支持を得ているのであろうか。以下では、まず各地域における回答の分布を確認していくことにしよう。

　表10-3は、調査対象地域（新ひだか町、伊達市、白糠町、むかわ町、札幌市）におけるアイヌ政策に対する支持の状況を示したものである。新ひだか町、伊達市、白糠町における調査では、各種のアイヌ政策をあげた上で、考えが近いものを複数回答で尋ねており、表の数値は、各項目を選択した人数が全有効回答者に対して占める割合を示している。むかわ町、札幌市における調査では、各政策に対する賛否を4段階（「そう思う」「ある程度そう思う」「あまり

そう思わない」「そう思わない」）で尋ねており、「そう思う」と回答した人の割合を示している。

　結果を確認すると「差別のない社会をつくる」「アイヌ語・アイヌ文化を守る」「アイヌ民族に関する正しい理解の提供」など、アイヌに関する理解の促進や知識の啓発に関する政策への支持が、全般的に高くなっていることがわかる。一方、「雇用対策の拡充」「教育支援の拡充」「経済的援助の拡充」など、アイヌの生活支援に関する政策については、相対的に支持が少ないという状況が見られる。ちなみにこうした傾向は、アイヌを対象にして実施した調査の結果とはかなり異なっている。**図10－1** は、北海道大学アイヌ・先住民研究センターが、2008年にアイヌの人々を対象にして実施した調査の結果を示したものである。これを見ると、様々な政策のなかで「教育支援の拡充」が最も重視されていることがわかる。また「雇用対策の拡充」についても期待が高く、半数を超える人が支持をしている。「差別のない社会」をつくるという政策に関しては、アイヌおよび和人の双方が重視しているものの、「教育支援」「雇用対策」の拡充といった政策については、和人を対象にした調査では10～20％程度の支持にとどまっており、和人との間に、政策に関する期待に大きな差が存在するといえるだろう。

　次に、地域別の回答分布を確認すると、札幌市と伊達市において全般的に支持が高く、逆に白糠町、新ひだか町、むかわ町においては、各種のアイヌ政策に対する支持があまり広がっていないという傾向が見られる。たとえば「アイヌ民族に関する正しい理解の提供」という政策については、札幌市と伊達市では50％以上の人が考えが近い・重視する政策としてあげているのに対し、白糠町、新ひだか町、むかわ町における支持の割合は、いずれも3～4割程度にとどまっている。また、新ひだか町、むかわ町ではおよそ4割弱の人が「特別な政策を行うべきではない」と答えており、アイヌ関連政策に対する否定的な感情が強いといえるだろう。白糠町に関しては、「差別のない社会をつくる」「アイヌ語・アイヌ文化を守る」といった政策では、札幌市や伊達市と同程度の支持が見られるものの、「雇用対策の拡充」「教育支援の拡充」「経済的援助の拡充」「土地・資源の補償」といった政策に対する支持が極端に低くなっており、政策による支持の差が大きいといえる。

280　第10章　地域住民のアイヌ政策に対する意識

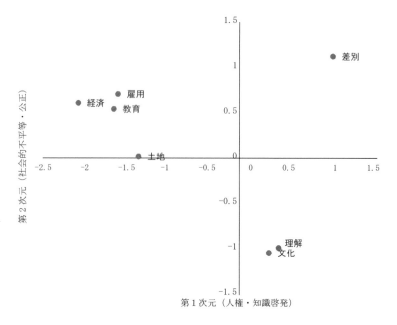

図10-2　多重対応分析の結果

　このような各政策に対する支持の状況や認識には、どのようなパターンが見られるのだろうか。**図10-2**は、「差別のない社会」「アイヌ語・アイヌ文化」「雇用対策」「教育支援」「経済的援助」「土地・資源」「正しい理解」の6項目を用いて多重対応分析を行い、それぞれの政策項目において算出された第1次元および第2次元の数量化得点をプロットしたものである。図を確認すると、第1次元(横軸)に関しては、「差別のない社会」の得点が最も高く、ついで「正しい理解」や「アイヌ語・アイヌ文化」といった政策における得点が高くなっている。したがって、第1次元は人権や知識の啓発をあらわす次元であると考えられる。一方、第2次元(縦軸)は、「差別のない社会」「雇用対策」「経済的援助」「教育支援」といった政策における得点が高いことがわかる。こうした結果から解釈すると、第2次元は社会的不平等や公正に関する次元であると考えられる。それぞれの政策の類似度を見ると、「雇用対策」「経済的援助」「教育支援」が近くに位置しており、類似性が高い政策だと認識されていることがわかる。また、「アイヌ語・アイヌ文化」と「正しい理解」も類

第3部　地域住民とアイヌの人々との関わり　281

似性の高い、ひとまとまりのものとして認識されているといえる。一方、「差別のない社会」をつくるという政策については、人権・知識の啓発という次元、社会的不平等の是正という2つの次元における得点がいずれも高く、回答者の意識のなかで、他の政策とは異なった位置付けをされていることがわかる。

第2項　世代による政策支持の差異

　次に、世代別の回答分布について確認してみることにしよう（表10−4）。各種のアイヌ関連政策に対する支持の状況は、年齢によってどのような差異が見られるのだろうか。カイ二乗検定の結果を確認すると、新ひだか町、伊達市および札幌市において、世代による差が比較的多く見られることがわかる。

　新ひだか町では「差別のない社会」「雇用対策」「教育支援」の各項目において、世代による差が存在している。基本的には、年齢が高い層において、各種の政策に対する支持割合が高くなっている。ただし「20〜30代」「40〜50代」「60〜70代」の順に、政策に対する支持が徐々に強まるという線形の関係ではなく、「20〜30代」および「40〜50代」では政策に対する支持が比較的低いのに対し、「60〜70代」における支持が突出して高いという傾向が見られる。

　伊達市では「差別のない社会」「雇用対策」「教育支援」「経済的援助」「土地・資源」「正しい理解」の各項目で世代による差が見られる。新ひだか町と同様に、やはり「60〜70代」における支持が、他の世代と比べて突出して高いという傾向が存在する。また、「雇用対策」「教育支援」「経済的援助」といった項目では、「20〜30代」よりむしろ「40〜50代」で支持が低い。このように、全般的には高齢世代（60〜70代）において各種のアイヌ政策がより強く支持されているものの、アイヌ民族に関する「正しい理解」という政策だけは、例外的に、若年世代における支持の方が強くなっており、高齢世代ではあまり重視されないという傾向が見られる。

　札幌市では「雇用対策の拡充」「教育支援の拡充」「経済的な援助の拡充」「土地・資源に対する補償」などの項目において差が見られる。札幌市でも、新ひだか町や伊達市と同様に、やはり「60〜70代」の世代における支持だけ

282　第10章　地域住民のアイヌ政策に対する意識

表10-4　世代による政策支持の差異（%）

		20 〜 30 代	40 〜 50 代	60 〜 70 代	χ²検定
新ひだか町	差別のない社会	44.0	47.8	63.8	**
	アイヌ語・アイヌ文化	32.1	37.0	43.1	
	雇用対策	7.1	6.0	12.8	*
	教育支援	7.1	4.9	14.2	**
	経済的援助	7.1	3.8	8.3	
	土地・資源	10.7	5.4	11.0	
	正しい理解	47.6	40.8	42.2	
	特別な政策を行わない	32.1	42.4	34.9	
伊達市	差別のない社会	55.3	55.0	68.9	**
	アイヌ語・アイヌ文化	52.9	47.0	46.6	
	雇用対策	8.2	6.4	15.2	**
	教育支援	7.1	3.5	14.1	***
	経済的援助	5.9	4.0	10.2	*
	土地・資源	4.7	15.8	17.3	*
	正しい理解	61.2	56.9	49.1	+
	特別な政策を行わない	27.1	22.3	23.3	
白糠町	差別のない社会	52.9	58.0	60.7	
	アイヌ語・アイヌ文化	43.1	51.9	46.5	
	雇用対策	7.8	5.3	10.7	
	教育支援	5.9	6.1	7.9	
	経済的援助	3.9	3.8	6.0	
	土地・資源	2.0	9.2	9.3	
	正しい理解	49.0	49.6	43.1	
	特別な政策を行わない	31.4	20.6	30.1	
むかわ町	差別のない社会	44.0	43.3	54.8	*
	アイヌ文化を守る	22.4	25.6	34.3	+
	雇用対策	14.9	11.1	17.6	
	教育支援	9.3	10.5	14.3	
	経済的援助	10.7	7.1	8.0	
	土地・資源	9.3	8.7	9.6	
	正しい理解	27.6	33.5	34.4	
	特別な政策を行わない	36.0	32.2	41.1	
札幌市	差別のない社会	63.2	63.8	73.3	+
	アイヌ文化を守る	39.7	37.0	49.7	*
	雇用対策	23.0	26.4	41.6	***
	教育支援	22.2	23.5	37.1	**
	経済的援助	9.6	10.7	26.1	***
	土地・資源	16.9	15.1	29.9	**
	正しい理解	55.1	53.9	55.2	
	特別な政策を行わない	20.0	17.7	25.3	

*** p<.001 ** p<.01 * p<.05 + p<.1

第3部　地域住民とアイヌの人々との関わり　283

が他の世代と比べて強いという傾向が確認される。

第3項　出身地による政策支持の差異

　前項では、世代による政策支持の差異を確認した。その結果、新ひだか町、伊達市、札幌市などの地域では、世代による差が比較的大きいことが明らかになった。このような世代による差異のほか、回答者の出身地、具体的には地元出身なのか、あるいは道内他地域や道外から流入してきたのかによって、アイヌ関連の各種政策に対する意識が異なる可能性がある。そこで、出身地による政策支持の差異についても、同様に確認しておくことにする。

　表10−5は各地域におけるアイヌ政策に対する支持の状況を、回答者の出身地別に示したものである。カイ二乗検定の結果を見ると、新ひだか町では、出身地による意識の差が比較的大きいことがわかる。とくに「雇用対策」や「教育支援」などの生活支援策については、新ひだか町内出身者の場合、支持の割合が5〜6％程度にとどまっており、町外出身者（道内他市町村・道外出身者）に比べてかなり低い値となっている。

　その他の地域においては、出身地による差はそれほど大きくない。札幌市における「アイヌ文化」政策、白糠町における「アイヌ語・アイヌ文化政策」、むかわ町における「差別のない社会」など、ごく限られた項目においてのみ有意差が見られる。ただし、道外出身者の方が、アイヌ関連政策に対して寛容であるという点については、いずれの地域でもほぼ共通しており、一貫した傾向を示しているといえる。

第4項　学歴による政策支持の差異

　最後に、学歴による政策支持の差異について確認してみることにしよう。表10−6を見ると、伊達市では「アイヌ語・アイヌ文化」「土地・資源」「正しい理解」の各項目、白糠町では「アイヌ語・アイヌ文化」「正しい理解」の各項目において、学歴によって政策支持の強さに差があることがわかる。いずれの項目に関しても、学歴が高いほど政策に対してより肯定的な態度を示す傾向が見られる。

　新ひだか町では「正しい理解」「特別な政策を行わない」「差別のない社会」

284　第 10 章　地域住民のアイヌ政策に対する意識

表 10-5　出身地による政策支持の差異（新ひだか町・伊達市・白糠町）(%)

		市内町内	道内	道外	χ²検定
新ひだか町	差別のない社会	49.4	62.8	51.1	*
	アイヌ語・アイヌ文化	39.8	36.6	42.6	
	雇用対策	5.6	12.0	17.0	*
	教育支援	6.0	12.6	14.9	*
	経済的援助	4.4	7.3	12.8	
	土地・資源	6.4	9.9	17.0	
	正しい理解	38.6	42.9	59.6	*
	特別な政策を行わない	41.0	33.5	31.9	
伊達市	差別のない社会	61.9	61.4	66.7	
	アイヌ語・アイヌ文化	44.2	49.7	49.1	
	雇用対策	10.7	11.7	8.8	
	教育支援	7.6	9.5	14.0	
	経済的援助	8.1	7.0	7.0	
	土地・資源	13.2	14.6	22.8	
	正しい理解	53.8	52.5	59.6	
	特別な政策を行わない	23.4	22.5	28.1	
白糠町	差別のない社会	55.9	60.4	64.7	
	アイヌ語・アイヌ文化	47.7	40.2	64.7	*
	雇用対策	7.2	8.9	14.7	
	教育支援	8.2	5.3	8.8	
	経済的援助	5.1	5.3	5.9	
	土地・資源	7.7	7.7	14.7	
	正しい理解	45.1	46.2	44.1	
	特別な政策を行わない	25.6	29.6	26.5	
むかわ町	差別のない社会	49.2	48.7	54.2	+
	アイヌ文化を守る	27.6	30.7	33.3	
	雇用対策	12.9	16.8	17.0	
	教育支援	11.2	12.9	14.9	
	経済的援助	6.7	9.2	10.6	
	土地・資源	8.3	10.3	8.5	
	正しい理解	26.8	37.8	39.1	+
	特別な政策を行わない	38.5	34.6	38.8	
札幌市	差別のない社会	65.5	68.2	64.6	
	アイヌ文化を守る	39.8	41.6	46.7	*
	雇用対策	26.9	33.4	27.6	
	教育支援	24.6	30.0	25.3	
	経済的援助	14.1	16.1	16.0	
	土地・資源	21.6	20.4	17.3	
	正しい理解	52.0	56.4	52.6	
	特別な政策を行わない	17.6	23.1	21.3	

*** p<.001 ** p<.01 * p<.05 + p<.1

といった項目のほか、「雇用対策」「教育支援」「経済的援助」など、アイヌの生活支援に関わる政策についても学歴による有意な差が見られる。これらの生活支援策については、学歴による影響の現れ方が、他の項目とは明確に異なる傾向を示している。他の項目、たとえば「正しい理解」においては、学歴が高いほど政策に対する支持が強まるという傾向が見られるのに対し、各種の生活支援策に関しては、「中学」と「大学以上」の学歴で政策に対する支持が高く、逆に「高校」や「短大・高専・専門」など中間的な学歴の場合に支持が弱まるという結果になっている。

　一方、札幌市とむかわ町においては、学歴による差がほとんど見られない。唯一、危険率10％水準で差が見られたのが、札幌市における「雇用対策」に対する態度であるが、大卒層における支持が最も低く、新ひだか町、伊達市、白糠町とは異なる傾向を示している。

第5節　アイヌ政策に対する支持の規定要因

　第4節では、調査の対象になった5つの調査地域（新ひだか町、白糠町、伊達市、むかわ町、札幌市）において、各種のアイヌ政策に対する支持／不支持の回答の分布が世代別、出身地別、学歴別にどのように異なっているかを個別に検討した。

　以下では、5つの地域における調査データを結合した上で分析を行う。具体的には、調査票の設計上、比較可能な3地域（新ひだか町、白糠町、伊達市）と2地域（札幌市、むかわ町）のデータをそれぞれ結合し、アイヌ政策に対する支持の規定要因について検討する。その際、世代、学歴、出身地の影響だけでなく、アイヌとの交流やアイヌ文化に関する知識・経験など、アイヌとの関係性やアイヌに関する経験による影響についても確認する。また、居住地域に対して感じている不満、あるいは疎外感がアイヌ政策に対する支持、寛容性に与える影響についてもあわせて検討することにしたい。

　従属変数の取捨選択にあたっては、図10－1において確認された多重対応分析の結果をふまえた上で、経済支援・教育支援・雇用対策などの「生活支援」、「差別のない社会」づくり、アイヌに関する「正しい理解の提供」とい

286　第10章　地域住民のアイヌ政策に対する意識

表 10-6　学歴による政策支持の差異（新ひだか町・伊達市・白糠町）（%）

		中学	高校	短大 高専専門	大学以上	χ^2検定
新ひだか町	差別のない社会	67.3	53.4	45.7	50.0	*
	アイヌ語・アイヌ文化	40.8	34.5	43.6	48.2	
	雇用対策	15.3	6.0	7.4	16.1	*
	教育支援	15.3	5.2	9.6	17.9	**
	経済的援助	13.3	4.3	3.2	8.9	**
	土地・資源	9.2	7.3	7.4	17.9	
	正しい理解	33.7	39.7	45.7	66.1	**
	特別な政策を行わない	28.6	40.5	43.6	25.0	*
伊達市	差別のない社会	65.4	62.7	58.3	62.0	
	アイヌ語・アイヌ文化	41.0	43.7	56.5	56.0	*
	雇用対策	11.5	11.2	10.4	12.0	
	教育支援	14.1	7.8	8.7	10.0	
	経済的援助	5.1	7.8	6.1	10.0	
	土地・資源	17.9	11.9	13.9	22.0	+
	正しい理解	42.3	48.1	64.3	65.0	***
	特別な政策を行わない	23.1	24.6	19.1	27.0	
白糠町	差別のない社会	59.3	61.2	50.7	60.0	
	アイヌ語・アイヌ文化	36.1	47.3	43.8	62.9	+
	雇用対策	7.0	9.5	5.5	17.1	
	教育支援	9.3	5.0	9.6	8.6	
	経済的援助	7.0	5.5	2.7	5.7	
	土地・資源	10.5	8.0	5.5	11.4	
	正しい理解	37.1	44.3	48.0	71.4	**
	特別な政策を行わない	33.7	22.9	37.0	20.0	
むかわ町	差別のない社会	46.7	52.9	42.9	50.0	
	アイヌ文化を守る	31.8	28.4	28.2	30.5	
	雇用対策	18.1	16.1	13.0	6.9	
	教育支援	15.3	12.3	12.0	5.2	
	経済的援助	8.4	9.2	7.5	3.4	
	土地・資源	11.8	8.2	10.2	6.9	
	正しい理解	27.4	33.6	29.9	45.0	
	特別な政策を行わない	31.4	42.7	33.0	32.2	
札幌市	差別のない社会	58.3	68.9	64.9	68.4	
	アイヌ語・アイヌ文化	38.2	42.5	39.2	43.4	
	雇用対策	45.5	33.7	29.9	25.3	+
	教育支援	30.3	31.3	25.6	25.8	
	経済的援助	18.2	19.2	11.3	15.5	
	土地・資源	18.8	23.7	18.6	18.7	
	正しい理解	41.7	53.6	51.8	60.9	
	特別な政策を行わない	31.4	22.7	20.7	17.3	

*** p<.001 ** p<.01 * p<.05 + p<.1

第3部　地域住民とアイヌの人々との関わり　287

う３つの領域に焦点を当て、それぞれの政策に対する支持の規定要因を明らかにしていくことにする。

　新ひだか町・伊達市・白糠町においては、各政策を重視するか否かを二値変数で尋ねているため、「生活支援策に対する支持」「差別のない社会」「正しい理解の提供」を従属変数とした二項ロジスティック回帰分析を行った。なお「生活支援策に対する支持」に関しては、それぞれの項目を選択した者の割合が少なかったため、「雇用対策」「教育支援」「経済的援助」のうちいずれか１つでもの項目を選択している場合に「１」、いずれも選択していない場合に「０」という数値を与え、「生活支援策」に対する支持を示す指標として用いることにした。

　一方、札幌市・むかわ町においては、各政策に対する支持を「そう思う」「ある程度そう思う」「あまりそう思わない」「そう思わない」の４段階で尋ねており、「生活支援策」「差別のない社会」「正しい理解」を従属変数にした線形回帰分析を行った。なお、「生活支援策」については、「雇用対策」「教育支援」「経済的援助」の３項目によって算出された主成分得点をその指標として用いている。

　分析において独立変数として使用したのは、性別、年齢、学歴、就業状態、出身地、アイヌとの交流[2]、アイヌに関する知識の有無[3]、アイヌ文化の体験[4]、居住地に対する評価[5]、調査地域に関する各変数である。

　まず、表10−7において、札幌市・むかわ町におけるアイヌ政策に対する支持の規定要因を確認してみることにしよう。「生活支援策」を従属変数にした分析結果を見ると、年齢やアイヌとの交流、アイヌ文化の体験といった要因が生活支援策に対する支持に影響を与えていることがわかる。年齢に関しては70代における支持が最も強く、その一方で30代、40代、50代における支持は相対的に低いという傾向が確認された。また、アイヌとの交流やアイヌ文化の体験が、生活支援策への支持を強めるという効果が見られる。生活支援策への支持を増やすためには、たんなる教科書的な知識としてアイヌのことを知るだけでなく、アイヌ文化の体験といったより深い関わり方をすることが重要だといえるだろう。

　次に、「差別のない社会」に影響を与えている要因について確認してみよ

288 第10章 地域住民のアイヌ政策に対する意識

表 10-7 アイヌ政策支持の定要因（札幌・むかわ）

	生活支援		差別のない社会		正しい理解	
	B	S.E.	B	S.E.	B	S.E.
定数	0.645 ***	0.163	3.502 ***	0.134	3.043 ***	0.132
性別（基準：女性）						
男性	0.051	0.074	0.012	0.062	0.094	0.060
年齢（基準：70代）						
20代	-0.111	0.161	-0.125	0.133	0.081	0.130
30代	-0.362 *	0.145	-0.052	0.120	0.135	0.117
40代	-0.371 **	0.14	-0.144	0.116	0.181	0.114
50代	-0.390 **	0.131	-0.078	0.109	0.110	0.106
60代	-0.122	0.117	0.117	0.097	0.217 *	0.095
学歴（基準：高校）						
中学	0.198	0.121	-0.206 *	0.100	-0.031	0.098
短大・高専・専門	-0.022	0.085	-0.025	0.071	0.057	0.069
大学	-0.059 +	0.094	0.004	0.078	0.157 *	0.076
就業状態（基準：正規）						
経営・役員	-0.179	0.15	-0.195	0.126	-0.163	0.123
自営・家族従業	-0.107	0.114	0.073	0.095	-0.083	0.093
パート・アルバイト	-0.009	0.097	0.084	0.081	-0.005	0.078
無職・学生	-0.051	0.104	0.002	0.087	0.050	0.085
出身地（基準：道内）						
市内・町内	-0.102	0.074	-0.011	0.061	-0.080	0.06
道外	-0.006	0.105	0.109	0.087	0.019	0.085
アイヌとの交流	-0.082 *	0.041	0.030	0.035	-0.005	0.034
アイヌ知識の有無	0.076	0.069	0.116 *	0.058	0.310 ***	0.056
アイヌ文化体験	0.199 *	0.088	0.088	0.073	0.231 **	0.071
居住地評価	0.159 ***	0.035	0.093 **	0.029	0.095 **	0.028
調査地（基準：札幌市）						
むかわ町	-0.613 ***	0.089	-0.410 ***	0.074	-0.373 ***	0.072
調整済 R2 乗	.159***		.074***		.151***	
N	773		794		781	

*** p<.001 ** p<.01 * p<.05 + p<.1

う。「生活支援策」の場合とは異なり、年齢による影響はほとんど見られない。学歴でいうと、最終学歴が中学卒（義務教育段階）の場合、高校卒に比べて「差別のない社会」の実現をそれほど重視していないことがわかる。また、「差別のない社会」に関しては、「生活支援」のようにアイヌとの交流や文化の体験ではなく、アイヌに関する知識のみが影響を与えている。つまり、より深い接触や経験ではなく、たんに知識を得ることが政策の支持につながっているのである。こうしたことから考えると、「差別のない社会」という政策は、あるべき社会像、一種の建前として受け取られていて、学校や各種のメディアなどによってある程度アイヌの知識を得た人が、なんとなく好ましいものとして、こうした政策を選択している可能性があるだろう。

　最後に、「正しい理解」に影響を与えている要因について確認してみる。まず、年齢が60代の場合、70代に比べて、アイヌに関する「正しい理解」の提供をより重視していることがわかる。また、最終学歴が大学以上の場合に、高校卒と比べて「正しい理解」の提供に対する支持がより強まるという傾向も存在する。アイヌとの関係性やアイヌに関する知識・経験による影響に着目すると、アイヌに関する知識や文化体験は「正しい理解」の提供に対する支持を強めるものの、たんなる交流は、肯定的な態度の形成には結びついていないと言える。

　なお、3つの従属変数に対して、一貫して影響を与えていたのが「居住地評価」と「調査地（むかわ町）」であった。自分の居住地域を高く評価している人ほど、各種のアイヌ政策についても肯定的な態度を示す傾向があるといえるだろう。また、むかわ町の回答者は、札幌市の回答者よりもアイヌ政策に対して否定的な態度をとる傾向が強い。それぞれの分析における標準化係数（ベータ）を比較すると、「生活支援」「差別のない社会」「正しい理解」いずれを従属変数にした場合でも、「調査地（むかわ町）」がすべての独立変数のなかで最も強い影響を与えていた。第3節で見たように、むかわ町はアイヌの集住地域、札幌市は非集住地域であるため、このような地域的な差が大きく現れているものと考えられる。

　次に、新ひだか町・白糠町・伊達市における分析の結果を確認していくことにしよう（**表10−8**）。まず、アイヌに対する「生活支援」に関しては、「経

290 第10章 地域住民のアイヌ政策に対する意識

表10-8 アイヌ政策支持の規定要因（新ひだか・白糠・伊達）

	生活支援		差別のない社会		正しい理解	
	B	S.E.	B	S.E.	B	S.E.
定数	-2.128 ***	0.473	0.553 +	0.304	-0.408	0.305
性別（基準：女性）						
男性	0.116	0.221	-0.138	0.140	-0.039	0.141
年齢（基準：70代）						
20代	-0.358	0.479	-0.360	0.328	0.397	0.335
30代	-0.515	0.458	-0.252	0.302	0.124	0.307
40代	-0.797 +	0.424	-0.440 +	0.263	0.291	0.264
50代	-1.057 *	0.415	-0.439 +	0.252	0.358	0.253
60代	0.084	0.291	-0.114	0.220	0.188	0.220
学歴（基準：高校）						
中学	0.559 +	0.293	0.161	0.205	-0.257	0.207
短大・高専・専門	0.237	0.281	-0.227	0.169	0.285 +	0.169
大学	0.402	0.318	-0.053	0.213	0.810 ***	0.221
就業状態（基準：正規）						
経営・役員	-2.072 *	1.053	-0.378	0.313	0.069	0.318
自営・家族従業	0.073	0.388	-0.184	0.227	-0.077	0.231
パート・アルバイト	0.172	0.324	0.174	0.193	-0.030	0.195
無職・学生	0.196	0.311	0.010	0.200	0.118	0.203
出身地（基準：道内）						
市内・町内	-0.423 +	0.229	-0.081	0.141	-0.015	0.142
道外	-0.274	0.362	-0.009	0.240	0.076	0.240
アイヌとの交流	-0.126	0.112	0.138 *	0.069	-0.054	0.070
アイヌ知識の有無	0.715 **	0.233	0.072 *	0.143	0.504 ***	0.144
アイヌ文化体験	0.659 *	0.268	0.259	0.201	0.365 +	0.202
居住地評価	0.180	0.113	0.160 *	0.072	0.037	0.072
調査地（基準：伊達市）						
新ひだか町	0.249	0.268	-0.536 **	0.171	-0.451 **	0.172
白糠町	-0.203	0.273	-0.337 *	0.169	-0.172	0.170
Nagelkerke R2乗	.138		.060		.096	
N	1025		1025		1025	

*** p<.001 ** p<.01 * p<.05 + p<.1

営者・役員」という就業状態が負の影響を与えていた[6]。アイヌを対象にして行われている政策のなかには、農業・漁業への補助など、事業者を対象にしたものも多い。新ひだか町、白糠町、伊達市はいずれもアイヌ集住地域であり、こうした地域における経営者・役員層は、補助金を受給しているアイヌの人々の事例を見聞きすることも多いのではないかと考えられる。こうした経験のなかで、アイヌへの「特別扱い」という認識を持ち、「生活支援」への反対をより強く表明することになっているのではないだろうか。そのほかには「アイヌとの交流」や「アイヌ文化体験」といった変数が有意な影響を与えており、アイヌとの交流がある場合、あるいはアイヌの文化を体験したことがある場合、「生活支援」に対する支持がより強まるという傾向が存在する。また、年齢に関しては、札幌市・むかわ町における分析結果と同様に、40代、50代における支持が低くなっている。

　次に、「差別のない社会」をつくるという政策に対しては、「アイヌとの交流」や「アイヌ知識の有無」のほか、「居住地評価」が影響を与えていた。むかわ町・札幌市における分析結果と同様に、自らが住んでいる地域に対する評価が高いほど、「差別のない社会」への支持が強まるという傾向が見られる。また、調査地域に関する変数（新ひだか町、白糠町）が影響を与えており、基準となる伊達市に比べて、新ひだか町および白糠町では「差別のない社会」が重要だと考える人の割合が少ないことがわかる。

　最後に、「正しい理解」の提供に対する支持の規定要因を確認すると、最終学歴が大学卒の場合、高校卒と比べて「正しい理解」への支持がより強まるという傾向が存在する。また、アイヌに関する知識を有している場合に関しても、同様に「正しい理解」の提供が重視される傾向にある。調査地域に関しては、伊達市と白糠町の間に有意な差はないものの、伊達市と新ひだか町を比べると、新ひだか町における「正しい理解」の提供に対する支持が有意に低いという状況が存在する。

第6節　まとめと結論

　本章では、北海道内の5つの地域（新ひだか町、伊達市、白糠町、むかわ町、

札幌市）における調査結果を用いて、アイヌ政策に対する支持の状況、および その規定要因について明らかにしてきた。

その結果、まず、アイヌ文化の保存・振興などの文化政策、人権や知識の 普及・啓発に関する政策に対しては比較的寛容な態度を示していることが明 らかになった。一方、「雇用対策の拡充」「教育支援の拡充」「経済的な援助の 拡充」などの生活支援策を積極的に支持する人は少なく、アイヌ民族を対象 にした各種の生活支援策に反発を感じる人が多いといえる。このように、文 化や知識の普及・啓発を目指す政策に関しては、理解や支持がある程度広がっ ているものの、アイヌの人々の生活支援に関してはいまだ十分な支持が得ら れていない状況だといえるだろう。

次に、こうした各種のアイヌ政策に対する支持の規定要因について検討し た。年齢に関しては、「雇用対策」や「教育支援」などの生活支援策に対して 影響を与えていることが確認された。高年齢層になるほど支持が強く、若年 層で支持が弱いという単純な線形の関係ではなく、40代および50代にお いて否定的な意識が強くなっていることが、特徴的な点としてあげられる。 こうした世代は、労働や子育てを、現役として中心的に担っている世代であ り、家計がおかれている状況や、あるいは行政による支援・補助金などに関 して、他の世代よりも敏感であると考えられる。それゆえ、アイヌのみを対 象にした各種の支援や補助金が「不公平」なものとして受け取られている可 能性があるといえるだろう。

学歴に関しては、大学卒の場合は「正しい理解」の提供など、アイヌに関 する知識の普及・啓発活動には賛成する傾向が見られた。ただし、その一方 で「雇用対策」や「教育支援」といった生活支援策に対するプラスの影響はほ とんど見られなかった。つまり、大学という高等教育機関で学ぶことは、ア イヌに関する「正しい理解」、あるいは教科書的な知識を得て、その啓発に 対する支持を広げることにはなるものの、現在の日本社会においてアイヌが おかれている状況や構造的な不平等を認識し、こうした不平等を是正する態 度の形成には結びついていないことが示唆される。カナダやオーストラリア における先行研究では、おおむね学歴が高いほど、経済的な支援を含む各種 の先住民政策に対して肯定的な態度を示しており、先行研究における知見と

異なる結果だといえる。多少大胆に解釈すると、日本における大学教育のあり方が教科書的な知識の教授に終始し、現代社会における構造的な問題について議論するような教育を十分に行えていないという状況が、こうした結果に影響を与えているのかもしれない。

　アイヌとの交流、アイヌに関する知識、アイヌ文化の体験といった要因の影響を確認すると、札幌市とむかわ町では、生活支援策への支持に対してアイヌとの交流による効果が見られたものの、多くの場合、単にアイヌと交流があるだけでは、アイヌ政策に対する支持の増加には結びつかないということが確認された。単なる接触・交流ではなく、アイヌに関する知識やアイヌ文化の経験が重要であり、こうした点については、先行研究において指摘されてきた知見、つまり接触の効果は限定的なものにとどまるという指摘と整合的な結果だといえる。

　最後に、地域的な要因の影響については、札幌市とむかわ町を比べた場合、むかわ町の住民の方が、各種のアイヌ政策に対して否定的な態度をとるという傾向が見られた。調査地域の概要において述べたように、むかわ町は人口に占めるアイヌ協会支部構成員の割合が２％を超えるアイヌ集住地域であるのに対して、札幌市はアイヌ非集住地域である。このような地域におけるアイヌの居住環境の違いが、アイヌ政策に対する支持の強弱を生み出しているものと考えられる。新ひだか町、白糠町、伊達市については、いずれもアイヌ集住地域であるため、札幌市とむかわ町の間ほど、政策に対する支持の差は明瞭ではない。ただし、それでも、アイヌ協会支部会員数の割合が相対的に高い新ひだか町において、アイヌ政策に対する支持が弱いという傾向が見られる。

　このように、アイヌ政策に対する肯定的／否定的態度は地域的な環境・文脈のなかで生み出される部分が大きいといえる。今後、各種のアイヌ政策に対する理解や支持を広げていくためには、地域におけるアイヌの居住環境を考慮に入れた上で、地域全体で理解の促進や知識の啓発活動に取り組んでいくことが必要になるだろう。

　また、自分が居住している地域への評価や満足度が、アイヌ政策の支持に対してかなりの程度影響を与えていた。逆に言うと、自分が居住している地

域を低く評価している人、地域から疎外されていると感じている人は、アイヌ政策に対しても否定的な態度をとるということになる。こうした結果をふまえて考えると、アイヌか和人かにかかわらず地域への包摂を進めていくこと、地域社会から疎外されているという感覚をなくし、地域に対する満足度を高めていくことが、今後、アイヌ政策を進めていく上で重要な観点になるといえるだろう。

注

1　選挙人名簿抄本から無作為に調査対象者を抽出したため、調査の回答者にはアイヌの人々も含まれている。調査票にアイヌ性を尋ねる質問は含まれていないため、基本的にはアイヌ民族であるか否かを識別することはできない。ただし、自由回答の記述などで明らかにアイヌ民族であることがわかる場合については分析から除外している。

2　いずれの地域における調査でも、アイヌの人々との交流の状況を「よくある」「たまにある」「あまりない」「ほとんどない」の4段階で尋ねており、これをアイヌとの交流との指標として用いた。

3　アイヌ文化の具体的な例として「カムイノミ（動物や物の霊送り）などの祭事」「イナウを捧げる」「歌と踊り・楽器」「工芸（編み物・刺繍・織物・木彫）」など14項目を選択肢として挙げた上で、知っているものがあると答えた場合に「1」、そうでない場合には「0」という数値を与えている。

4　アイヌ文化に関する知識の場合と同様に、アイヌ文化の具体例を選択肢として挙げた上で、体験したものがあると答えた場合に「1」、そうでない場合には「0」という数値を与えている。

5　調査では「住民のまとまりが強い」「新しく来た人でもなじみやすい」「誰でも自由にものが言える」「日常的なつきあいが盛ん」「昔からの文化・習慣を大事にする」「新しいものを積極的に取り入れる気風がある」という項目に対する賛否を4段階で尋ねており、これらの6項目を用いて算出した主成分得点を、居住地に関する評価の指標として用いている。

6　アイヌの人々を対象にして実施した調査では、産業振興策や雇用対策の拡充などに対して、自営業であることが強い影響を与えており、こうした政策を非常に重視するという傾向が見られる（濱田 2014）。

第4部

結　論

終　章

アイヌの人々をめぐる現状と課題

小内　透

　本書では、新ひだか町、伊達市、白糠町、札幌市、むかわ町の５つの地域
を対象に、アイヌ民族の復権の動きのなかで、アイヌの人々の生活や意識、
またアイヌの人々をとりまく社会的な状況がどのように変化しているのかを
明らかにしようとしてきた。本章では、そこで明らかになったことを、これ
までに発表してきた調査報告書の内容もふまえながら整理し、現代に生きる
アイヌの人々の現状と課題についてまとめを行う。

第1節　アイヌの人々の生活・意識とその背景

第1項　本調査プロジェクトの出発点

　本書のもとになった、先住民族多住地域調査プロジェクトの課題は、政府
が実施（しようと）するアイヌ政策の妥当性と課題をアイヌと和人の双方の立
場から検討することであった。この課題にこたえるために、われわれは、①
アイヌの人々の現実の生活実態と意識を解明すること、②アイヌの人々の生
活の歩みにも注目すること、③アイヌ民族や政府の政策に関する和人の評価
を明らかにすること、④和人とアイヌ民族との日常的な関係を把握すること
の４点を重視してきた（序章）。

　このうち、研究の出発点にしたのは、アイヌの人々の生活や意識の実態を
解明することである。そもそも、アイヌ研究は歴史や文化に関するものが主
流で、アイヌの人々の現状に焦点をあてた研究がほとんど存在しなかったか
らである。そのため、北海道大学アイヌ・先住民研究センターが北海道ウタ

リ協会（当時）の全面的な協力を得て 2008 年に実施した大規模な実態調査が、アイヌの人々の現状を把握する上で大きな意義を持った。この調査から明らかになったのは、世帯年収の低さ（平均 355.8 万円：北海道平均 440.6 万円）であり、生活保護率の高さ（平均 5.2%：北海道平均 3.9%）であった。その背後に、安定的な就業形態の者が少なく（常時雇用の比率 33.4%、全道平均 64.3%）、農林水産的職業（27.5%）と技能工・生産工程にかかわる職業（24.5%）が主流で、転職回数の多さが低所得と関連するという事実があった（中村 2010: 28、野崎 2014: 39）。

　ここで明らかになったアイヌの人々の経済的な厳しさは、学歴の低さとも関連していた。いずれの世代でも学歴水準は全国よりも低く、30 歳未満の大学進学率は 20.2%（全国 42.2%）にしかすぎなかった（小内編著 2010: 143）。学歴の低さが安定的な職業に従事することにつながらず、厳しい経済状況を生み出し、子どもの進学を抑制するという悪循環がもたらされていた。しかも、相対的に学歴水準の高い青年層の場合、大卒の学歴が個人収入の高さに結びつかないという現実も見られた（野崎 2014: 35-6）。

　アイヌの人々の経済状況の厳しさに関しては、かねてより問題にされており、1974 年から北海道ウタリ福祉対策（第 1 次〜第 4 次）、2002 年から「アイヌの人たちの生活向上に関する推進方策」（第 1 次〜第 3 次）に基づいて、様々な福祉対策がなされてきた。にもかかわらず、未だに厳しい状況におかれているアイヌの人々が少なからず存在していることが明らかになった[1]。

第2項　生活実態の厳しさと被差別経験

　2008 年の大規模な調査結果を通じて浮き彫りになった経済状況の厳しさと学歴の低さについては、本書で扱った 5 つの地域でのインタビュー調査でもほぼ共通に見られた（第 3 章）。インタビュー調査に基づく分析により、こうした事実が生み出される原因の 1 つに差別の問題があることが浮き彫りになった。差別の問題は、出身家庭の経済状況の厳しさ以上に大きいといってもよかった。

　壮年層や老年層にとくに多く見られたように、かつては学校における差別が激しかった[2]。そのため、上級の学校に行くのを避ける傾向があり、それが学歴の低さにつながっていた。学歴の低さは、アイヌの人々のつてを頼っ

て仕事を見つけたり、アイヌの人々に固有の職やアイヌの人たちが働きやすい職場に入ったりする傾向をもたらした。とくに、白糠ではその傾向が強く見られた。老人から若者まで、他地域と比べ学校で差別された経験を持つ者の割合が高く、高等教育を経験した者は皆無であった。白糠では、「漁業」が事実上男性「アイヌの職」として存在し、「アイヌ民芸品店」が女性「アイヌの職場」となる傾向が見られた。それは、事実上「アイヌ労働市場」が存在することを物語っている。白糠だけでなく、他の地域でも、アイヌの人が経営する職場に多くのアイヌの人々が働きにくる事例や、「水商売」に就くアイヌ女性の事例が多く見られた。経済状況の厳しさにつながる転職回数の多さも、アイヌとして差別されにくい職場や仕事を求めた結果なのかもしれない。その意味で、就職や転職の際に、アイヌの人々が「アイヌ労働市場」に導かれているという面は否定できなかった。その結果、職場での差別は他の場面での差別と比べ、それほど多く見出すことはできなかった（第7章）。いいかえれば、この実態はアイヌと和人の職場の棲み分けによって差別が抑止される「セグリゲーションによる生活共生」[3] の1つの姿といえるかもしれない。ただし、和人からの激しい差別は民族の内部での差異を「根拠」にした差別をもたらす傾向もあり、和人からの差別を逃れるだけでは差別の解消にはつながらないことも事実であった。

　これに対し、青年層の場合、中学や高校までしか進学しなかった者と大学などの高等教育へ進学した者がいた。前者には、被差別経験や貧困を背景にする場合もあった。それは、被差別経験をもとにした、親世代の低学歴と経済的な厳しさがもたらした現実でもある。だが、それだけでなく、ロール・モデルの不在、親の価値意識を核とした家庭の文化、限られた就業ルートによる意欲の低さなどが原因になっていたと解釈した方が理解しやすい場合もあった。後者は、学校での被差別経験が少なく、経済的に貧しいかどうかにかかわらず、進学を選択していた事例である。アイヌ民族に対する就学援助が役に立った者もいる。しかし、大卒であっても、それが高い収入の仕事に就くことにつながっていない現実もあった。ただし、それが、アイヌの若者に固有の現象か、それとも現代の若者に共通の現象なのかは、明確に判断することはできなかった。

こうして、壮年層・老年層の場合、被差別経験が低学歴と「アイヌ労働市場」への参入をもたらし、その結果、経済的条件の厳しい家庭で育つことになった青年層のなかに、経済的条件だけではなく、ロール・モデルの不在を始めとした非経済的条件により、低学歴や条件の悪い仕事に就く者が生じるようになっていた（第3章）。

第3項　差別から逃れる「戦略」と意識の変化

　壮年層以上のアイヌの人々には、「アイヌ労働市場」への参入とは別に、和人からの差別を逃れる「戦略」があった。ここでの「戦略」とは、ブルデュー（P. Bourdieu）の用法に基づいており、意識的なものだけでなく、無意識的な面を含めている（Bourdieu,P., 1979=1989: 199）。その意味での「戦略」として、和人との婚姻があった[4]。とくに、老年層や壮年層のアイヌ女性には、祖母や母親からアイヌ男性との結婚を避け、和人男性との結婚を勧められたとの語りが多く見られた。アイヌ男性に関しては、同様な語りはそれほど目につかなかったものの、和人女性と結婚する者も少なくなかった（第2章）。

　和人との結婚は、和人の親からの反対にあうことも多く、学校生活に次いで多くの差別が生み出される機会でもあった（第7章）。また、たとえ結婚できても、アイヌ女性と和人男性の婚姻の場合、和人男性のアイヌ女性に対する偏見などを背景として、離婚につながることも少なくなかった。それでも、結果的には、いずれの地域でも結婚を通じた混血化が進んでいた。ちなみに、調査対象地のなかでは白糠町で混血化が最も進んでおらず、それが和人からの差別の強さや学歴の低さの背景になっていた可能性がある。

　和人との結婚を通じた混血化の進展は、被差別体験の世代的低下をともないながら、アイヌとしてのエスニック・アイデンティティに変化をもたらした。2008年の北海道アイヌ生活実態調査の分析からも、アイヌの血筋が希薄化すればするほど、アイヌであることを意識する機会は少なくなっていたことがわかっている（小内透 2014a: 15）。なお、アイヌ女性は和人男性との結婚を通じてアイヌ・コミュニティから抜け出し、逆に和人女性はアイヌ男性との結婚によって、アイヌ・コミュニティの一員になる傾向が、これまでの分析によって示唆されている（小野寺 2012b: 140）。

第4部　結　論　301

　和人との結婚が、いわば「生物学的同化」だとすれば、アイヌ文化を避けることは「文化的同化」に他ならない。本書での分析によって、老年層には上の世代からアイヌ語やアイヌ文化が否定的なものとして扱われ、アイヌ語やアイヌ文化の断絶を勧められた者が多いことが明らかになった（第4章）。「アイヌ」という言葉さえ忌避され、1961年には北海道アイヌ協会の名称も北海道ウタリ協会に改められた[5]。その結果、アイヌ語やアイヌ文化は継承されず、壮年層にはアイヌ文化の体験のない者がさらに多くなった。

　しかし、1984年から各地のアイヌ古式舞踊が国の重要無形民俗文化財に指定され始め、1997年にアイヌ文化振興法が制定されたことなどにより、国内でアイヌ文化の価値を見直す機運が徐々に高まっていった。2008年にアイヌ民族が事実上先住民族として認められ、様々なアイヌ政策が推進されるようになってから、アイヌ文化を称揚する傾向はさらに強まった。こうした動きのなかで、徐々にアイヌの人々に対する和人からの差別は少なくなっていった。住民アンケート調査の結果を見ても、あからさまな差別意識は影を潜め、アイヌの人々に対する差別は否定されるべきだとする「規範」も定着しつつあると見てよい（第10章）。その結果、われわれのインタビュー調査でも、地域の違いなく、世代が若くなるにしたがって、学校での差別を含め、民族差別を体験したと語る者の比率は低下していた（第7章）。

　一方での被差別経験の減少、他方でのアイヌ文化の称揚という社会状況の変化は、アイヌの人々にも変化をもたらしている。本書で扱った5つの地域でも、アイヌとしてのエスニック・アイデンティティのあり方にそれが明確に現れていた。自らをアイヌとして意識しない者が多数派であることに変わりはないものの、かつてアイヌであることに否定的であった老年層や壮年層の意識が肯定的な方向で変化する傾向が、いずれの地域でも確実に見出せた。上の世代からアイヌ文化が意識的に継承されなかった老年層や壮年層のなかに、アイヌ文化を学び直したり、新たに学習したりする者も現れている（第5章）。

　青年層の場合、もともと被差別の経験が少なく、アイヌ文化が称揚される時代に育っているため、アイヌ文化やアイヌであることに関する意識は他の世代とは異なる傾向が見られた。なかには、アイヌ文化は「かっこいい」ものであると考える若者もおり、彼ら／彼女らはアイヌであるからというより、

302 終 章 アイヌの人々をめぐる現状と課題

文化の内容を根拠にアイヌ文化に興味を持つようになっていた。青年層の場合、全体として見ると、アイヌ文化を実践している者の比率は壮年層よりも多かった。しかし、他の世代とは異なり、アイヌ文化の実践がアイヌとしてのエスニック・アイデンティティを強化する傾向は今の時点では必ずしも見出せなかった。エスニック・アイデンティティのあり方とは切り離した形で、アイヌ文化それ自体に興味を抱き実践するアイヌの人々が生まれているのである（第4章、第5章）。

第2節　アイヌ政策に対する評価と和人との交流

第1項　アイヌ政策に対する評価の違い

　国や北海道のアイヌ政策・アイヌ施策は、アイヌの人々の生活や意識に関する今後のあり方に大きな影響を与える。これまでのアイヌ政策は、明治期の同化をめざしたものから1974年以降の「保護」・福祉あるいは「生活向上」に重点をおいたものに変化し、1997年のアイヌ文化振興法以降は文化政策を推進する方向でさらにその力点を徐々に移動させている。国と道の予算を見ると、アイヌ関係予算は全体として増額しているものの、「生活向上」の予算が減少する一方、「文化振興」予算が大幅な伸びを示している。

　これに対し、市町レベルでは、アイヌ文化を町の自立の中心にすえた白糠町のように、アイヌ政策と市政・町政が強く結びつくことで独自のアイヌ政策が見られる場合がある。だが、逆に、アイヌ政策と市政・町政とがあまり関係しない場合、その地域のアイヌ政策は旧来の「生活向上」が中心となりやすいことが指摘できた（第1章）。

　こうしたアイヌ政策に対して、和人とアイヌの人々はどのように評価しているのであろうか。まず共通の傾向として指摘できるのは、差別の解消、アイヌ語・アイヌ文化を守る、アイヌ民族やアイヌ文化に対する正しい理解の提供といった政策や施策に対する肯定的な評価である。これらの項目については、いずれの地域においても、和人であろうとアイヌであろうと同様に評価している。しかし、アイヌの人々に対する雇用対策や教育支援については、すべての地域で大きく異なっている。アイヌの人々は多くの者が雇用対策や

教育支援を望んでいるのに対し、これらの政策を肯定する和人 (地域住民) は少ない。また、アイヌの人々に特別な施策を行うべきでないとする意見も和人 (地域住民) に多く、アイヌの人々には少ない。和人 (地域住民) とアイヌの人々の間には、アイヌの人々に対する固有の生活支援策に関して評価の違いがあるということである (第10章、濱田 2014)。

この相違は、重視する必要がある。なぜなら、経済不況が続く中で、アイヌの人々だけに生活支援を行っていると和人 (地域住民) が受けとめてしまえば、アイヌ政策に対してだけでなく、アイヌの人々に対しても批判の目が向けられてしまいかねない。旧来の「生活向上」のイメージでアイヌ政策を捉えている和人が、アイヌ政策の予算が増額していると聞かされれば、アイヌ民族に「特権」が与えられているかのような認識を持つ可能性がある。それは、アイヌ政策の実態を正確に反映していないにもかかわらず、アイヌ民族に対するバックラッシュの動きにつながるおそれもある。

そこでは、一方で、アイヌの人々がおかれた現状とその背景について地域や国全体で理解の促進や知識の啓発活動に取り組んでいく必要がある。その取り組みは、一般的な人権思想の啓発にとどまらず、アイヌの人々に対する過去の同化、抑圧や収奪の歴史とその影響について、広く周知できるものでなければならない。他方で、アイヌ政策・アイヌ施策を時代に合わせて修正していくことが必要になるであろう。差別の経験が多く、生活条件も厳しかった白糠のアイヌの人々から他地域と比べ様々な要求が強く出されていることを考慮すると、地域の実情に合わせた政策・施策のあり方も考えた方がよいかもしれない。

第2項　アイヌの人々と和人との交流

ただし、アイヌ政策に対するアイヌの人々と和人 (地域住民) との評価の相違は、両者の日常生活における交流のあり方によっても左右される側面がある (第8章、第9章)。「セグリゲーションによる生活共生」の度合いが強く、日常生活で両者の交流が少なければ、互いの生活の理解や共感ができないままに政策評価をすることになり、現実をふまえない結果につながることになりかねない。新ひだかとむかわでは、アイヌの人々と和人 (地域住民) の交流が盛ん

であり、札幌ではほとんどないという状態である。しかも、札幌以外の地域では、世代が若くなるにしたがって、交流頻度は低下しており、札幌ではいずれの世代もアイヌの人々との日常的な交流経験はほとんどない。これらの地域の間においては、同じくアイヌの人々と和人（地域住民）のアイヌ政策に対する評価の違いがあっても、その意味は異なる。また、アイヌの人々がどのような和人（地域住民）とどのような交流をしているのかによっても、アイヌ政策に対する評価は異なると考えるべきであろう。実際、地域住民同士の交流の網の目に深くコミットしている人の方がそうでない人よりも、アイヌの人々への生活支援に理解を示す傾向があることが指摘されている（新藤慶2016）。

　しかし、アイヌの人々との交流頻度に違いがあるとはいえ、いずれの地域においても、和人（地域住民）がアイヌ文化などの情報を入手するのは、施設や展示物、マスメディアなどを通じてのことが多い。たしかに、アイヌの人々との交流の多いむかわや新ひだかでは、家族や親族、友人からいわばインフォーマルな形でアイヌ文化を学ぶ機会が他の地域よりも相対的に多く、白糠のようにアイヌの祭りやアイヌ文化に関する団体活動がアイヌ文化を学ぶ機会になる点が相対的に目につく地域もある。しかし、いずれの場合にも、全体として見れば、アイヌの人々自身からインフォーマルな形でアイヌ文化の情報を入手する機会は少ない。アイヌとしてのアイデンティティを肯定的な方向で変化させ、アイヌ文化の学び直しをする者が徐々に現れているとはいえ、一部の地域の取り組みを除くと、アイヌの人々自身がアイヌとして地域住民（和人）にアイヌ文化を伝達するまでには至っていないということであろう（第9章）。

　以上の点をふまえると、かつての被差別体験をのりこえながら、「アイヌ労働市場」に象徴されるような「セグリゲーションによる生活共生」の傾向を弱め、和人（地域住民）との日常的な交流を通して「コミュナルな生活共生」の方向へ取り組みを進めることが重要な意味を持つであろう。アイヌの人々に対するあからさまな差別は弱化し、アイヌ文化が称揚される時代に合わせて、様々なメディアを通じた情報提供をすることも意義がある。それは、和人にとってだけでなく、アイヌの人々にとっても、重要である。和人にとってはアイヌ文化とともにアイヌの人々が被ってきた歴史的な抑圧や現在の状況を理解する上で、メディアを通じた情報提供は大きな意義を持っている。同時

に、それは、アイヌの人々にとって、歴史的な文化的同化のプロセスのなかで忘失してしまった自らの民族文化を自らの手に取り戻す点で、重要な役割を果たすことになる（第6章）。

おわりに

2008年に実施した北海道アイヌ民族生活実態調査は、現代に生きるアイヌの人々の厳しい生活実態を浮き彫りにした。しかし、その背景に何があるのかは必ずしも明確にならなかった。一般には、近世以来の和人による収奪、近代以降の同化政策、北海道開拓による土地の収奪、強制的な移住などが歴史的な背景として指摘されてきた。だが、実際に現代を生きる人々の厳しい生活実態を、これらの歴史的な背景だけから説明するのは難しい。

本書では、現代を生きる人々の生活の歩みと彼らの意識に注目して、この問題にせまった。上述のように、ここで明らかになったことは、被差別経験の重みであり、それが厳しい生活実態につながる論理であった。だが、同時に、差別的な環境が弱まり、アイヌ文化が称揚されると、エスニック・アイデンティティは変化し、自らアイヌ文化を見直す傾向が生じていることも明らかになった。にもかかわらず、厳しい生活状況の下におかれた人々が少なくないことも事実である。そのため、アイヌの人々のなかで、国や北海道に対して「生活向上」に向けた政策を要求する傾向は強かった。ただし、地域住民（和人）は差別の解消やアイヌ文化の保護については積極的な評価をするものの、アイヌの人々に対する「生活向上」策に対しては消極的であった。

第二次世界大戦後の日本のアイヌ政策は、世界の先住民運動の影響を受けながら変化してきた。1997年に北海道旧土人保護法が廃止されアイヌ文化振興法が制定された。さらに、2007年の「先住民族の権利に関する国際連合宣言」の採択と2008年の「アイヌ民族を先住民族とすることを求める決議」を契機として、積極的なアイヌ政策が展開されるようになっている。

その意味で、現在は、世界的な先住民の復権の動きに影響を受けながら、アイヌ民族の復権の取り組みが進む歴史段階だといえる。ただし、そこで展開される政策は、現代に生きるアイヌの人々と和人がともに納得できる内容

である必要がある。その点で、本書で明らかになったアイヌの人々の生活・意識の実態とその背景および地域住民（和人）のアイヌの人々やアイヌ政策に対する評価のギャップは重要な意味がある。今後、国や北海道は、これらの点をふまえたアイヌ政策・アイヌ施策を推進していくことが求められている。

　その上で、さらに長期的に見た場合、先住民族政策の本質的なあり方についても、議論を深めていくことが必要であろう。それは、北欧のサーミを事例にした研究（小内編著 2018）のまとめでも指摘したように、世界的な課題でもある。アイヌ民族と比べ、先住民族としての復権が著しく進んでいるサーミの場合（小内編著 2018）にも、多様な国民とのコミュナルな生活共生に向けた取り組みが長期的な課題として浮かびあがった。その意味で、アイヌ民族を含め、先住民族の復権が進む歴史段階である現在、その後の未来に求められる先住民族政策のあり方を検討しておくべきであろう。ここでは、この点を指摘して、本書のまとめとする。

注

1　これに対し、スウェーデンで実施したサーミ調査（郵送調査）では、ほとんどのサーミが学歴や所得の水準に関して、国民一般と大きく変わらなかった（小内編著（2017）の第7章参照）。ともに先住民族であっても、国によって事情が大きく異なることがわかる。

2　2008年の配布調査では、差別の問題についてあえて扱わなかった。なぜなら、被差別経験の有無を尋ねたとしても、文脈と内容をふまえなければ、差別の問題は正確には把握できないからである。本研究プロジェクトでは、インタビュー調査により、文脈と内容を考慮して差別の問題を把握した。

3　小内（2005）の第11章「システム共生と生活共生」において、外国人とホスト住民との関係を例にとり、生活共生の諸形態について論じている。そこでは、一方の極に、外国人とホスト住民が「棲み分け」の状態にある「セグリゲーションによる生活共生」、他方の極に、両者が互いに偏見なく、対等な立場で、日常的にコミュニケーションをとり、新たな共同関係ができている「コミュナルな生活共生」が想定されている。そして、両者の間に「特定階層間の生活共生」や「特定パーソンの生活共生」等の諸形態が存在しうることが提起されている。

4　北欧の先住民族・サーミのなかでもとくに厳しい状況におかれ、マイノリティのなかのマイノリティとされるフィンランドのスコルト・サーミの母親たちは、アイヌと同様に、貧困と差別から逃れるため、娘たちをフィンランド人と結婚させようとしたといわれる（小内編著 2018: 46）。

5　その後、北海道ウタリ協会は、2009年に再度、北海道アイヌ協会に改称された。

参考文献

アイヌ文化振興・研究推進機構 , 2016a,『平成 27 年度 事業報告書』.

――――, 2016b,『別添資料 平成 27 年度 事業報告書（各種助成事業等の実績）』.

アイヌ政策のあり方に関する有識者懇談会 , 2009,『アイヌ政策のあり方に関する有識者懇談会報告書』.

アイヌ政策推進会議「北海道外アイヌの生活実態調査」作業部会 , 2011,『「北海道外アイヌの生活実態調査」作業部会報告書』.

新井かおり , 2014,「戦後のナラティブ・ターンから眺めるアイヌの諸運動」『応用社会学研究』56: 225-40.

――――, 2015,「北海道アイヌ協会小史 ―― 国とアイヌのはざま」岡和田晃／マーク・ウィンチェスター編『アイヌ民族否定論に抗する』河出書房新社 , 212-9.

馬場優子 , 1972,「日本におけるマイノリティー研究への一試論――アイヌ系住民の事例研究」『民族學研究』37(3): 214-38.

Bourdieu, P., 1979, *La Distinction: Critique sociale du jugement*, Paris: Éditions de Minuit. (=1989, 石井洋二郎訳『ディスタンクシオン Ⅰ』新評論）.

Castles, S. and M. Miller, 1993, *Age of Migration*, London: Macmillan. (=1996, 関根政美・関根薫訳『国際移民の時代』名古屋大学出版会）.

Denis, J. S., 2015, "Contact Theory in a Small-Town Settler-Colonial Context: The Reproduction of Laissez-Faire Racism in Indigenous-White Canadian Relations", *American Sociological Review*, 80(1): 218-42.

榎森進 , 2007,『アイヌ民族の歴史』草風館 .

――――, 2010,「これからのアイヌ史研究にむけて」北海道大学アイヌ・先住民研究センター編『アイヌ研究の現在と未来』北海道大学出版会 , 20-58.

遠藤匡俊 , 2004,「1800 年代初期のアイヌの社会構造と命名規則の空間的摘要範囲」『地理学評論』77(1): 19-39.

福岡安則 , 2012,「差別」大澤真幸・吉見俊哉・鷲田清一編『現代社会学事典』弘文堂 , 486.

Giddens, A., 2001, *Sociology 4th ed.*, Cambridge: Polity Press. （= 2004, 松尾精文ほか訳『社会学』而立書房）.

濱田国佑 , 2012,「アイヌ社会における差別の問題――生活史から見る民族内差別」小内透編著『北海道アイヌ民族生活実態調査報告　その 2　現代アイヌの生活の歩みと意識の変容――2009 年北海道アイヌ民族生活実態調査報告書』北海道大学アイヌ・先住民研究センター , 157-68.

――――, 2014,「アイヌ民族の不公平感およびアイヌ政策評価の規定要因」小内透編著『北海道アイヌ民族生活実態調査報告　その 3　現代アイヌの生活と意識の多様性――2008 年北海道アイヌ民族生活実態調査再分析報告書』北海道大学アイヌ・先住民研究センター , 125-39.

花崎皋平 , 1998,「共生の理念と現実 ―― アイヌ文化振興法の成立と『共生』の今後」『岩波講座　現代の教育　第 5 巻　共生の教育』岩波書店 , 3-25.

長谷川由希 , 2001,「アイヌ民族の女性をめぐる暴力」反差別国際運動日本委員会編『マイノリティ女性が世界を変える！――マイノリティ女性に対する複合差別』解放出版社 , 20-2.

日比野純一 , 2010,「マイノリティの社会参加を促すコミュニティラジオ ―― ＦＭわぃわぃ

を持続可能にする仕組み」松浦さと子・川島隆編著『コミュニティメディアの未来』
　　晃洋書房, 14-28.
――――, 2016,「ＦＭわぃわぃはなぜ地上波放送をやめたのか」『放送レポート』260: 2-6.
東村岳史, 1995,「アイヌ民族復権運動前史――『空白期』の理解をめぐって」『国際開発研
　　究フォーラム』名古屋大学大学院国際開発研究科, 3: 19-30.
――――, 2000,「「状況としての『アイヌ』」の思想と意義――『アヌタリアイヌ』による
　　＜アイヌ＞表象の問い直し」『解放社会学研究』14: 39-75.
――――, 2001,「『文化財』としての『アイヌ古式舞踊』」『解放社会学研究』15: 98-118.
――――, 2006,『戦後期アイヌ民族―和人関係史序説――1940年代後半から1960年代後半
　　まで』三元社.
――――, 2013,「アイヌの頭蓋骨写真報道が意味するもの――過去の『露頭』の発見と発掘」
　　『国際開発研究フォーラム』43: 1-16.
平村芳美, 1973,「アイヌと＜日本＞の中で名のるとき――葦の会からアヌタリアイヌへ」
　　『北方文芸』6(6): 27-9.
北海道アイヌ協会, 2013,「北海道アイヌ協会支部一覧表」,（2015年4月9日取得,
　　https://www.ainu-assn.or.jp/about02.html）.
北海道日高支庁, 1965,『日高地方におけるアイヌ系住民の生活実態とその問題点』.
北海道環境生活部, 2000,『平成11年北海道ウタリ生活実態調査報告書』.
――――, 2007,『平成18年北海道アイヌ生活実態調査報告書』.
――――, 2014,『平成25年北海道アイヌ生活実態調査報告書』.
北海道教育委員会, 1985,『北海道教育委員会第37年報（昭和59年度)』.
――――, 1988,『北海道教育委員会第40年報（昭和62年度)』.
――――, 1996,『北海道教育委員会第48年報（平成7年度)』.
北海道教育庁振興部文化課編, 1976,『昭和50年度　アイヌ民俗文化財緊急調査報告書（無
　　形文化財1）』.
北海道民生部, 1960a,『北海道旧土人集落地区の概況』.
――――, 1960b,『不良環境地区対策の推進について』.
――――, 1973,『昭和47年北海道ウタリ実態調査報告』.
――――, 1979,『昭和54年北海道ウタリ生活実態調査報告』.
――――, 1986,『昭和61年北海道ウタリ生活実態調査報告書』.
北海道生活福祉部, 1994,『平成5年北海道ウタリ生活実態調査報告書』.
北海道ウタリ協会, 1983,『先駆者の集い』33.
――――, 1984,『先駆者の集い』34.
北海道ウタリ協会アイヌ史編集委員会編, 1994,『アイヌ史――北海道アイヌ協会・北海道
　　ウタリ協会活動史編』北海道出版企画センター.
池田寛, 1987,「日本社会のマイノリティと教育の不平等」『教育社会学研究』42: 51-69.
煎本孝, 2001,「まりも祭りの創造――アイヌの帰属性と民族的出自」『民族学研究』66(3):
　　320-43.
石田英一郎ほか, 1952,「沙流アイヌの共同調査報告」『民族學研究』16(3・4): 186-310.
石田肇, 2006,「北海道の古人骨」アイヌ民族に関する指導資料編集委員会編『アイヌ民族
　　に関する指導資料（改訂3版）』財団法人アイヌ文化振興・研究推進機構, 10-6.
伊藤直哉・八幡耕一, 2004,「先住民族メディア論の理論化に向けた社会的機能についての
　　考察――関連する国際機関の概観とともに」『大学院国際広報メディア研究科言語文
　　化部紀要』北海道大学, 47: 1-26.

伊藤泰信, 1996,「アイヌの現在の民族誌に向けて」『民族學研究』61(2): 302-13.

金倉義慧, 2006,『旭川・アイヌ民族の近現代史』高文研.

萱野志朗, 2008,「アイヌ語を伝えるＦＭピパウシ――先住民族の立場から」松浦さと子・小山帥人編著『非営利放送とは何か　市民が創るメディア』ミネルヴァ書房, 103-12.

菊地千夏, 2012,「アイヌの人々への差別の実像――生活史に刻まれた差別の実態」小内透編著『北海道アイヌ民族生活実態調査報告　その２　現代アイヌの生活の歩みと意識の変容』北海道大学アイヌ・先住民研究センター, 143-56.

――――, 2013,「アイヌ差別の諸相――民族差別と民族内差別」小内透編著『調査と社会理論・研究報告書30　新ひだか町におけるアイヌ民族の現状と地域住民』北海道大学大学院教育学研究院教育社会学研究室, 38-50.

菊地達夫, 2002,「アイヌ民族における生活福祉の動態と空間構造」『北方圏生活福祉研究所年報』8: 1-10.

児島恭子, 2003,『アイヌ民族史の研究――蝦夷・アイヌ観の歴史的変遷』吉川弘文館.

河野本道, 1996,『アイヌ史／概説』北海道出版企画センター.

厚生労働省大臣官房統計情報部, 2009,『平成20年賃金構造基本統計調査』,（2017年3月17日取得, http://www.mhlw.go.jp/toukei/itiran/roudou/chingin/kouzou/z2008/dl/gakureki.pdf）.

Marshall, T., 1992, *Citizenship and Social Class*, London: Pluto. (=1993, 岩崎信彦・中村健吾訳『シティズンシップと社会的階級』法律文化社）.

松本和良, 1998,「ウタリ社会における生活の質（Ⅰ）」『ソシオロジカ』23(1): 47-75.

――――, 1999,「ウタリ社会における生活の質（Ⅱ）」『ソシオロジカ』24(1): 15-39.

――――, 2001,「現代アイヌ民族の社会構造と潜在変数」『中央大学社会科学研究所年報』6: 147-67.

松本和良・江川直子編, 2001,『アイヌ民族とエスニシティの社会学』学文社.

松本和良・石郷岡泰・太田博雄, 1995,「現代ウタリ社会と差別・偏見――浦河町の社会調査を中心として」『ソシオロジカ』20(2): 1-47.

松本和良・大黒正伸編著, 1998,『ウタリ社会と福祉コミュニティ――現代アイヌ民族をめぐる諸問題』学文社.

的場光昭, 2009,『「アイヌ先住民族」その真実――疑問だらけの国会決議と歴史の捏造』展転社.

――――, 2012,『アイヌ先住民族、その不都合な真実20』展転社.

――――, 2014,『アイヌ民族って本当にいるの？　金子札幌市議、「アイヌ、いない」発言の真実』展転社.

籾岡宏成, 2007a,「少数者の人権保護に関する意識と裁判所の機能――『二風谷ダム判決』および『アイヌ文化振興法』をめぐるアンケート調査の統計的分析からの示唆」『法學新報』113(5/6): 33-75.

――――, 2007b,「多数者と少数者の人権意識・前編：アイヌ文化振興法をめぐる意識調査の統計的分析からの一考察」『北海道教育大学紀要 人文科学・社会科学編』58(1): 29-41.

――――, 2008,「多数者と少数者の人権意識・後編：アイヌ文化振興法をめぐる意識調査の統計的分析からの一考察」『北海道教育大学紀要 人文科学・社会科学編』58(2): 17-25.

文部科学省, 2009,『平成20年度児童生徒の問題行動等生徒指導上の諸問題に関する調査』,（2017年3月17日取得, http://warp.da.ndl.go.jp/info:ndljp/pid/286184/www.mext.go.jp/b_

menu/houdou/21/08/__icsFiles/afieldfile/2009/08/06/1282877_1_1.pdf）．

———, 2014,『報道発表　学生の中途退学や休学等の状況について』,（2017 年 3 月 17 日　取　得 , http://www.mext.go.jp/b_menu/houdou/26/10/__icsFiles/afieldfile/2014/10/08/1352425_01.pdf）．

———, 2016,『学校基本調査』,（2017 年 3 月 17 日取得 ,　http://www.mext.go.jp/b_menu/toukei/chousa01/kihon/1267995.htm）．

森傑 , 2012,「生活館という文脈 —— 北海道・新ひだか町」『建築雑誌』127(1628): 32.

鵡川町史編集委員会 , 1991,『続鵡川町史　通史編』.

鍋島祥郎 , 1993,「『部落』マイノリティと教育達成——J.U. オグブの人類学的アプローチをてがかりに」『教育社会学研究』52: 208-31.

永吉希久子 , 2014,「外国籍者への権利付与意識の規定構造 —— 潜在クラス分析を用いたアプローチ」『理論と方法』29(2): 345-61.

内閣府大臣官房政府広報室 , 2013,「アイヌ政策に関する世論調査」,（2017 年 2 月 26 日取得 , http://survey.gov-online.go.jp/h25/h25-ainu/index.html）．

———, 2016a,「国民のアイヌに対する理解度に関する世論調査」,（2017 年 2 月 26 日取得 , http://survey.gov-online.go.jp/tokubetu/tindex-h27.html）．

———, 2016b,「国民のアイヌに対する理解度に関する世論調査（平成 28 年 1 月）, 参考資料（アイヌの人々を対象とした調査結果との比較）」,（2017 年 2 月 26 日取得 , http://survey.gov-online.go.jp/tokubetu/h27/h27-ainusanko.pdf）．

内閣官房アイヌ総合政策室 , 2016,「『国民のアイヌに対する理解度についての意識調査』報告書」,（2017 年 2 月 26 日取得 , http://www.kantei.go.jp/jp/singi/ainusuishin/pdf/rikaido_houkoku160322.pdf）．

中村康利 , 2009,『アイヌ民族、半生を語る——貧困と不平等の解決を願って』クルーズ．

———, 2010,「労働と収入の実態」小内透編著『北海道アイヌ民族生活実態調査報告　その 1　現代アイヌの生活と意識——2008 年北海道アイヌ民族生活実態調査報告書』北海道大学アイヌ・先住民研究センター , 27-48.

西田菜々絵・小内透 , 2015,「アイヌ民族の初職と職歴」小内透編著『調査と社会理論・研究報告書 33　白糠町におけるアイヌ民族の現状と地域住民』北海道大学大学院教育学研究院教育社会学研究室 , 49-64.

野崎剛毅 , 2010a,「アイヌの血統とアイデンティティ」小内透編著『北海道アイヌ民族生活実態調査報告　その 1　現代アイヌの生活と意識——2008 年北海道アイヌ民族生活実態調査報告書』北海道大学アイヌ・先住民研究センター , 19-26.

———, 2010b,「教育不平等の実態と教育意識」小内透編著『北海道アイヌ民族生活実態調査報告　その 1　現代アイヌの生活と意識——2008 年北海道アイヌ民族生活実態調査報告書』北海道大学アイヌ・先住民研究センター , 59-71.

———, 2012a,「世代によるアイヌの多様性」小内透編著『北海道アイヌ民族生活実態調査報告　その 2　現代アイヌの生活の歩みと意識の変容——2009 年北海道アイヌ民族生活実態調査報告書』北海道大学アイヌ・先住民研究センター , 19-38.

———, 2012b,「階層形成過程と階層分化の要因——階層形成過程としての生活史」小内透編著『北海道アイヌ民族生活実態調査報告　その 2　現代アイヌの生活の歩みと意識の変容——2009 年北海道アイヌ民族生活実態調査報告書』北海道大学アイヌ・先住民研究センター , 95-108.

———, 2014,「『アイヌの貧困』の諸リスク」小内透編著『北海道アイヌ民族生活実態調査報告　その 3　現代アイヌの生活と意識の多様性——2008 年北海道アイヌ民族生活

実態調査再分析報告書』北海道大学アイヌ・先住民研究センター, 27-44.
小川正人, 1997,『近代アイヌ教育制度史研究』北海道大学出版会.
小川正人・山田伸一, 1998,『アイヌ民族　近代の記録』草風館.
岡和田晃／マーク・ウィンチェスター編, 2015,『アイヌ民族否定論に抗する』河出書房新社.
小内純子, 2003,「コミュニティＦＭ放送局の全国的展開と北海道の位置」『社会情報』札幌学院大学社会情報学部, 12(2): 1-14.
―――, 2013a,「サーミ・メディアの展開と現段階」小内透編著『調査と社会理論・研究報告書 29　ノルウェーとスウェーデンのサーミの現状』北海道大学大学院教育学研究院教育社会学研究室, 146-62.
―――, 2013b,「アイヌの先住民族メディアの現段階」小内透編著『調査と社会理論・研究報告書 30　新ひだか町におけるアイヌ民族の現状と地域住民』北海道大学大学院教育学研究院教育社会学研究室, 68-77.
―――, 2014a,「コミュニティ放送局の推移と今日的状況――2003年以降を中心に」『社会情報』札幌学院大学総合研究所, 23(1): 1-20.
―――, 2014b,「アイヌの人々とメディア環境」小内透編著『調査と社会理論・研究報告書 31　伊達市におけるアイヌ民族の現状と地域住民』北海道大学大学院教育学研究院教育社会学研究室, 71-82.
―――, 2015a,「ノルウェーのサーミ・メディアの現状と利用状況」小内透編著『調査と社会理論・研究報告書 32　ノルウェー・フィンマルク地方におけるサーミの現状』北海道大学大学院教育学研究院教育社会学研究室, 123-49.
―――, 2015b,「サーミ・メディアとメディア利用の現状」野崎剛毅編著『スウェーデン・サーミの生活と意識――国際郵送調査からみるサーミの教育、差別、民族・政治意識、メディア』札幌国際大学短期大学部幼児教育保育学科, 71-94.
―――, 2015c,「アイヌの人々のメディア環境とアイヌ語教室」小内透編著『調査と社会理論・研究報告書 33　白糠町におけるアイヌ民族の現状と地域住民』北海道大学大学院教育学研究院教育社会学研究室, 125-40.
―――, 2016a,「フィンランドのサーミ・メディアの現状と利用状況」小内透編著『調査と社会理論・研究報告書 34　フィンランドにおけるサーミの現状』北海道大学大学院教育学研究院教育社会学研究室, 137-55.
―――, 2016b,「アイヌの人々のメディア利用と情報発信」小内透編著『調査と社会理論・研究報告書 35　先住民族多住地域の社会学的研究』北海道大学大学院教育学研究院教育社会学研究室, 117-33.
小内透, 2005,『教育と不平等の社会理論――再生産論をこえて』東信堂.
―――, 2012,「調査の概要と分析の視点」小内透編著『北海道アイヌ民族生活実態調査報告　その2　現代アイヌの生活の歩みと意識の変容――2009年北海道アイヌ民族生活実態調査報告書』北海道大学アイヌ・先住民研究センター, 9-17.
―――, 2013,「問題の所在」小内透編著『調査と社会理論・研究報告書 30　新ひだか町におけるアイヌ民族の現状と地域住民』北海道大学大学院教育学研究院教育社会学研究室, 1-13.
―――, 2014a,「混血化の実相と趨勢」小内透編著『北海道アイヌ民族生活実態調査報告　その3　現代アイヌの生活と意識の多様性――2008年北海道アイヌ民族生活実態調査再分析報告書』北海道大学アイヌ・先住民研究センター, 11-25.
―――, 2014b,「問題の所在」小内透編著『調査と社会理論・研究報告書 31　伊達市におけるアイヌ民族の現状と地域住民』北海道大学大学院教育学研究院教育社会学研究

室 , 1-17.

———, 2015,「問題の所在」小内透編著『調査と社会理論・研究報告書 33　白糠町におけるアイヌ民族の現状と地域住民』北海道大学大学院教育学研究院教育社会学研究室 , 1-18.

———, 2016,　「調査報告のまとめ」小内透編著『調査と社会理論・研究報告書 35　先住民族多住地域の社会学的研究』北海道大学大学院教育学研究院教育社会学研究室 , 259-63.

小内透編著 , 2010,『北海道アイヌ民族生活実態調査報告　その 1　現代アイヌの生活と意識——2008 年北海道アイヌ民族生活実態調査報告書』北海道大学アイヌ・先住民研究センター .

———, 2012,『北海道アイヌ民族生活実態調査報告　その 2　現代アイヌの生活の歩みと意識の変容——2009 年北海道アイヌ民族生活実態調査報告書』北海道大学アイヌ・先住民研究センター .

———, 2013,『調査と社会理論・研究報告書 30　新ひだか町におけるアイヌ民族の現状と地域住民』北海道大学大学院教育学研究院教育社会学研究室 .

———, 2014a,『北海道アイヌ民族生活実態調査報告　その 3　現代アイヌの生活と意識の多様性——2008 年北海道アイヌ民族生活実態調査再分析報告書』北海道大学アイヌ・先住民研究センター .

———, 2014b,『調査と社会理論・研究報告書 31　伊達市におけるアイヌ民族の現状と地域住民』北海道大学大学院教育学研究院教育社会学研究室 .

———, 2015a,『調査と社会理論・研究報告書 33　白糠町におけるアイヌ民族の現状と地域住民』北海道大学大学院教育学研究院教育社会学研究室 .

———, 2015b,『北海道アイヌ民族生活実態調査報告　その 4　地域住民のアイヌ政策への評価とアイヌの人々との社会関係——2014 年アイヌ民族多住地域住民調査報告書』北海道大学アイヌ・先住民研究センター .

———, 2016,『調査と社会理論・研究報告書 35　先住民族多住地域の社会学的研究』北海道大学大学院教育学研究院教育社会学研究室 .

———, 2018,『先住民族の社会学 1　北欧サーミの復権と現状』東信堂 .

小内透・長田直美 , 2012,「アイヌとしてのアイデンティティの形成と変容」小内透編著『北海道アイヌ民族生活実態調査報告　その 2　現代アイヌの生活の歩みと意識の変容——2009 年北海道アイヌ民族生活実態調査報告書』北海道大学アイヌ・先住民研究センター , 169-81.

小内透・梅津里奈 , 2012,「家族の形成と再編」小内透編著『北海道アイヌ民族生活実態調査報告　その 2　現代アイヌの生活の歩みと意識の変容——2009 年北海道アイヌ民族生活実態調査報告書』北海道大学アイヌ・先住民研究センター , 109-21.

小野寺理佳 , 2012a,「アイヌとジェンダー」小内透編著『北海道アイヌ民族生活実態調査報告　その 2　現代アイヌの生活の歩みと意識の変容——2009 年北海道アイヌ民族生活実態調査報告書』北海道大学アイヌ・先住民研究センター , 61-93.

———, 2012b,「アイヌ社会における和人のアイヌ性——和人妻と和人夫」小内透編著『北海道アイヌ民族生活実態調査報告　その 2　現代アイヌの生活の歩みと意識の変容——2009 年北海道アイヌ民族生活実態調査報告書』北海道大学アイヌ・先住民研究センター , 123-42.

———, 2013,「アイヌの人々との接触・交流と社会関係」小内透編著『調査と社会理論・研究報告書 30　新ひだか町におけるアイヌ民族の現状と地域住民』北海道大学大学

院教育学研究院教育社会学研究室, 81-112.
―――, 2014,「地域住民とアイヌの人々との交流関係――社交と結婚」小内透編著『調査と社会理論・研究報告書 31 伊達市におけるアイヌ民族の現状と地域住民』北海道大学大学院教育学研究院教育社会学研究室, 85-115.
―――, 2015a,「アイヌの人々との多様な交流――クラスメートから結婚まで」小内透編著『調査と社会理論・研究報告書 33 白糠町におけるアイヌ民族の現状と地域住民』北海道大学大学院教育学研究院教育社会学研究室, 141-69.
―――, 2015b,「地域住民とアイヌの人々との交流状況――札幌市とむかわ町」小内透編著『北海道アイヌ民族生活実態調査報告 その 4 地域住民のアイヌ政策への評価とアイヌの人々との社会関係――札幌市とむかわ町を対象にして』北海道大学アイヌ・先住民研究センター, 13-50.
―――, 2016,「接触・交流と社会関係――各地域の比較検討から見えてくるもの」小内透編著『調査と社会理論・研究報告書 35 先住民族多住地域の社会学的研究』北海道大学大学院教育学研究院教育社会学研究室, 137-75.
大黒正伸, 1997,「ウタリ社会における文化葛藤の問題――伊達市の社会調査から」『ソシオロジカ』22(1): 71-108.
―――, 1998a,「社会運動としての北海道ウタリ協会」松本和良・大黒正伸編著『ウタリ社会と福祉コミュニティ――現代アイヌ民族をめぐる諸問題』学文社, 134-61.
―――, 1998b,「ウタリ社会と文化的記憶の葛藤――伊達市の社会調査」松本和良・大黒正伸編著『ウタリ社会と福祉コミュニティ――現代アイヌ民族をめぐる諸問題』学文社, 162-99.
大竹秀樹, 2010,「日本政府のアイヌ民族政策について――国際人権監視機関から考える」『日本福祉大学研究紀要―現代と文化』121: 135-55.
大塚和義, 1996,「アイヌにおける観光の役割――同化政策と観光政策の相克」石森秀三編著『20 世紀における諸民族文化の伝統と変容 3 観光の 20 世紀』ドメス出版, 101-22.
Pedersen, A., J. P. Beven, I. Walker and B. Griffiths, 2004, "Attitudes toward Indigenous Australians: The Role of Empathy and Guilt", *Journal of Community & Applied Social Psychology*, 14(4): 233-49.
Phinney, J. S., 1990, "Ethnic Identity in Adolescents and Adult: Review of Research", *Psychological Bulletin*, 108(3): 499-514.
佐久間孝正, 2006,「グローバリゼーション下における周辺化された地域の現状と先住民の子女教育――北海道有珠地域のアイヌの子どもへの地域学習サポート室の実態を中心に」佐久間孝正編著『親・子の移動のグローバル化と市民権の国際比較』2003-2005 年度科学研究費補助金研究成果報告書, 立教大学, 1-15,
櫻井義秀, 2010,「アイヌ民族の宗教意識と文化伝承の課題」小内透編著『北海道アイヌ民族生活実態調査報告 その 1 現代アイヌの生活と意識――2008 年北海道アイヌ民族生活実態調査報告書』北海道大学アイヌ・先住民研究センター, 97-104.
札幌市, 2010,『札幌市アイヌ施策推進計画』.
札幌市教育委員会編, 1989,『新札幌市史 第 1 巻 通史 1』.
―――, 1991,『新札幌市史 第 2 巻 通史 2』.
―――, 2002,『新札幌市史 第 5 巻 通史 5（上）』.
―――, 2008,『アイヌ民族の歴史・文化等に関する指導資料――第 5 集』.
札幌市市民まちづくり局市民生活部アイヌ施策課, 2009,「第 1 回札幌市アイヌ施策推進計画検討委員会議事録」,（2016 年 11 月 5 日取得, http://www.city.sapporo.jp/shimin/

ainushisaku/keikaku/kentou-iinkai/documents/01_gijiroku.pdf）．

札幌テレビ放送創立 50 周年記念事業推進室 , 2008,『札幌テレビ放送——50 年の歩み』札幌テレビ放送．

佐々木千夏 , 2015,「繰り返されるアイヌ差別」小内透編著『調査と社会理論・研究報告書 33　白糠町におけるアイヌ民族の現状と地域住民』北海道大学大学院教育学研究院教育社会学研究室 , 65-82.

―――― , 2016,「現代におけるアイヌ差別」小内透編著『調査と社会理論・研究報告書 35　先住民族多住地域の社会学的研究』北海道大学大学院教育学研究院教育社会学研究室 , 45-70.

佐藤裕 , 2005,『差別論——偏見理論批判』明石書店 .

瀬川拓郎 , 2007,『アイヌの歴史　海と宝のノマド』講談社選書 .

関口明・田端宏・桑原真人・瀧澤正編著 , 2015,『アイヌ民族の歴史』山川出版社 .

品川ひろみ , 2014,「アイヌの血筋と次世代への意識」小内透編著『調査と社会理論・研究報告書 31　伊達市におけるアイヌ民族の現状と地域住民』北海道大学大学院教育学研究院教育社会学研究室 , 21-32.

新藤慶 , 2014,「アイヌ子弟への学習支援活動の利用実態と意識」小内透編著『調査と社会理論・研究報告書 31　伊達市におけるアイヌ民族の現状と地域住民』北海道大学大学院教育学研究院教育社会学研究室 , 62-70.

―――― , 2015,「アイヌ文化学習の論理と展望——地域との関連に注目して」『日本教育社会学会大会発表要旨集録』67: 62-3.

―――― , 2016,「地域の意識・行動とアイヌ民族との交流・意識」小内透編著『調査と社会理論・研究報告書 35　先住民族多住地域の社会学的研究』北海道大学大学院教育学研究院教育社会学研究室 , 229-57.

新藤こずえ , 2013,「エスニック・アイデンティティの諸相」小内透編著『調査と社会理論・研究報告書 30　新ひだか町におけるアイヌ民族の現状と地域住民』北海道大学大学院教育学研究院教育社会学研究室 , 51-67.

―――― , 2014,「アイヌとしての意識とアイヌ文化の経験」小内透編著『調査と社会理論・研究報告書 31　伊達市におけるアイヌ民族の現状と地域住民』北海道大学大学院教育学研究院教育社会学研究室 , 42-61.

―――― , 2015,「エスニック・アイデンティティとアイヌ文化の経験」小内透編著『調査と社会理論・研究報告書 33　白糠町におけるアイヌ民族の現状と地域住民』北海道大学大学院教育学研究院教育社会学研究室 , 99-124.

―――― , 2016,「エスニック・アイデンティティの形成と変容」小内透編著『調査と社会理論・研究報告書 35　先住民族多住地域の社会学的研究』北海道大学大学院教育学研究院教育社会学研究室 , 97-116.

シラリカコタン編集委員会 , 2003,『シラリカコタン——白糠アイヌ文化の継承』.

須永和博 , 2016,「先住民観光と博物館——二風谷アイヌ文化博物館の事例から」『立教大学観光学部紀要』18: 78-89.

田端宏 , 1994,「総論——『アイヌ史』北海道アイヌ協会・北海道ウタリ協会活動史編を読む人のために」北海道ウタリ協会アイヌ史編集委員会編『アイヌ史　北海道アイヌ協会・北海道ウタリ協会活動史編』北海道ウタリ協会 , 5-10.

―――― , 2015,「クナシリ・メナシの戦い」関口明・田端宏・桑原真人・瀧澤正編『アイヌ民族の歴史』山川出版 , 101-6.

高倉新一郎 , 1942,『アイヌ政策史』日本評論社 .

竹ヶ原浩司 , 2008,「『しらぬかアイヌ文化年～ウレシパ　シラリカ～』の取り組み」『月刊公民館』616: 4-8.

瀧澤正 , 2015,「『民主化』の中のアイヌ民族」関口明・田端宏・桑原真人・瀧澤正編『アイヌ民族の歴史』山川出版 , 224-43.

東京都企画調整局調査部編 , 1975,『東京在住ウタリ実態調査報告書』.

東京都企画審議室調査部 , 1989,『東京在住ウタリ実態調査報告書』.

常本照樹 , 2010,「アイヌ文化振興法の意義とアイヌ民族政策の課題」北海道大学アイヌ・先住民研究センター編『アイヌ研究の現在と未来』北海道大学出版会 , 211-22.

植木哲也 , 2007,「児玉作左衛門のアイヌ頭骨発掘（4）――発掘の論理と倫理」『苫小牧駒澤大学紀要』17: 1-36.

上野千鶴子 , 1996,「複合差別論」井上俊・上野千鶴子・大澤真幸・見田宗介・吉見俊哉編『差別と共生の社会学』岩波書店 , 203-32.

―――, 2002,『差異の政治学』岩波書店 .

上野昌之 , 2014,『アイヌ民族の言語復興と歴史教育の研究』風間書房 .

上山浩次郎 , 2014,「アイヌ・アイデンティティのパターンと分化要因」小内透編著『北海道アイヌ民族生活実態調査報告　その 3　現代アイヌの生活と意識の多様性――2008年北海道アイヌ民族生活実態調査再分析報告書』北海道大学アイヌ・先住民研究センター , 91-123.

―――, 2015,「白糠町の和人住民におけるアイヌ文化の知識と体験」小内透編著『調査と社会理論・研究報告書 33　白糠町におけるアイヌ民族の現状と地域住民』北海道大学大学院教育学研究院教育社会学研究室 , 171-96.

―――, 2016,「アイヌ文化の実践と内容」小内透編著『調査と社会理論・研究報告書 35先住民族多住地域の社会学的研究』北海道大学大学院教育学研究院教育社会学研究室 , 71-96.

渡會歩 , 2007,「現在のアイヌ民族をめぐる諸問題とその歴史的背景――主に 1945 年以降を中心に」『アジア文化史研究』7: 53-91.

White, S., M. M. Atkinson, L. Berdahl and D. McGrane, 2015, "Public Policies toward Aboriginal Peoples: Attitudinal Obstacles and Uphill Battles", *Canadian Journal of Political Science*, 48(2): 281-304.

八幡耕一 , 2005,「オルタナティブ・メディアの情報文化学的考察――アイヌ民族関連ラジオ放送の実態調査を事例として」『情報文化学研究』4: 7-13.

山本崇記 , 2009,「差別の社会理論における課題：A. メンミと I. ヤングの検討を通して」『Core ethics: コア・エシックス』5, 381-91.

米田優子 , 1996,「学校教育における『アイヌ文化』の教材化の問題点について　　1960 年代後半以降の教育実践資料の整理・分析を中心として」『北海道立アイヌ民族文化研究センター研究紀要』2: 123-48.

吉田邦彦 , 2012,『アイヌ民族の先住補償問題 ―― 民法学の見地から』さっぽろ自由学校「遊」.

葭田光三 , 1996,「近代アイヌ社会における養子慣行についての一考察」『社会学論叢』127: 65-82.

好井裕明 , 2007,『差別原論――〈わたし〉のなかの権力とつきあう』平凡社新書 .

結城庄司 , 1997,『チャランケ　結城庄司遺稿』草風館 .

事項索引

あ

ILO 第 169 号条約 11
アイヌタイムズ 169
アイヌの人たちの生活向上に関する推進方策 273
アイヌ語上級講座 179
アイヌ語ラジオ講座 174
アイヌ新聞 169
アイヌ新法 171
アイヌ政策のあり方に関する有識者懇談会 272
アイヌ政策推進会議 272
アイヌ伝道団 165
アイヌ文化財団 123, 125, 130, 131
アイヌ文化振興・研究推進機構 iv, 29, 44, 45, 122, 125, 130-132, 176, 177, 179, 265, 270
アイヌ文化振興法 11, 14, 20, 27, 46, 114, 115, 122, 124, 125, 130, 131, 251, 270, 272, 301, 302, 305
アイヌ民芸品店 106
アイヌ民族を先住民族とすることを求める決議 i, 5, 27, 31, 272, 305
アイヌ労働市場 101, 104- 110, 112, 208- 210, 220, 222, 229, 299, 300, 304
アヌタリアイヌ 169
アボリジニ 275
イランカラプテキャンペーン 189
ウタリグス 165
ウタリ乃光り 165
ウタリ之友 165
エスニック・アイデンティティ 23, 133-142, 145-148, 150, 153, 156, 158, 159, 161-163, 210, 216-219, 221, 222, 301, 302, 305
エスニック・マイノリティ 274, 275
エスニック・メディア 23
エフエム二風谷放送（通称ＦＭピパウシ）

174

か

カーストバリアー 111
カーストライク・マイノリティ 111
活字メディア 165, 168, 169, 177, 178, 190
機構的システム 17, 26, 115, 131
北の光 169
旧土人学校 9, 34, 165
クナシリ・メナシの戦い 7
口承文芸伝承者（語り部）育成講座 179
国際先住民族ネットワーク 176
国民のアイヌに対する理解度に関する世論調査 248
コシャマインの戦い 6

さ

サーミ i-iii, 17, 164, 178, 191, 306
ししゃもカムイノミ 120, 122, 255, 270
ししゃも祭り 19, 43, 44, 120, 126, 257
シャクシャインの戦い 7, 18, 40
シャクシャイン祭り／法要祭 18, 73, 119, 121, 126, 183, 255
純血性 134, 135, 162
商場（場所）知行制 6, 42
生活館 183
生活共生 299, 303, 304, 306
先駆者の集い 169
善光寺 18, 40, 41, 78
先住民族の権利に関する国際連合宣言 i, 11, 12, 31, 272, 305
先住民族メディア 164, 167, 171, 174, 176-178, 187-190

た

ダブルアウトサイダー 73, 80, 212
同化主義 177

な

ニュー＝アイヌ 163

は

場所請負制 7, 34, 81
バックラッシュ 24, 47, 303
ふるさと祭り 19, 43, 44, 120, 126, 257
フンペ祭り 19, 43, 44, 120, 126, 257
放送メディア 174, 177, 178, 180, 187
ポスト＝アイヌ 163
北海道アイヌ協会 iv, 9, 15, 17, 18, 21, 25, 31, 33,
　　　34, 37, 38, 41-43, 48, 74, 113, 121, 124,
　　　125, 132, 140, 150, 156, 165, 166, 169,
　　　170, 171, 176, 177, 180, 182, 191, 211,
　　　219, 223, 276, 293, 301, 306
北海道アイヌ（ウタリ）生活実態調査 21, 52,
　　　195, 200, 222, 273
北海道アイヌ民族生活実態調査 ii, 16, 18, 19,
　　　82, 89, 113, 134, 305

北海道ウタリ協会 10, 29, 31, 44, 119, 120, 145,
　　　146, 171, 172, 190, 297
北海道ウタリ生活実態調査 15
北海道ウタリ福祉対策 273
北海道旧土人保護法 8, 9, 34, 43, 82, 170,
　　　305

ま

民族共生の象徴となる空間 189

ら

労働―生活世界 17, 26, 115, 116, 131

わ

和人配偶者 21, 22, 55, 64, 66, 113, 135,
　　　153, 211, 212
和人養子 21, 25, 64, 66, 211, 223

人名索引

あ

池田寛 111
石森延男 118
伊藤泰信 14
江賀寅三 166, 168
榎森進 13, 24
オグブ 111
小内純子 165
小内透 48, 62, 81, 104
小野寺理佳 66, 72

か

貝澤正 167
カースルズ 274
片平富次郎 166, 168
金子快之 24
萱野志朗 173, 175
萱野茂 11, 119, 175, 244
喜多章明 167
黒田清隆 36, 168
コシャマイン 6
児玉作左衛門 24
小信小太朗 167

さ

佐々木昌雄 172, 191
シャクシャイン 36-40, 46, 128, 147
ジョン・バチェラー 41, 165, 168

た

高木喜久恵 182, 192
高橋真 169
瀧澤正 80

田端宏 171
知里幸恵 168
知里高央 168
知里真志保 192

な

鍋島祥郎 111
貫塩喜蔵 43, 104
野村義一 10
野本久栄 173

は

バチェラー（向井）八重子 41, 166, 168, 190, 191
馬場優子 13
林善茂 24
東村岳史 191
平村芳美 172

ま

辺泥和郎 167, 169, 191
マーシャル 274
マッカーサー 169
松本和良 14
的場光昭 24
ミラー 274

向井山雄 41, 166

や

山内精二 168
山本多助 80
結城庄司 191

執筆者紹介（執筆順・担当）

小内　　透（おない とおる）　（はしがき、序章、終章、編集）

奥付編著者紹介参照

新藤　　慶（しんどう けい）　（第1章）

群馬大学教育学部准教授

主要著作：「『平成の大合併』と学校統廃合の関連──小学校統廃合の事例分析を通して」『群馬大学教育学部紀要　人文・社会科学編』63、2014年、「アイヌ民族多住都市におけるアイヌ政策の展開──北海道札幌市の事例を通して」『群馬大学教育学部紀要　人文・社会科学編』66、2017年、「布施鉄治の地域研究における調査と方法──村研での発表論文・夕張調査を中心として」『村落研究ジャーナル』23（2）、2017年.

品川ひろみ（しながわ ひろみ）　（第2章）

札幌国際大学短期大学部教授

主要著作：「多文化保育における通訳の意義と課題──日系ブラジル人児童を中心として」日本保育学会『保育学研究』第49巻第2号、2011年、品川ひろみ「多文化共生の保育」咲間まり子編『保育内容総論』建帛社、2016年、「乳幼児に関わる課題－保育所を中心として」荒巻重人ほか編『外国人の子ども白書』明石書店、2017年.

野崎　剛毅（のざき よしき）　（第3章）

札幌国際大学短期大学部准教授

主要著作：「スウェーデンの先住民教育の現状と課題」『國學院大學北海道短期大学部紀要』29、2012年、「教育」櫻井義秀・飯田俊郎・西浦功編著『アンビシャス社会学』北海道大学出版会、2014年、『スウェーデン・サーミの生活と意識—国際郵送調査からみるサーミの教育、差別、民族・政治意識、メディア—』札幌国際大学短期大学部幼児教育保育学科、2015年（編著）.

執筆者紹介　321

上山浩次郎（うえやま こうじろう）　（第4章、第9章）

北海道大学大学院教育学研究院助教

主要著作：「『大学立地政策』の『終焉』の影響に関する政策評価的研究──『高等教育計画』での特定地域における新増設の制限に注目して──」『教育社会学研究』91、2012年、上山浩次郎・井上敏憲「インターネット出願に対する高校教員の行動と意識」『大学入試研究ジャーナル』(26)、2016年、「ノルウェーにおけるサーミ教育の現状と課題：初等・中等教育の場合」『北海道大学大学院教育学研究院紀要』(128)、2017年.

新藤こずえ（しんどう こずえ）　（第5章）

立正大学社会福祉学部准教授

主要著作：『知的障害者と自立──青年期・成人期におけるライフコースのために』生活書院、2013年、「障害のある若者と貧困──ライフコースの視点から」原伸子・岩田美香・宮島喬編『現代社会と福祉・労働・子どもの貧困』大月書店、2015年、新藤こずえ「スクールソーシャルワークからみた不登校と貧困に関する一考察」『立正社会福祉研究』14(2)、2013年.

小内　純子（おない じゅんこ）　（第6章）

札幌学院大学法学部教授

主要著作：光武幸・小内純子・湯川郁子『釧路内陸部の地域形成と観光マーケティング』、創風社、2007年、中道仁美・小内純子・大野晃『スウェーデン北部の住民組織と地域再生』、東信堂、2012年、日本村落研究学会企画・小内純子編『年報 村落社会研究 53 協働型集落活動の現状と展望』、農山漁村文化協会、2017年.

佐々木千夏（ささきちなつ）　（第7章）

旭川大学短期大学部助教

主要著作：「アンビヴァレンス体験としての不登校問題──北海道内の親の会を対象として」『家庭教育研究所紀要』32号、2010年、「不登校の親の会はセルフヘルプ・グループか？──北海道の23団体を対象として」『北海道大学大学院教育学研究院紀要』110号、2010年、「構成員からみる不登校の親の会の変化と現在──北海道内の23団体を対象として」『現代社会学研究』24巻、2011年.

小野寺理佳（おのでら りか）（第8章）

名寄市立大学保健福祉学部教授

主要著作：「別居祖母の育児支援満足度をめぐる一考察」『家族社会学研究』14
(2)、2002年、「子ども絵本における祖親性表現」『教育社会学研究』75、2004
年、「祖父母が営む世代間関係をどうとらえるか：「個人的選好」としての側
面への着目」『国立女性教育会館研究紀要』9、2005年、「祖父母から見た世
代間の育児支援——親密な「別家族」としての交流」小野寺編著『スウェーデ
ンにおける世代間の育児支援』(世代間関係・研究報告書3)、2014年.

濱田　国佑（はまだ くにすけ）（第10章）

駒澤大学文学部講師

主要著作：「外国人集住地域における日本人住民の排他性／寛容性とその規定
要因——地域間比較を通して」『日本都市社会学会年報』28、2010年、「在日
ブラジル人の「社会問題」化と排外意識」小林真生編『移民・ディアスポラ研
究3　レイシズムと外国人嫌悪』明石書店、2013年、「グローバルかナショ
ナルか？——グローバル化に対する脅威認知の規定要因」田辺俊介編『民主
主義の「危機」——国際比較調査からみる市民意識』勁草書房、2014年.

編著者紹介

小内　透（おない　とおる）

1955年　群馬県生まれ
1984年　北海道大学大学院教育学研究科博士後期課程単位取得退学
現　在　北海道大学大学院教育学研究院教授（博士・教育学）
　　　　北海道大学アイヌ・先住民研究センター兼務教員

主な著書

『地域産業変動と階級・階層』御茶の水書房、1982年（共著）
『倉敷・水島／日本資本主義の展開と都市社会』東信堂、1992年（共著）
『変動期の社会学』中央法規出版、1992年（共編著）
『再生産論を読む』東信堂、1995年
『戦後日本の地域社会変動と地域社会類型』東信堂、1996年
『日系ブラジル人の定住化と地域社会』御茶の水書房、2001年（共編著）
『階級・ジェンダー・エスニシティ』中央法規出版、2001年（共編著）
『在日ブラジル人の教育と保育』明石書店、2003年（編著）
『教育と不平等の社会理論』東信堂、2005年
『リーディングス・日本の教育と社会13　教育の不平等』日本図書センター、2009年（編著）
『講座　トランスナショナルな移動と定住』（全3巻）御茶の水書房、2009年（編著）
『再検討　教育機会の平等』岩波書店、2011年（共著）
Crisis in Education: Modern Trends and Issues, Studies & Publishing, 2014 （共著）

【先住民族の社会学　第2巻】
現代アイヌの生活と地域住民──札幌市・むかわ町・新ひだか町・伊達市・白糠町を対象にして

2018年3月31日　　初　版第1刷発行	〔検印省略〕
	定価はカバーに表示してあります。

編著者ⓒ小内透／発行者　下田勝司　　　　　　　　　　　　印刷・製本／中央精版印刷

東京都文京区向丘 1-20-6　　郵便振替 00110-6-37828
〒 113-0023　TEL（03）3818-5521　FAX（03）3818-5514
Published by TOSHINDO PUBLISHING CO., LTD.
1-20-6, Mukougaoka, Bunkyo-ku, Tokyo, 113-0023, Japan
E-mail : tk203444@fsinet.or.jp　http://www.toshindo-pub.com

発行所
株式会社 東信堂

ISBN978-4-7989-1457-2 C3336　ⓒ Toru Onai

東信堂

- 北欧サーミの復権と現状【先住民族の社会学1】—ノルウェー・スウェーデン・フィンランドを対象にして　小内　透編著　三九〇〇円
- 現代アイヌの生活と地域住民【先住民族の社会学2】—札幌市・むかわ町・新ひだか町・伊達市・白糠町を対象にして　小内　透編著　三九〇〇円
- 白老における「アイヌ民族」の変容—イオマンテにみる神官機能の系譜　西谷内博美　二八〇〇円
- 開発援助の介入論—インドの河川浄化政策に見る国境と文化を越える困難　西谷内博美　四六〇〇円
- 資源問題の正義—コンゴの紛争資源問題と消費者の責任　華井和代　三九〇〇円
- 海外日本人社会とメディア・ネットワーク—パリ日本人社会を事例として　松本行真編著　四六〇〇円
- 移動の時代を生きる—人・権力・コミュニティ　国際社会学ブックレット1　吉原直樹監修／大西仁編　三二〇〇円
- 国際社会学の射程—日韓の事例と多文化主義再考　芝真和編訳　二二〇〇円
- 国際移動と移民政策—社会学をめぐるグローバル・ダイアログ　国際社会学ブックレット2　西原和久・有田伸・山本かほり編著　一〇〇〇円
- トランスナショナリズムと社会のイノベーション—越境する国際社会学とコスモポリタン的志向　国際社会学ブックレット3　西原和久　一三〇〇円
- 現代日本の地域分化—センサス等の市町村別集計に見る地域変動のダイナミックス　蓮見音彦　三八〇〇円
- 現代日本の地域格差—二〇一〇年・全国の市町村の経済的・社会的ちらばり　蓮見音彦　三八〇〇円
- 「むつ小川原開発・核燃料サイクル施設問題」研究資料集　茅野恒秀・金山行孝・舩橋晴俊編著　二三〇〇円
- 新版 新潟水俣病問題—加害と被害の社会学　舩橋晴俊編　一八〇〇円
- 新潟水俣病をめぐる制度・表象・地域　関礼子　三八〇〇円
- 新潟水俣病問題の受容と克服　堀田恭子　五六〇〇円
- 公害・環境問題の放置構造と解決過程　藤川賢・渡辺伸一・堀畑まなみ・藤田百合子　四八〇〇円
- 公害被害放置の社会学—イタイイタイ病・カドミウム問題の歴史と現在　飯島伸子・渡辺伸一・藤川賢著　三八〇〇円
- 自立支援の実践知—阪神・淡路大震災と共同・市民社会　似田貝香門編　三六〇〇円
- [改訂版]ボランティア活動の論理—ボランタリズムとサブシステンス　西山志保　三六〇〇円
- 自立と支援の社会学—阪神大震災とボランティア　佐藤　恵　三二〇〇円

〒113-0023　東京都文京区向丘1-20-6　TEL 03-3818-5521　FAX03-3818-5514　振替 00110-6-37828
Email tk203444@fsinet.or.jp　URL:http://www.toshindo-pub.com/

※定価：表示価格（本体）＋税

東信堂

原発災害と地元コミュニティ
——福島県川内村奮闘記　　鳥越皓之編著　三六〇〇円

東京は世界最悪の災害危険都市
——日本の主要都市の自然災害リスク　水谷武司　二〇〇〇円

故郷喪失と再生への時間
——新潟県への原発避難と支援の社会学　松井克浩　三三〇〇円

被災と避難の社会学　関礼子編著　二三〇〇円

豊田とトヨタ
——産業グローバル化先進地域の現在　丹辺宣彦・山口博史・岡村徹 編著　四六〇〇円

社会階層と集団形成の変容
——集合行為と「物象化」のメカニズム　丹辺宣彦　六五〇〇円

【現代社会学叢書より】

都市社会計画の思想と展開
（アーバン・ソーシャル・プランニングを考える・全2巻）
橋本和孝・藤田弘夫・吉原直樹 編著　二三〇〇円

世界の都市社会計画——グローバル時代の都市社会計画
橋本和孝・吉原直樹・藤田弘夫 編著　二三〇〇円

現代大都市社会論——分極化する都市？　園部雅久　三八〇〇円

インナーシティのコミュニティ形成
——神戸市真野住民のまちづくり　今野裕昭　五四〇〇円

【地域社会学講座　全3巻】

地域社会学の視座と方法　似田貝香門監修　二五〇〇円

グローバリゼーション／ポスト・モダンと地域社会　古城利明監修　二五〇〇円

地域社会の政策とガバナンス　岩崎信彦・矢澤澄子監修　二七〇〇円

（シリーズ防災を考える・全6巻）

防災の社会学【第二版】
——防災コミュニティの社会設計へ向けて　吉原直樹編　三八〇〇円

防災の心理学——ほんとうの安心とは何か　仁平義明編　三二〇〇円

防災の法と仕組み　生田長人編　三二〇〇円

防災教育の展開　今村文彦編　三二〇〇円

防災と都市・地域計画　増田聡編　続刊

防災の歴史と文化　平川新編　続刊

〒113-0023　東京都文京区向丘1-20-6
TEL 03-3818-5521　FAX03-3818-5514　振替 00110-6-37828
Email tk203444@fsinet.or.jp　URL:http://www.toshindo-pub.com/

※定価・表示価格（本体）＋税

東信堂

（シリーズ　社会学のアクチュアリティ：批判と創造　全12巻）
西原和久・宇都宮京子編

- クリティークとしての社会学—現代を批判的に見る眼　　一八〇〇円
- 都市社会とリスク—豊かな生活をもとめて　　二〇〇〇円
- 言説分析の可能性—社会学的方法　　二〇〇〇円
- グローバル化とアジア社会—ポストコロニアルの地平　　二三〇〇円
- 公共政策の社会学—社会的現実との格闘　　二三〇〇円
- 社会学のアリーナ—21世紀社会を読み解く　　二六〇〇円
- モダニティと空間の物語—社会学のフロンティア　　二七〇〇円
- 戦後日本社会学のリアリティ—せめぎあうパラダイム　　二六〇〇円

池岡義孝編
西原和久編
斉藤日出治編
友枝敏雄編
厚東洋輔編
三重野卓編
武川正吾編
吉原直樹編
新睦人編

（地域社会学講座　全3巻）
似田貝香門・古城利明・矢澤澄子・岩崎信彦監修

- 地域社会学の視座と方法　似田貝香門監修　　二八〇〇円
- グローバリゼーション／ポスト・モダンと地域社会　古城利明監修　　二五〇〇円
- 地域社会の政策とガバナンス　矢澤澄子・岩崎信彦監修　　二五〇〇円

（シリーズ　世界の社会学・日本の社会学）

- タルコット・パーソンズ—最後の近代主義者　中野秀一郎　　一八〇〇円
- ゲオルグ・ジンメル—現代分化社会における個人と社会　居安正　　一八〇〇円
- ジョージ・H・ミード—社会的自我論のゆくえ　船津衛　　一八〇〇円
- アラン・トゥーレーヌ—現代社会学と新しい社会運動　杉山光信　　一八〇〇円
- アルフレッド・シュッツ—主観的時間と社会的空間　森元孝　　一八〇〇円
- エミール・デュルケム—社会の道徳的再建と社会学　中島道男　　一八〇〇円
- レイモン・アロン—危機の時代の警世家　岩城完之　　一八〇〇円
- フェルディナンド・テンニエス—ゲマインシャフトとゲゼルシャフト　吉田浩　　一八〇〇円
- カール・マンハイム—時代を診断する亡命者　澤井敦　　一八〇〇円
- ロバート・リンド—アメリカ文化の内省的批判者　園部雅久　　一八〇〇円
- アントニオ・グラムシ—『獄中ノート』と批判社会学の生成　鈴木富久　　一八〇〇円

- 費孝通—民族自省の社会学　佐々木交賢　　一八〇〇円
- 奥井復太郎—都市社会学と生活論の創始者　藤田弘夫　　一八〇〇円
- 新明正道—綜合社会学の探究　山本鎮雄　　一八〇〇円
- 米田庄太郎—新総合社会学の先駆者　中久郎　　一八〇〇円
- 高田保馬—理論と政策の無媒介的統一・家族研究　川合隆男　　一八〇〇円
- 戸田貞三—実証社会学の軌跡　北島滋　　一八〇〇円
- 福武直—民主化と社会科学の現実化を推進　蓮見音彦　　一八〇〇円

〒113-0023　東京都文京区向丘1-20-6　　TEL 03-3818-5521　FAX03-3818-5514　振替 00110-6-37828
Email tk203444@fsinet.or.jp　URL:http://www.toshindo-pub.com/

※定価：表示価格（本体）＋税